O Livro
··· dos ···
Segredos

Conheça também:

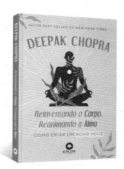

Reinventando o Corpo, Reanimando a Alma

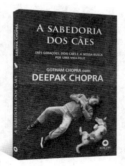

A Sabedoria dos Cães

O Poder da Consciência

Outras obras de Deepak Chopra

Criando Saúde

O Retorno de Rishi

A Cura Quântica

Saúde Perfeita

Vida Incondicional

Corpo Sem Idade, Mente Sem Fronteiras

O Caminho da Cura

O Caminho da Prosperidade

Peso Perfeito

Uma Boa Noite de Sono

As Sete Leis Espirituais do Sucesso

O Retorno de Merlim

Energia Ilimitada

Digestão Perfeita

O Caminho do Mago

Dominando o Vício

Raid on the Inarticulate

O Caminho para o Amor

The Seven Spiritual Laws for Parents

Poemas de Amor de Rumi
    (*editado por Deepak Chopra; traduzido por Deepak e Fereydoun Kia*)

Healing the Heart

Imortalidade Diária

Senhores de Luz

On the Shores of Eternity

O Essencial: Como Conhecer Deus

The Soul in Love

The Chopra Center Herbal Handbook
  (coautor *David Simon*)

Torne-se Mais Jovem, Viva por Mais Tempo (*coautor David Simon*)

The Deeper Wound

Você? Tem Fome de Quê
  (*coautores: David Simon e Leanne Backer*)

O Anjo Está Perto

O Mundo Sutil do Amor: Uma Aventura do Coração

Golfe: Sete Lições para o Jogo da Vida

Alma Gêmea

The Spontaneous Fulfillment of Desire

A Paz é o Caminho

Origens Mágicas — Vidas Encantadas
  (*com David Simon, M.D. e Vicki Abrams, C.C.E., I.B.C.L.C.*)

DEEPAK CHOPRA

O LIVRO
··· DOS ···
SEGREDOS

Descobrindo as **dimensões**
ocultas **da sua vida**

ALTA LIFE
EDITORA

Rio de Janeiro, 2021

O Livro dos Segredos

Copyright © 2021 da Starlin Alta Editora e Consultoria Eireli. ISBN: 978-65-5520-306-6

Translated from original The Book Of Secrets: Unlocking the hidden. Copyright © 2004 by Deepak Chopra. ISBN 978-9-998-80064-9. This translation is published and sold by permission of Harmony Books, an imprint of the Crown Publishing Group, a division of Random House, Inc., the owner of all rights to publish and sell the same. PORTUGUESE language edition published by Starlin Alta Editora e Consultoria Eireli, Copyright © 2021 by Starlin Alta Editora e Consultoria Eireli.

Todos os direitos estão reservados e protegidos por Lei. Nenhuma parte deste livro, sem autorização prévia por escrito da editora, poderá ser reproduzida ou transmitida. A violação dos Direitos Autorais é crime estabelecido na Lei nº 9.610/98 e com punição de acordo com o artigo 184 do Código Penal.

A editora não se responsabiliza pelo conteúdo da obra, formulada exclusivamente pelo(s) autor(es).

Marcas Registradas: Todos os termos mencionados e reconhecidos como Marca Registrada e/ou Comercial são de responsabilidade de seus proprietários. A editora informa não estar associada a nenhum produto e/ou fornecedor apresentado no livro.

Impresso no Brasil — 1a Edição, 2021 — Edição revisada conforme o Acordo Ortográfico da Língua Portuguesa de 2009.

Produção Editorial
Editora Alta Books

Gerência Comercial
Daniele Fonseca

Editor de Aquisição
José Rugeri
acquisition@altabooks.com.br

Produtores Editoriais
Illysabelle Trajano
Larissa Lima
Maria de Lourdes Borges
Paulo Gomes
Thié Alves
Thales Silva

Marketing Editorial
Livia Carvalho
Gabriela Carvalho
Thiago Brito
marketing@altabooks.com.br

Diretor Editorial
Anderson Vieira

Coordenação Financeira
Solange Souza

Equipe Comercial
Adriana Baricelli
Daiana Costa
Kaique Luiz
Tairone Oliveira
Victor Hugo Morais

Equipe Ass. Editorial
Brenda Rodrigues
Caroline David
Luana Goulart
Marcelli Ferreira
Mariana Portugal
Raquel Porto

Erratas e arquivos de apoio: No site da editora relatamos, com a devida correção, qualquer erro encontrado em nossos livros, bem como disponibilizamos arquivos de apoio se aplicáveis à obra em questão.

Acesse o site www.altabooks.com.br e procure pelo título do livro desejado para ter acesso às erratas, aos arquivos de apoio e/ou a outros conteúdos aplicáveis à obra.

Suporte Técnico: A obra é comercializada na forma em que está, sem direito a suporte técnico ou orientação pessoal/exclusiva ao leitor.

A editora não se responsabiliza pela manutenção, atualização e idioma dos sites referidos pelos autores nesta obra.

Atuaram na edição desta obra:

Tradução
Cláudia Gerpe Duarte

Revisão Gramatical
Lívia Rodrigues

Diagramação
Lucia Quaresma

Capa
Paulo Gomes

Dados Internacionais de Catalogação na Publicação (CIP) de acordo com ISBD

C5491 Chopra, Deepak
O Livro dos Segredos: descobrindo as dimensões ocultas da sua vida / Deepak Chopra ; traduzido por Cláudia Gerpe Duarte. - Rio de Janeiro : Alta Books, 2021.
288 p. ; 14cm x 21cm.

Tradução de: The Book Of Secrets
Inclui índice.
ISBN: 978-65-5520-306-6

1. Autoajuda. 2. Vida. I. Duarte, Cláudia Gerpe. II. Título.

2021-1924
CDD 158.1
CDU 159.947

Elaborado por Vagner Rodolfo da Silva - CRB-8/9410

(✉) **Ouvidoria:** ouvidoria@altabooks.com.br

Editora afiliada à:

Rua Viúva Cláudio, 291 — Bairro Industrial do Jacaré
CEP: 20.970-031 — Rio de Janeiro (RJ)
Tels.: (21) 3278-8069 / 3278-8419
www.altabooks.com.br — altabooks@altabooks.com.br

Ao meu pai,
Krishan Lal Chopra:

A sua vida e a sua morte encantadoras me serviram de inspiração e, finalmente, revelaram as dimensões ocultas da minha vida.

AGRADECIMENTOS

Peter Guzzardi, meu competente editor: você é ao mesmo tempo o meu crítico e um dos meus melhores amigos.

Shaye, Tina, Tara, Brian, Jenny e o restante da minha família na Harmony: vocês têm sido carinhosos, agradáveis e tolerantes desde o início da minha carreira.

Rita, Mallika, Gotham, Sumant, Candice e minha querida Tara: vocês tornam tudo digno e sagrado.

Carolyn Rangel, Felicia Rangel e Jan Crawford, do meu escritório: sua dedicação e seu esforço tornam tudo possível.

E, finalmente, muito obrigado à minha família no Chopra Center; vocês convertem minhas palavras em hábitos que afetam a vida das pessoas.

SUMÁRIO

Introdução: ABRINDO O LIVRO DOS SEGREDOS   *1*

Primeiro Segredo
O MISTÉRIO DA VIDA É REAL   *5*

Segundo segredo
O MUNDO ESTÁ EM VOCÊ   *19*

Terceiro segredo
QUATRO CAMINHOS CONDUZEM À UNIDADE   *33*

Quarto segredo
VOCÊ JÁ É O QUE PROCURA   *47*

Quinto segredo
A CAUSA DO SOFRIMENTO É A IRREALIDADE   *65*

Sexto segredo
A LIBERDADE DISCIPLINA A MENTE   *81*

Sétimo segredo
TODA VIDA É ESPIRITUAL   *101*

Oitavo segredo
O MAL NÃO É SEU INIMIGO   *123*

Nono segredo
VOCÊ VIVE EM MÚLTIPLAS DIMENSÕES   *147*

Décimo segredo
A MORTE TORNA A VIDA POSSÍVEL   *161*

Décimo primeiro segredo
O UNIVERSO PENSA ATRAVÉS DE VOCÊ   *179*

Décimo segundo segredo
O ÚNICO MOMENTO QUE EXISTE É O AGORA   *197*

Décimo terceiro segredo
VOCÊ SÓ É VERDADEIRAMENTE LIVRE
QUANDO NÃO É UMA PESSOA   *213*

Décimo quarto segredo
O SIGNIFICADO DA VIDA É TUDO   *227*

Décimo quinto segredo
TUDO É ESSÊNCIA PURA   *251*

Epílogo: O SEGUNDO NASCIMENTO   *261*

Índice   263

Introdução

ABRINDO O LIVRO DOS SEGREDOS

O nosso maior anseio na vida não é comida, dinheiro, sucesso, status, segurança, sexo, nem mesmo receber amor do sexo oposto. Repetidas vezes as pessoas alcançaram todas essas coisas e ainda sentiram-se insatisfeitas — na verdade, mais insatisfeitas do que quando começaram. O maior anseio da vida é um segredo que só é revelado quando a pessoa está disposta a descobrir uma parte oculta do eu. Nas antigas tradições de sabedoria, essa procura tem sido comparada a mergulhar em busca da joia mais preciosa da existência, uma forma poética de dizer que temos de deixar a superfície, mergulhar profundamente dentro de nós mesmos e pesquisar com paciência até encontrar a joia de valor inestimável.

A joia também é chamada de essência, alento de Deus, água da vida, néctar sagrado — rótulos para o que nós, na nossa era científica mais prosaica, simplesmente chamaríamos de transformação. A transformação significa uma mudança radical de forma, da maneira como uma lagarta transforma-se em borboleta. No que diz respeito aos seres humanos, significa transformar o medo, a agressão, a dúvida, a insegurança, o ódio e o vazio nos seus opostos. Esse resultado pode realmente ser alcançado? Uma coisa sabemos com certeza: o anseio secreto que consome a alma das pessoas não tem relação alguma com coisas externas, como dinheiro, status e segurança. É a pessoa interior que deseja ardentemente encontrar significado na vida, o final do sofrimento e as respostas para os enigmas do amor, da morte, de Deus, da alma, do bem e do mal. Uma vida passada na superfície nunca responderá a essas perguntas nem satisfará às necessidades que nos levam a fazê-las.

Descobrir as dimensões ocultas em você mesmo é a única maneira de satisfazer seus desejos mais profundos.

Com o desenvolvimento da ciência, esse anseio por conhecimento deveria ter diminuído, mas, em vez disso, ficou mais forte. Não existem mais "fatos" a serem descobertos sobre as dimensões ocultas da vida. Não é preciso examinar mais tomografias computadorizadas de pacientes que estão tendo uma experiência de quase-morte ou tirar mais imagens por ressonância magnética de iogues praticando a meditação profunda. Essa fase da experimentação já fez o seu trabalho: podemos ter como certo que, aonde quer que a consciência queira ir, o cérebro humano irá atrás. Nossos neurônios são capazes de registrar as mais elevadas experiências espirituais. No entanto, sob certos aspectos, você e eu sabemos menos a respeito do mistério da vida do que nossos ancestrais.

Vivemos na Era do Cérebro Superior, o córtex cerebral, que cresceu enormemente nos últimos milênios, eclipsando o antigo cérebro inferior instintivo. O córtex é frequentemente chamado de novo cérebro, mas o antigo cérebro predominou nos seres humanos durante milhões de anos, como ocorre hoje na maioria das coisas vivas. O cérebro antigo não é capaz de ter ideias nem de ler, mas possui o poder de sentir e, acima de tudo, de ser. Era o cérebro antigo que fazia nossos antepassados sentirem a proximidade de uma presença misteriosa em toda a Natureza.

Essa presença, encontrada em cada partícula da criação, também permeia a sua vida. Você é um livro de segredos que espera para ser aberto, embora provavelmente veja a si mesmo de modo completamente diferente. Em um determinado dia, você é um trabalhador, um pai ou uma mãe, marido ou mulher, um consumidor que vasculha as lojas do shopping em busca de algo novo, membro de uma plateia que espera impaciente a atração seguinte.

Quando você vive a verdade da realidade única, cada segredo revela-se sem dificuldade ou esforço.

Tudo resume-se à antiga escolha da separação ou da unidade. Você quer ficar fragmentado, em conflito, dividido entre as forças das trevas e da luz? Ou quer se afastar da separação e fazer parte da totalidade? Você é uma criatura que age, pensa e sente. A espiritualidade combina os três em uma única realidade. O pensamento não domina o sentimento; o sentimento não resiste ao cérebro superior; a ação tem lugar quando pensamento e sentimento dizem juntos: "Isto está certo." A realidade única pode ser reconhecida porque, quando se encontra nela, você experimenta o fluxo da vida sem obstáculos nem resistência. Nessa sequência, você encontra inspiração, amor, verdade, beleza e sabedoria como aspectos naturais da existência. A realidade única é espírito e a superfície da vida é apenas um disfarce com mil máscaras, que nos impede de descobrir o que é real. Há mil anos, essa declaração seria aceita sem discussão, pois o espírito era reconhecido em toda parte como a verdadeira fonte da vida. Hoje em dia, precisamos contemplar o mistério da existência com novos olhos, pois na qualidade de filhos orgulhosos da ciência e da razão, nós nos tornamos órfãos da sabedoria.

Por conseguinte, este livro precisa atuar em duas frentes. Primeiro, precisa convencê-lo de que as dimensões ocultas da vida realmente encerram um mistério. Segundo, ele precisa fazer com que você sinta-se inspirado a sentir a paixão e a dedicação necessárias para encontrar esse mistério. Não se trata de um projeto que pode ser adiado até que você esteja pronto. Você já está preparado desde o dia em que se esqueceu de continuar a perguntar quem você é e por que está aqui. Lamentavelmente, a maioria de nós continua a evitar milhares de experiências que poderiam tornar a transformação uma realidade. Não fosse o enorme esforço que colocamos na negação, na repressão e na dúvida, a vida de cada um de nós seria uma constante revelação.

Em última análise, você precisa acreditar que vale a pena investigar a sua vida com paixão e total devotamento. Foram necessários milhares de pequenas decisões para manter fechado o livro dos segredos, mas um único momento é suficiente para reabri-lo.

Interpreto literalmente as palavras do Novo Testamento: "Pedi e recebereis, batei e a porta se abrirá." É simples assim. Você conhecerá todos os segredos da vida quando realmente for capaz de dizer *Eu preciso saber. Não posso esperar nem mais um momento*. Buda sentado debaixo da árvore Bodhi e Jesus lutando com o demônio no deserto simbolizam o mesmo drama da alma que você nasceu para repetir. Nunca duvide do seguinte: você é o ser mais importante do mundo, porque no nível da alma você *é* o mundo.

Você não precisa conquistar o direito de saber. O seu próximo pensamento, sentimento ou ação pode começar a revelar a mais profunda sabedoria espiritual, que flui pura e livre como as águas da montanha na primavera. O eu não pode guardar segredos de si mesmo, por mais que tenhamos sido treinados para acreditar de outra maneira.

Primeiro Segredo

O MISTÉRIO DA VIDA É REAL

A VIDA QUE VOCÊ CONHECE é uma fina camada de eventos que encobrem uma realidade mais profunda. Nela, você é parte de cada evento que está acontecendo agora, que já aconteceu ou que um dia acontecerá. Na realidade mais profunda, você sabe incondicionalmente quem você é e qual é o seu propósito. Não existe qualquer confusão ou conflito com ninguém na face da Terra. O seu objetivo na vida é ajudar a criação a se expandir e crescer. Quando você olha para si mesmo, enxerga apenas amor.

No entanto, o mistério da vida não é qualquer dessas coisas e sim como trazê-las à tona. Se alguém me pedisse para provar que de fato existe um mistério na vida, a prova mais simples seria a enorme separação entre a realidade profunda e a existência do dia a dia. Desde que você e eu nascemos, temos tido um fluxo constante de pistas que indicam a realidade de um outro mundo dentro de nós. Você já não se viu maravilhado em um momento de assombro e admiração? Esses momentos podem acontecer na presença de uma bela música ou diante da visão de uma beleza natural que o deixa arrepiado. Ou você pode ter olhado de esguelha para algo familiar, como a luz do sol em uma linda manhã, uma árvore balançando ao vento ou o rosto de uma pessoa amada adormecida, sabendo naquele momento que a vida é mais do que parece ser.

Você encontrou inúmeras pistas que foram menosprezadas, porque não formavam uma mensagem clara. Conheci um número incrível de pessoas cuja origem espiritual era nada menos do que impressionante: quando crianças, elas podem ter visto a alma da avó partir no momento da morte, divisado a presença de seres de luz em um aniversário, viajado além do corpo físico ou voltado para casa depois da escola e visto um membro querido da família no hall da entrada, embora a pessoa tivesse acabado de morrer em um horrível acidente de carro. (Certo homem me disse que foi um "menino bolha" nos primeiros dez anos da sua vida, viajando na sua bolha bem alto sobre a cidade e visitando regiões desconhecidas.) Milhões de pessoas — não se trata de um exagero, e sim do resultado de pesquisas de opinião — já se viram às vezes envolvidas em uma luz branca opalescente, ouviram uma voz que sabiam vir de Deus ou tinham na infância protetores invisíveis, amigos secretos que as protegiam durante o sono.

Finalmente, ficou claro para mim que o número de pessoas que tiveram essas experiências, ou seja, verdadeiras viagens secretas em uma realidade separada desta por um frágil véu de descrença, é maior do que o das que não as tiveram. Afastar o véu significa mudar a sua percepção consciente. Trata-se de uma mudança pessoal, completamente subjetiva, mas ao mesmo tempo bastante real.

Por onde você começaria a solucionar um mistério que está em toda parte, mas que de algum modo nunca forma uma mensagem completa? Um grande detetive como Sherlock Holmes iniciaria a busca a partir de uma dedução elementar: *às vezes o desconhecido deseja ser conhecido*. Um mistério que não queira se revelar continuará a recuar sempre que você chegar mais perto. O mistério da vida não se comporta dessa maneira: os segredos dela são revelados de imediato, se você souber onde procurar. Mas que lugar é esse?

A sabedoria do corpo é um bom ponto de entrada para as dimensões ocultas da vida, porque embora completamente invisível, ela é inegavelmente real, fato que os pesquisadores da área médica começaram a aceitar em meados da década de 1980. A opinião anterior era que a capacidade de inteligência do cérebro era única, mas sinais de inteligência começaram a ser descobertos no sistema imunológico e, a seguir, no aparelho digestivo. Em ambos os sistemas, foi possível observar moléculas mensageiras especiais circulando através de cada órgão, levando informações do cérebro e para o cérebro, mas também funcionando por conta própria. Um glóbulo branco do sangue capaz de distinguir entre bactérias inimigas invasoras e o pólen inofensivo está tomando uma decisão inteligente, embora circule na corrente sanguínea separado do cérebro.

Dez anos atrás, teria parecido absurdo falar da inteligência do intestino. Sabia-se que o revestimento do trato digestivo possuía milhares de terminações nervosas, que eram apenas postos avançados do sistema nervoso, uma forma de permitir que ele permanecesse em contato com o processo secundário de extrair nutrientes da comida. Hoje sabemos que, afinal de contas, o intestino não é tão secundário assim. Suas células nervosas formam um sistema primorosamente ajustado que reage a eventos externos, como um comentário desagradável no trabalho, uma ameaça de perigo, uma morte na família. As reações do estômago são tão confiáveis quanto os pensamentos do cérebro, e tão intricadas quanto eles. As células do cólon, do fígado e do estômago também pensam, só que não por meio da linguagem verbal do cérebro. O que as pessoas chamavam de "reação visceral" revelou-se uma mera dica da complexa inteligência atuante em cem mil bilhões de células.

Em uma ampla revolução na área da medicina, os cientistas toparam com uma dimensão oculta da qual ninguém jamais suspeitara. As células vêm nos superando há milhares de anos. Na verdade, a sabedoria delas, mais antiga do que a sabedoria cortical, poderia ser o melhor modelo para a única coisa mais antiga do que elas: o cosmo. Talvez o universo também venha nos superando. Em qualquer direção que eu olhe, sinto o que a sabedoria cósmica está tentando realizar. Trata-se praticamente da mesma coisa que eu quero alcançar, ou seja, crescer, expandir-me e criar. A principal diferença é que o meu corpo está cooperando com o universo melhor do que sou capaz de fazer.

As células não têm dificuldade alguma em participar do mistério da vida. A sabedoria delas é de uma paixão e devotamento totais. Vejamos então se conseguimos vincular as qualidades da sabedoria do corpo às dimensões ocultas que queremos desvelar:

A SABEDORIA QUE VOCÊ JÁ ESTÁ VIVENDO

Identificando-se com a inteligência do corpo

1. Você possui um **propósito superior**.
2. Você está em **comunhão** com a totalidade da vida.
3. A sua **percepção consciente** está sempre aberta a mudanças. A cada momento, ela sente tudo no seu ambiente.
4. Você **aceita** todas as pessoas como iguais, sem fazer julgamentos e sem preconceito.
5. Você aproveita cada momento com renovada **criatividade**, sem agarrar-se ao que é antigo e ultrapassado.
6. O seu **ser** é embalado pelos ritmos do universo. Você sente-se seguro e protegido.
7. A sua ideia de **eficiência** é deixar o fluxo da vida trazer-lhe o que você precisa. A força, o controle e o esforço não estão de acordo com o seu jeito de ser.
8. Você tem a sensação de estar **ligado** ao seu manancial.
9. Você dedica-se a **doar** como a fonte de toda a abundância.
10. Você vê todas as mudanças, inclusive o nascimento e a morte, baseado na premissa da **imortalidade**. Tudo o que é imutável é extremamente real para você.

Nenhum desses itens é aspiração espiritual e, sim, fato da existência cotidiana no nível celular.

O propósito superior: cada célula do corpo concorda em trabalhar para o bem-estar do todo; o conforto individual dela vem em segundo lugar. Caso necessário, ela morrerá para proteger o corpo, o que frequentemente acontece — a duração da vida de qualquer célula é uma fração do nosso tempo de vida. As células da pele morrem aos milhares a cada hora e o mesmo acontece com as células imunológicas que combatem os micróbios invasores. O egoísmo não é uma opção, mesmo quando se trata da sobrevivência de uma célula individual.

A comunhão: cada célula permanece em contato com todas as outras. As moléculas mensageiras correm por toda parte para informar aos postos avançados mais remotos do corpo o desejo ou a intenção, por menores que estes sejam. Recuar ou recusar-se a estabelecer uma comunicação não é uma opção.

A percepção consciente: as células adaptam-se a cada momento. Elas permanecem flexíveis para responder a situações imediatas. Apegar-se a hábitos rígidos não é uma opção.

A aceitação: as células reconhecem que todas são igualmente importantes. Cada função do corpo depende reciprocamente de todas as outras. Agir sozinha não é uma opção.

A criatividade: embora cada célula possua um conjunto de funções exclusivas (as células hepáticas, por exemplo, podem executar 50 tarefas separadas), elas combinam-se de maneiras criativas. As pessoas podem digerir alimentos que jamais comeram antes, ter pensamentos que nunca tiveram, dançar de um jeito que nunca dançaram. Apegar-se a um antigo comportamento não é uma opção.

Ser: as células obedecem ao ciclo universal de repouso e atividade. Embora esse ciclo expresse-se de muitas maneiras, como no caso dos níveis hormonais, da pressão sanguínea e dos ritmos digestivos, a expressão mais óbvia é o sono. O motivo pelo qual precisamos dormir permanece um mistério para a medicina, mas disfunções completas ocorrem se não desfrutarmos os benefícios das horas de sono. No silêncio da inatividade, o futuro do corpo está se formando. Ser obsessivamente ativa ou agressiva não é uma opção.

A eficiência: as células funcionam com o menor dispêndio possível de energia. Uma célula armazena tipicamente apenas três segundos de comida e oxigênio no interior da parede celular. Ela tem plena confiança de que será alimentada. O consumo excessivo de comida, ar ou água não é uma opção.

A coesão: devido à sua herança genética em comum, as células sabem que são fundamentalmente idênticas. O fato de as células hepáticas serem diferentes das cardíacas, e de as musculares serem distintas das cerebrais, não nega a sua identidade comum, que é imutável. No laboratório, uma célula muscular pode ser geneticamente transformada em uma célula cardíaca ao retornar à sua origem comum. As células saudáveis permanecem ligadas à sua origem independentemente do número de vezes em que se dividam. Para elas, ser um pária não é uma opção.

O ato de doar: a atividade fundamental das células é doar, o que sustenta a integridade de todas as outras células. A total dedicação ao ato de doar torna o ato de receber automático, pois ele é a outra metade de um ciclo natural. A acumulação não é uma opção.

A imortalidade: as células reproduzem-se para passar adiante o seu conhecimento, experiência e talentos, sem deixar de transmitir coisa alguma aos seus descendentes. Trata-se de uma espécie de imortalidade prática, na qual elas submetem-se à morte do plano físico, mas o derrotam na esfera do não físico. A diferença entre gerações não é uma opção.

Ao analisar o acordo a que as minhas células chegaram, não posso dizer que ele é um pacto espiritual na acepção da palavra? A primeira qualidade, que se segue a um propósito maior, é idêntica às qualidades espirituais da entrega e do altruísmo. Dar é o mesmo que devolver a Deus o que é de Deus. A imortalidade iguala-se à crença na vida após a morte. Entretanto, os rótulos adotados pela mente não dizem respeito ao meu corpo. Para ele, essas qualidades são simplesmente a maneira como a vida funciona. Elas são o resultado da inteligência cósmica que se expressa no decorrer de bilhões de anos como biologia. O mistério da vida foi paciente e cuidadoso ao permitir a manifestação do pleno potencial. Até mesmo agora, o acordo silencioso que mantém unido o meu corpo parece um segredo, porque, segundo todos os indícios, ele é inexistente. Mais de 250 tipos de células entregam-se às suas atividades cotidianas: as 50 funções que uma célula hepática executa são totalmente exclusivas, não se sobrepondo às tarefas das células musculares, renais, cardíacas ou cerebrais, mas seria catastrófico se uma única função fosse comprometida. O mistério da vida encontrou uma forma de expressar-se perfeitamente por meu intermédio.

Examine novamente a lista de qualidades e preste atenção a tudo que está assinalado como "não é uma opção": egoísmo, recusar-se a estabelecer uma comunicação, viver como um pária, o consumo excessivo, a atividade obsessiva e a agressividade. Se as nossas células nos dizem que não devemos nos comportar dessa maneira, por que o fazemos? Por que a ganância é boa para nós e no entanto implica destruição no nível celular, em que a ganância é o erro fundamental cometido pelas células cancerosas? Por que permitimos que o excesso de consumo provoque uma epidemia de obesidade quando as nossas células calculam até o nível da molécula o quanto devem consumir? Nós, enquanto pessoas, não renunciamos ao comportamento que mataria em um dia o nosso corpo. Estamos traindo a sabedoria do nosso corpo, e pior, estamos desconsiderando o modelo de uma perfeita vida espiritual dentro de nós mesmos.

Este livro não nasceu da ideia de que as pessoas são espiritualmente fracas e inadequadas, e sim de um momento de crise na minha família, que me conferiu novas esperanças. Meu pai faleceu há alguns anos, quando ninguém esperava. Era um homem ainda vigoroso aos 81 anos, e passou aquele dia de janeiro assistindo à posse de um novo presidente dos Estados Unidos. Após exercer durante muitos anos a profissão de cardiologista, meu pai mantinha-se atualizado e passava a noite discutindo casos médicos com um grupo de alunos.

Minha mãe, que dormia em um quarto separado porque sua saúde estava fragilizada, não ouviu quando Krishan foi para a cama. Contudo, depois da meia-noite, quando ela ainda não tinha conseguido dormir, ele apareceu de pijama na porta do quarto dela, um mero perfil na escuridão, e disse que estava indo embora. Minha mãe soube de imediato o que ele estava querendo dizer. Meu pai deu-lhe um beijo de despedida e disse que a amava. A seguir, ele voltou silenciosamente para o quarto onde penetrava apenas o som de grilos, pássaros tropicais e o tráfego de Nova Déli. Ele deitou-se, chamou três vezes o nome de Deus e morreu.

O tumulto tomou conta da nossa família. O meu irmão mais novo e eu, que estávamos nos Estados Unidos, fomos para a Índia o mais rápido que pudemos e, em poucas horas, depois de vestir o corpo do meu pai com os trajes tradicionais do funeral e cobri-lo com cravos-de-defunto, nós o levamos para o andar de baixo e o entregamos às lamentações das mulheres que se misturavam aos cantos sacros. Algum tempo depois, eu estava de pé ao lado de uma pilha de cinzas no *ghat* que queimava à beira do rio, cumprindo a obrigação do filho mais velho de esmagar os despojos mortais do crânio com um cajado para liberar simbolicamente os vínculos terrestres com a vida que o meu pai levara.

Eu não conseguia deixar de sentir que aquele homem que fora a pessoa que eu mais amara na vida, e o último que eu imaginara que fosse perder tão cedo, tinha desaparecido completa e totalmente. No entanto, o fato de ele ter morrido com uma consciência tão lúcida e tranquila nos impediu a todos de sentir profunda agonia da perda. Embora eu estivesse certo de que Krishan Chopra não mais existia na forma do corpo e da personalidade que eu conhecia, as minhas emoções não puderam descansar enquanto não consegui concatenar, o mais detalhadamente possível, o que ele tinha se tornado. O mistério o estava mudando de um estado para outro, e compreendi que a mesma transformação está tendo lugar em mim mesmo e em todo mundo. Somos todos mantidos juntos e nos dissolvemos de acordo com o mistério, nada mais do que isso.

Em vez de investigar o mistério da vida como uma parte íntima de nós mesmos, temos agido como se ele não existisse. Todo mundo tem sofrido devido a essa negligência, e mais sofrimento, talvez em uma escala desconhecida, assoma no horizonte. O meu pai partiu de um mundo mergulhado nas profundezas da melancolia. Quando o noticiário noturno for ao ar esta noite, problemas estarão irrompendo em toda parte, como sempre estão, e as respostas oferecidas não estarão nem um pouco perto da sabedoria de uma única célula. Muitas pessoas perdem a coragem e abandonam o desafio de tanto sofrimento. Outras supõem que precisam deixar o lugar em que estão e encontrar algo que ainda não têm, como um novo relacionamento, emprego, religião ou mestre, antes que se possam sentir novamente ativas.

As células do seu corpo aceitariam essa lógica derrotista? Se a situação em que você se encontra não é boa o suficiente, então o amor, a cura e Deus permanecerão para sempre fora do seu alcance. Após gerações de uma vida passada no caos, estamos prontos para deixar o mistério nos salvar agora? Existe alguma outra maneira?

Modificando Sua Realidade para Acomodar o Primeiro Segredo

Cada segredo será acompanhado de um exercício para que você possa aplicá-lo a si mesmo. Ler a respeito de um segredo exerce um efeito no nível do pensamento; o nível do sentimento e o da ação permanecem intocados. Os três precisam fundir-se para que você efetivamente mude a sua realidade pessoal.

O primeiro segredo é deixar a sabedoria do corpo indicar o caminho. Hoje, escreva as qualidades da sabedoria mencionada anteriormente, e para cada uma pense em uma forma pela qual você poderia viver essa qualidade. Anote-a e faça dela o seu guia para o dia. Você pode perseguir uma única qualidade por dia ou relacioná-las todas e tentar seguir o maior número que conseguir. Não se esforce para atingir o autoaperfeiçoamento; não escreva nada com o sentimento de que você é fraco ou inadequado. O objetivo do exercício é ampliar a zona de conforto do seu corpo, para que inclua o comportamento e o sentimento. Deixe que as suas palavras expressem as aspirações que estão mais perto do seu coração, que fazem você sentir-se como o seu verdadeiro eu. Por exemplo:

O propósito maior: estou aqui para servir. Estou aqui para servir de inspiração. Estou aqui para amar. Estou aqui para viver a minha verdade.

Comunhão: darei valor a alguém que não sabe que me sinto dessa maneira. Fecharei os olhos à tensão e serei cordial com uma pessoa que não me tenha dado atenção. Expressarei pelo menos um sentimento que tenha feito eu me sentir culpado ou envergonhado.

Percepção consciente: passarei dez minutos observando em vez de falar. Eu me sentarei quieto, sozinho, apenas para sentir como o meu corpo sente-se. Se alguém me irritar, perguntarei a mim mesmo o que realmente sinto debaixo da raiva, e não pararei de prestar atenção enquanto a raiva não tiver desaparecido.

Aceitação: passarei cinco minutos pensando sobre as melhores qualidades de alguém com quem realmente antipatizo. Lerei a respeito de um grupo que considero totalmente intolerante e procurar ver o mundo da maneira como os membros o veem. Olharei no espelho e me descreverei exatamente como se eu fosse a mãe ou o pai perfeito que eu gostaria de ter sido (começando com a frase: "Como você é belo aos meus olhos.").

Criatividade: imaginarei cinco coisas que eu poderia fazer que a minha família nunca esperaria que eu fizesse — e a seguir farei pelo menos uma delas. Esboçarei um romance baseado na minha vida (cada incidente será verdadeiro, mas ninguém jamais conseguiria adivinhar que eu sou o herói). Inventarei mentalmente alguma coisa de que o mundo precise desesperadamente.

Ser: passarei meia hora em um local tranquilo sem fazer nada, a não ser sentir como é existir. Eu me deitarei estendido na grama e sentirei a terra revolver-se, lânguida, debaixo de mim. Inspirarei o ar três vezes e o soltarei o mais delicadamente possível.

Eficiência: deixarei pelo menos duas coisas fora do meu controle e verei o que acontece. Contemplarei uma rosa e refletirei sobre se eu poderia fazê-la abrir-se mais rápido ou com mais beleza do que já ocorre, e a seguir indagarei se a minha vida floresceu com a mesma eficiência. Repousarei em um lugar tranquilo à beira-mar, ou com uma fita na qual estejam gravados os sons do mar, e inspirarei o ritmo do oceano.

Coesão: quando eu me apanhar desviando o olhar de alguém, lembrarei-me de olhar nos olhos dessa pessoa. Olharei de modo amoroso para alguém a quem eu tenha me acostumado. Demonstrarei solidariedade com alguém que precise desse sentimento, de preferência um desconhecido.

Doar: comprarei uma refeição e dá-la-ei a uma pessoa necessitada na rua (ou irei a uma lanchonete e almoçarei com ela). Cumprimentarei alguém por uma qualidade que eu sei que a pessoa valoriza em si mesma. Darei aos meus filhos hoje o meu tempo indiviso, na quantidade que eles quiserem.

Imortalidade: lerei uma escritura a respeito da alma e da promessa da vida após a morte. Escreverei cinco coisas pelas quais quero que a minha vida seja lembrada. Sentarei e esperarei em silêncio o intervalo entre a inspiração e a expiração, sentindo o eterno no momento presente.

Segundo Exercício: Acidente ou Inteligência?

Cada segredo neste livro recua à existência de uma inteligência invisível que opera debaixo da superfície visível para nós. O mistério da vida é expressão de uma inteligência que existe em toda parte e não de acidentes aleatórios. É possível acreditar nessa inteligência ou você deve continuar a acreditar em eventos aleatórios e na causa acidental?

Leia os seguintes fatos inexplicáveis e, a seguir, faça um círculo em volta de *Sim* ou *Não* caso você já soubesse da existência desses mistérios.

Sim ☐ Não ☐ Os pássaros do deserto que vivem no Grand Canyon enterraram milhares de sementes de pinheiro em locais amplamente espalhados ao longo da orla do cânion. Durante o inverno, eles vão buscar o alimento armazenado, voltando precisamente ao local em que cada um enterrou as sementes de pinhões e encontrando-as debaixo de uma profunda camada de neve.

Sim ☐ Não ☐ O salmão que nasce em um riacho que alimenta o rio Colúmbia na região noroeste do Pacífico, nos Estados Unidos, nada para o mar. Após passar vários anos vagando por grandes distâncias no oceano, ele volta para desovar exatamente no lugar onde nasceu, nunca indo parar no riacho errado.

Sim ☐ Não ☐ Foi lido um texto em japonês para crianças pequenas de vários países e posteriormente lhes foi pedido que escolhessem se tinham escutado palavras sem sentido ou um lindo poema em japonês. Todas as crianças do Japão acertaram a resposta, porém, sugestivamente, mais da metade das crianças de outros países, que nunca tinham ouvido na vida uma palavra em japonês, também acertou.

Sim ☐ Não ☐ Gêmeos idênticos, separados por centenas e até milhares de quilômetros, perceberam imediatamente o momento em que o irmão morreu em um acidente.

Sim ☐ Não ☐ Grupos de milhões de vaga-lumes na Indonésia são capazes de sincronizar suas luzes em uma área de vários quilômetros quadrados.

Sim ☐ Não ☐ Na África, certas árvores que estão sendo forrageadas em excesso podem avisar a outras árvores localizadas a quase cinco quilômetros de distância para que aumentem o tanino nas suas folhas, uma substância química que as torna não comestíveis para os animais forrageadores. As árvores distantes recebem a mensagem e, em decorrência disso, alteram sua composição química na mesma proporção.

Sim ☐ Não ☐ Gêmeos separados ao nascer encontraram-se pela primeira vez anos depois, descobrindo que se tinham casado no mesmo ano com mulheres cujo primeiro nome era igual e agora tinham o mesmo número de filhos.

Sim ☐ Não ☐ As mães albatrozes que retornam ao local do ninho com comida no bico localizam imediatamente a sua prole entre centenas de milhares de filhotes idênticos em uma praia superlotada.

Sim ☐ Não ☐ Uma vez por ano, na lua cheia, vários milhões de límulos, ou caranguejos-ferradura-do-atlântico, emergem juntos em uma praia para acasalar. Eles responderam ao mesmo chamado, vindo das profundezas do oceano onde nenhuma luz jamais penetra.

Sim ☐ Não ☐ Quando as moléculas de ar fazem o seu tímpano vibrar da mesma forma que um címbalo atingido com uma vara, você ouve uma voz que reconhece e que fala palavras que você entende.

SIM ☐ **NÃO** ☐ Isolados, o sódio e o cloro são venenos mortais. Quando se combinam e formam o sal, transformam-se na substância mais fundamental para a manutenção da vida.

SIM ☐ **NÃO** ☐ Para ler esta frase, vários milhões de neurônios no seu córtex cerebral precisaram formar um padrão instantâneo totalmente original e que nunca tinha aparecido antes na sua vida.

Não existem notas para este exercício, mas mantenha-o à mão até terminar o livro. Refaça-o então, com o objetivo de ver se suas convicções mudaram o suficiente para que possa oferecer uma explicação baseada nos segredos espirituais sendo discutidos.

Segundo segredo

O MUNDO ESTÁ EM VOCÊ

A SOLUÇÃO DO MISTÉRIO DA VIDA requer apenas um único mandamento: *viver como uma célula*. Mas não fazemos isso e não é difícil descobrir o motivo. Temos a nossa própria maneira de fazer as coisas. Nossas células são alimentadas pelo mesmo oxigênio e glicose que alimentavam as amebas há dois bilhões de anos, mas somos atraídos por alimentos com elevado teor de gordura, açucarados e futilmente na moda. Nossas células cooperam umas com as outras segundo o mesmo plano determinado pela evolução nas samambaias do período Cretáceo, mas encontramos um novo inimigo em algum lugar do mundo a cada década, talvez a cada ano ou mês. Todos temos uma história semelhante para contar a respeito de desvios diante da sabedoria precisa, completa e quase perfeita que o nosso corpo segue.

Nossos deslizes caprichosos apontam para um padrão muito mais amplo. Para retornar à sabedoria da célula, cada um de nós precisa perceber que estamos vivendo as consequências das antigas escolhas de outra pessoa. Aprendemos a seguir um conjunto de hábitos e crenças que menosprezam o mistério da vida. Essas crenças estão contidas umas nas outras como recipientes que se encaixam.

Existe um mundo material.
O mundo material está repleto de coisas, eventos e pessoas.

> Eu sou uma dessas pessoas e a minha condição não é superior à de ninguém.
> Para descobrir quem sou, preciso explorar o mundo material.

Esse conjunto de crenças é limitante, pois não deixa espaço para a busca da alma, nem mesmo para a alma em si. Por que levar o mistério da vida para um sistema que já sabe o que é real? No entanto, por mais convincente que o mundo material possa parecer, o fato de ninguém até hoje ter conseguido provar que ele é real é extremamente embaraçoso para a ciência moderna. As pessoas comuns não estão em geral muito atentas à ciência, de modo que esse óbvio problema não é reconhecido. Contudo, qualquer neurologista garantirá que o cérebro não oferece prova alguma de que o mundo exterior realmente existe, além de apresentar muitas indicações de que ele não é uma realidade.

Na verdade, tudo o que o cérebro faz é receber sinais contínuos a respeito do estado de equilíbrio químico, da temperatura e do consumo de oxigênio do corpo, ao lado de um intenso fluxo de impulsos nervosos. Essa massa de dados brutos inicia-se como explosões químicas com cargas elétricas agregadas. Esses picos correm de um lado para outro em um emaranhado de células nervosas, e assim que um sinal chega ao cérebro, como um corredor que tivesse saído dos confins do Império para levar uma mensagem a Roma, o córtex agrupa os dados brutos em disposições ainda mais complexas de picos elétricos e químicos.

O córtex não nos mantém informados sobre esse ininterrupto processamento de dados, que é tudo o que está acontecendo dentro da massa cinzenta. Em vez disso, o córtex fala-nos do mundo, possibilitando que percebamos imagens, sons, odores e texturas — todo o cortejo da criação. O cérebro pregou-nos uma enorme peça, praticou uma extraordinária escamoteação, porque não existe uma ligação direta entre os dados brutos do corpo e a nossa percepção subjetiva de um mundo exterior.

Até onde sabemos, o mundo inteiro poderia ser um sonho. Quando estou na cama, sonhando, vejo um mundo de eventos tão vívidos quanto o mundo do dia a dia (no caso da maioria das pessoas, os outros quatro sentidos ficam espalhados de forma irregular pelos sonhos, mas algumas delas conseguem tocar, sentir o gosto, ouvir e cheirar com a mesma precisão com que o fazem quando estão acordadas). No entanto, ao abrir os olhos de manhã, sei que esses intensos eventos foram produzidos dentro da minha cabeça. Eu não cometeria o erro de cair nesse truque porque pressuponho que os sonhos não são reais.

O cérebro então dedica um mecanismo à formação do mundo dos sonhos e outro ao mundo real? Não, ele não faz isso. No que diz respeito à função cerebral, o mecanismo dos sonhos não se desliga quando acordo. O mesmo córtex visual na parte posterior do meu crânio permite-me ver um objeto, seja ele uma árvore, um rosto ou o céu, quer eu o esteja vendo na memória, em um sonho, em uma foto, quer ele esteja diante de mim. A localização da atividade cerebral muda ligeiramente de um caso para outro, e é por esse motivo que consigo estabelecer uma distinção entre o sonho, a foto e a coisa verdadeira, mas o mesmo processo fundamental está constantemente ocorrendo. Estou fabricando uma árvore, um rosto ou o céu a partir do que é, na verdade, um emaranhado de nervos compridos e finos que projetam explosões de cargas químicas e elétricas no meu cérebro e em todo o meu corpo. Por mais que eu tente, não conseguirei encontrar um único padrão de substâncias químicas e cargas elétricas com o formato de uma árvore, de um rosto ou de qualquer outra coisa. Existe apenas uma explosão de atividade eletroquímica.

Esse embaraçoso problema, ou seja, o fato de que não há como provar a existência de um mundo exterior, abala toda a base do materialismo. Chegamos, desse modo, ao segundo segredo espiritual: *você não está no mundo; o mundo está em você.*

A única razão pela qual as rochas são sólidas é o fato de que o cérebro registra um lufa-lufa de sinais elétricos como o tato; o único motivo pelo qual o sol brilha é o fato de o cérebro registrar outra comoção de sinais elétricos como a visão. Não existe uma luz do sol no meu cérebro, pois o interior dele permanece tão escuro quanto uma pedra calcária, por mais claro que esteja do lado de fora.

Depois de dizer que o mundo inteiro é criado em mim, compreendo imediatamente que você poderia dizer a mesma coisa. Você está no meu sonho ou eu no seu, ou estamos todos presos em uma bizarra combinação da versão pessoal de eventos um do outro? Para mim, isso não é um problema e, sim, a essência da espiritualidade. Todas as pessoas são criadoras. O mistério de como os pontos de vista individuais, de alguma forma, combinam-se para que o seu mundo e o meu possam harmonizar-se é exatamente o que faz as pessoas buscarem respostas espirituais, porque não existe qualquer dúvida de que a realidade está repleta de conflitos, mas também é plena de harmonia. É extremamente gratificante compreender que, na condição de criadores, geramos cada aspecto da nossa experiência, seja ele bom ou mau. Desse modo, cada um de nós é o centro da criação.

As pessoas costumavam considerar essas ideias muito naturais. Séculos atrás, a doutrina de uma realidade ocupava o lugar central na vida espiritual. As religiões, as pessoas e as tradições variavam enormemente, mas havia um consenso universal de que o mundo é uma criação perfeita, com uma única inteligência, um único projeto criativo. O monoteísmo chamava a realidade única de Deus; a Índia a chamava de Brama; a China, de Tao. Independentemente do nome, todas as pessoas viviam dentro dessa inteligência infinita e tudo o que fazíamos por nossa conta era parte do grande desígnio da criação. As pessoas não precisavam tornar-se "buscadoras" espirituais para encontrar a realidade única. A vida de todos já se encaixava nela. O Criador permeava igualmente cada partícula da criação e a mesma centelha divina animava todas as formas de vida.

Hoje em dia, consideramos mística essa perspectiva porque ela trata de coisas invisíveis. Entretanto, se nossos antepassados tivessem tido acesso ao microscópio, não teriam eles visto uma prova concreta de seu misticismo na maneira como as células comportam-se? Acreditar em uma realidade universal coloca todo mundo no centro da existência. O símbolo místico dessa noção era um círculo com um ponto no centro, o que significava que cada indivíduo (o ponto) era secretamente infinito (o círculo). É como a minúscula célula cujo ponto central de DNA a conecta a bilhões de anos de evolução.

No entanto, o conceito da realidade única, afinal de contas, é místico? Quando olho pela janela, no inverno, posso em geral descortinar pelo menos uma crisálida pendurada em um galho. Dentro dela uma lagarta transformou-se em uma pupa, que emergirá na primavera como borboleta. Todos estamos familiarizados com essa metamorfose, tendo acompanhado o processo quando crianças [ou lido *The Very Hungry Caterpillar* (*A Lagarta Muito Faminta*), de Eric Carle]. Contudo, o que ocorre de modo invisível dentro da crisálida permanece profundamente misterioso. Os órgãos e os tecidos da lagarta dissolvem-se em um estado amorfo, semelhante ao de uma sopa, reconstituindo-se depois no corpo da borboleta, que não apresenta nenhuma semelhança com a lagarta.

A ciência não tem a menor ideia do motivo pelo qual a metamorfose evoluiu. É praticamente impossível imaginar que os insetos a tenham encontrado por acaso, visto que a complexidade química envolvida na transformação de uma lagarta em borboleta é simplesmente incrível; milhares de passos estão minuciosamente interligados. (É como se você deixasse uma bicicleta no conserto e, quando fosse buscá-la, encontrasse um avião a jato no lugar dela.)

No entanto, temos algumas ideias a respeito de como essa delicada cadeia de eventos está ligada. Dois hormônios, um chamado *hormônio juvenil* e o outro *ecdisona*, regulam o processo que, a olho nu, dá a impressão de que a lagarta está se dissolvendo em sopa. Esses dois hormônios garantem que as células que estão avançando da larva para a borboleta saibam aonde estão indo e como mudarão. Algumas células recebem instruções para morrer; outras digerem a si mesmas e outras ainda transformam-se em olhos, antenas e asas. Todo esse processo envolve um ritmo frágil (e milagroso) que tem de manter-se em um preciso equilíbrio entre a criação e a destruição. Da maneira como as coisas acontecem, esse ritmo depende da duração do dia, que por sua vez depende da rotação da Terra ao redor do Sol. Por conseguinte, durante milhões de anos, um ritmo cósmico tem estado intimamente relacionado com o nascimento das borboletas.

A ciência concentra-se nas moléculas, mas esse é um exemplo impressionante da ação da inteligência que usa moléculas como um veículo para o seu propósito, que era, neste caso, criar uma nova criatura sem desperdiçar antigos componentes. (E se existe apenas uma única realidade, não podemos dizer, como faz a ciência, que a duração do dia faz, ou seja, a causa para que os hormônios da pupa comecem a metamorfosear-se em borboleta. A duração do dia e os hormônios provêm da mesma fonte criativa, tecendo uma única realidade. Essa fonte utiliza os ritmos e as moléculas da maneira que acha mais conveniente. A duração do dia não faz os hormônios mudarem, assim como esses últimos não fazem o dia mudar; ambos estão ligados a uma inteligência oculta que os cria ao mesmo tempo. Em um sonho ou um quadro, um menino pode atingir uma bola de beisebol, mas o taco não faz com que a bola voe através do ar. O sonho ou o quadro inteiro encaixa-se de modo perfeito.)

Eis outro exemplo: duas proteínas chamadas *actina* e *miosina* evoluíram há uma eternidade para possibilitar que os músculos nas asas dos insetos se contraíssem e relaxassem e, desse modo, os insetos aprenderam a voar. Quando uma dessas moléculas casadas está ausente, as asas crescem, mas são incapazes de bater, sendo portanto inúteis. Hoje em dia, essas mesmas proteínas são responsáveis pelo pulsar do coração humano, e quando uma delas está ausente, o batimento cardíaco da pessoa é ineficaz e fraco, acabando por produzir a insuficiência cardíaca.

Uma vez mais, a ciência enche-se de assombro com a maneira pela qual as moléculas adaptam-se ao longo de milhões de anos, mas será que não existe uma intenção mais profunda? Sentimos dentro de nós o impulso de voar, de libertar-nos dos limites. Não será esse o mesmo impulso que a natureza expressou quando os insetos começaram a voar? A prolactina, que gera o leite no seio da mãe, é a mesma que faz o salmão nadar contra a corrente para procriar, possibilitando que ele atravesse da água salgada para a doce. A insulina existente na vaca é exatamente a mesma da ameba, e serve para metabolizar carboidratos, embora a vaca seja milhões de vezes mais complexa do que a ameba. Acreditar em uma realidade totalmente interconectada não é nem um pouco místico.

De que maneira, então, a crença em uma realidade única se deteriorou? Havia outra alternativa, que também colocava cada pessoa no centro do seu mundo. No entanto, em vez de nos sentirmos incluídos, nós nos sentimos sozinhos e isolados, movidos pelo desejo pessoal, em vez de impelidos por uma vida compartilhada de comunhão através da alma. Essa é a escolha que chamamos de *ego*, embora ele tenha sido chamado por outros nomes, como a busca do prazer, os grilhões do carma e (se recorrêssemos a um vocabulário religioso) a expulsão do Paraíso. Ele permeia de tal modo a nossa cultura, que seguir o ego não é mais uma escolha. Fomos todos cuidadosamente treinados desde a infância a pensar em mim e no meu. A competição nos ensina que precisamos lutar pelo que queremos. A ameaça de outros egos, que se sentem tão isolados e solitários quanto nós, está sempre presente — os nossos desejos poderiam ser frustrados se alguém chegasse antes de nós. Não é minha intenção aqui destruir o ego, pois esse tipo de atitude procura um vilão cujas ações impedem as pessoas de encontrar a felicidade, razão fundamental pela qual as pessoas sofrem, o motivo pelo qual elas nunca encontram o seu verdadeiro eu, Deus ou a alma. Dizem-nos que o ego deixa-nos cegos com as suas constantes exigências, ganância, egoísmo e insegurança. Trata-se de um tema comum, porém errôneo, porque lançar o ego no escuro, torná-lo um inimigo, só cria mais divisão e fragmentação. Se existe uma única realidade, ela precisa incluir tudo. Nem o ego nem o desejo podem ser descartados.

A opção de viver na separação, escolha que nunca é feita por uma célula, a não ser que ela torne-se cancerosa, deu origem a uma certa corrente da mitologia. Todas as culturas contam a história de uma era de ouro enterrada no passado indistinto. Essa narrativa da perfeição perdida degrada os seres humanos, em vez de exaltá-los. As pessoas diziam que a natureza humana devia ser inerentemente defeituosa, que todos tinham as cicatrizes do pecado, que Deus condenava Seus filhos antes inocentes. Esse mito tem o poder de eliminar a escolha e fazer com que o que acontece pareça ser o destino. A separação adquiriu vida própria, mas a possibilidade de uma realidade única algum dia realmente desapareceu?

Para abraçar de novo a realidade única, temos de aceitar que o mundo está em nós. Esse é um segredo espiritual baseado na natureza do cérebro, que passa cada segundo fabricando o mundo. Quando seu melhor amigo lhe telefona do Tibete, você aceita como certa a ideia de que ele está longe, mas o som da voz dele ocorre como uma sensação no seu cérebro. Se seu amigo aparecer à sua porta, a voz dele não se terá aproximado nem um pouco. Continua a ser uma sensação na mesma parte do cérebro, e continuará ali depois que seu amigo for embora e a voz dele permanecer dentro de você. Quando você contempla uma estrela distante, ela também parece extremamente longínqua, mas existe como uma sensação em outra parte do seu cérebro. Assim, a estrela está em você. O mesmo é verdade quando você prova uma laranja, toca um tecido de veludo ou ouve Mozart; todas as experiências possíveis estão sendo fabricadas dentro de você.

Nesse momento, a vida baseada no ego é totalmente convincente, e esse é o motivo pelo qual nenhuma quantidade de dor e sofrimento induz as pessoas a abandoná-la. A dor machuca, mas não mostra uma saída. O debate sobre como acabar com a guerra, por exemplo, revelou-se completamente inútil, porque no momento em que eu me vejo como um indivíduo isolado, eu "os" enfrento, ou seja, o sem-número de indivíduos que desejam o mesmo que eu.

A violência acumula-se na oposição de nós versus eles. "Eles" nunca vão embora e "eles" nunca desistem. Sempre lutarão para defender os assuntos deles no mundo. Enquanto você e eu tivermos interesses diferentes, o ciclo da violência continuará a ser permanente. Os terríveis resultados também podem ser vistos no corpo. Em uma pessoa de constituição saudável, cada célula reconhece-se em cada outra célula. Quando essa percepção fica defeituosa e certas células transformam-se em "outra", o corpo passa a atacar a si mesmo. Esse estado é conhecido como *distúrbio autoimune,* do qual a artrite reumatoide e o lúpus são exemplos devastadores. A violência do eu contra o eu baseia-se totalmente em um conceito errôneo, e embora a medicina possa levar algum alívio ao corpo danificado, nenhuma cura pode ser alcançada sem que o conceito errado seja primeiro corrigido.

Levar a sério a ideia de pôr um fim à violência significa desistir de uma vez por todas dos interesses pessoais. Somente essa atitude arrancará a violência pela raiz. Essa conclusão pode parecer chocante. A reação imediata das pessoas é dizer: "Mas eu *sou* o meu interesse pessoal no mundo." Por sorte, esse não é o caso. O mundo está em você e não o contrário. Foi isso que Cristo quis dizer quando ensinou que deveríamos primeiro alcançar o reino de Deus e depois, se necessário, preocupar-nos com os assuntos mundanos. Deus é dono de tudo porque criou tudo. Se você e eu estamos criando cada percepção que consideramos realidade, então também temos permissão para ser donos da nossa criação.

A percepção está no mundo; o mundo é percepção.

Nessa ideia-chave, o drama de nós versus eles desmorona. Estamos todos incluídos no único projeto que faz alguma diferença: a formação da realidade. Defender qualquer coisa externa, como dinheiro, propriedades, bens ou status, só faz sentido se essas coisas forem essenciais. O único interesse pessoal que vale a pena ter é a capacidade de criar livremente, com plena consciência de como funciona a fabricação da realidade.

Sou compreensivo com aqueles que examinaram o ego e o acharam tão repugnante que querem livrar-se dele, mas, no final, atacar o ego é apenas uma forma sutil e disfarçada de atacar a nós mesmos. De nada adiantaria destruir o ego, mesmo que isso pudesse ser feito. É vital manter intacto todo o nosso mecanismo criativo. Quando removemos os sonhos feios, inseguros e violentos do ego, este deixa de ser feio, inseguro e violento e assume seu lugar natural como parte do mistério.

A realidade única já revelou um profundo segredo: *ser um criador é mais importante do que o mundo inteiro*. Vale a pena fazer uma pausa para assimilar essa noção. Na verdade, ela é o mundo. De todas as ideias gratificantes que podem mudar a vida de uma pessoa, esta talvez seja a mais libertadora. No entanto, para realmente vivê-la, para ser um verdadeiro criador, precisamos eliminar muitos condicionamentos. Ninguém se lembra de lhe terem ensinado a acreditar no mundo material. Não obstante, aprendemos a nos aceitar como seres limitados. O mundo externo deve ser bem mais poderoso. O roteiro é determinado por ele e não por nós. O mundo vem em primeiro lugar e nós estamos em segundo, bem atrás.

O mundo exterior não fornecerá respostas espirituais enquanto você não assumir um novo papel como fabricante da realidade. Essa ideia parece estranha no início, mas já podemos perceber que um novo conjunto de convicções começa a encaixar-se no lugar:

Tudo o que estou experimentando é um reflexo de mim mesmo: por conseguinte, não preciso tentar escapar. Não há para onde fugir, e desde que eu me veja como o criador da minha realidade, eu não iria querer escapar, mesmo que pudesse.

Minha vida é parte de todas as outras vidas: minha ligação com todas as coisas vivas impossibilita que eu tenha inimigos. Não sinto necessidade de fazer oposição, resistir, conquistar ou causar destruição.

Não sinto necessidade de controlar pessoas ou coisas: posso influenciar as mudanças transformando a única coisa sobre a qual já tive controle alguma vez, ou seja, eu mesmo.

MODIFICANDO SUA REALIDADE PARA ACOMODAR O SEGUNDO SEGREDO

Para verdadeiramente possuir o segundo segredo, comece a ver-se como cocriador de tudo que lhe acontece. Um exercício simples é sentar-se onde quer que esteja e contemplar o que está à sua volta. Quando seu olhar cair sobre uma cadeira, um quadro ou a cor da parede no aposento em que você estiver, diga para si mesmo: "Isso me representa. Isso também me representa." Deixe que sua consciência assimile tudo, e agora pergunte a si mesmo:

Vejo ordem ou desordem?
Percebo a minha qualidade única?
Noto como realmente me sinto?
Enxergo o que realmente quero?

Algumas coisas no seu ambiente se relacionarão instantaneamente com essas perguntas, ao passo que outras não. Um apartamento claro, pintado com cores alegres e que recebe uma luminosidade direta representa um estado mental muito diferente do que o de um apartamento conjugado no subsolo. Já uma mesa bagunçada, repleta de pilhas de papel, pode significar várias coisas: desordem interior, medo de lidar com as obrigações, aceitação de um excesso de responsabilidades, desconsideração pelos detalhes rotineiros, e assim por diante. Essa discrepância é válida porque cada um de nós expressa e ao mesmo tempo esconde quem realmente é. Parte do tempo você exprime quem é, ao passo que em outras ocasiões você separa-se dos seus verdadeiros sentimentos, nega-os ou descobre saídas que parecem socialmente aceitáveis. Se você comprou o sofá porque era barato e decidiu que ele "servia", se a cor da parede é branca porque você não se importava com a cor para a qual estaria olhando, se tem medo de jogar fora uma gravura, porque os seus sogros a deram de presente para você, mesmo assim você está vendo símbolos de como se sente. Sem nos prendermos a detalhes, é possível examinar o espaço pessoal de uma pessoa e discernir com relativa precisão se ela está satisfeita ou insatisfeita com a vida, se possui um sentimento de identidade pessoal forte ou fraco, se é conformista ou não conformista, se dá mais valor à ordem ou ao caos, se é uma pessoa otimista ou deprimida.

Entre agora no seu mundo pessoal. Quando você estiver com a sua família ou amigos, escute com o seu ouvido interior o que está acontecendo. Pergunte a si mesmo:

> Eu escuto a felicidade?
> Estar com essas pessoas faz com que eu me sinta animado e alerta?
> Existe um indício de fadiga?
> Essa é uma rotina familiar ou as pessoas estão realmente tendo uma atitude aberta umas com as outras?

Independentemente de como responder a essas perguntas, você estará avaliando o seu mundo e o que está acontecendo dentro de você. Assim como os objetos, as pessoas do seu ambiente são um espelho seu. Ligue agora o noticiário noturno da TV e, em vez de assistir como se os acontecimentos estivessem ocorrendo "lá fora", entre pessoalmente em sintonia com eles. Pergunte a si mesmo:

> O mundo que estou vendo parece seguro ou inseguro?
> Sinto medo e consternação diante de uma tragédia ou as notícias apenas me estimulam e me distraem?

Se as notícias são ruins, mesmo assim assisto aos telejornais basicamente para me distrair?

Que parte de mim esse programa representa? A parte que se envolve com um problema atrás do outro ou a parte que deseja encontrar respostas?

Esse exercício desenvolve um novo tipo de percepção consciente. Você começa a romper o hábito de ver-se como uma entidade isolada e separada e passa a compreender que o mundo inteiro está, na verdade, dentro de você.

Segundo Exercício: Entendendo o Mundo

Afirmar que você é um criador não é a mesma coisa que dizer que o seu ego o é. Ele sempre permanecerá apegado à sua personalidade, e sem dúvida essa última não cria tudo que cerca você. A criação não acontece nesse nível. Vejamos, então, se conseguimos chegar mais perto do verdadeiro criador dentro de você. Faremos isso meditando sobre uma rosa.

Pegue uma bela rosa vermelha e segure-a diante de você. Inale a fragrância e diga para si mesmo: "Sem mim, esta flor não teria aroma." Assimile o reluzente colorido carmesim e diga a si mesmo: "Sem mim, esta flor seria incolor." Acaricie as pétalas aveludadas e diga para si mesmo: "Sem mim, esta flor não teria textura." Compreenda que se você se afastasse de qualquer sensação, ou seja, da visão, do som, do tato, do paladar e do olfato, a rosa nada mais seria do que átomos vibrando no vazio.

Considere agora o DNA no interior de cada célula da rosa. Visualize os bilhões de átomos alinhados ao longo de uma hélice dupla e diga a si mesmo: "O meu DNA está olhando para o DNA desta flor. A experiência não é a de um observador que olha para um objeto. Uma forma de DNA está olhando para outra forma de DNA." Veja agora o DNA começar a cintilar e transformar-se em vibrações invisíveis de energia. Diga para si mesmo: "A rosa desapareceu na sua energia primordial. Eu desapareci na minha energia primordial. Agora apenas um campo de energia está olhando para outro campo de energia."

Finalmente, veja a fronteira entre a sua energia e a da rosa ir sumindo enquanto um conjunto de ondas funde-se com outro, como as ondas do oceano que sobem e descem na vasta superfície de um mar infinito. Diga para si mesmo: "Toda a energia vem de um único manancial e volta para ele. Quando contemplo uma rosa, uma única centelha de infinitude ascende do manancial para experimentar a si mesma."

Depois de ter seguido esse caminho, você chegou ao que é verdadeiramente real: um campo de energia infinito e silencioso tremeluziu por um instante, experimentando o objeto (a rosa) e o sujeito (você, o observador) sem ir a lugar algum. A percepção consciente apenas deu uma olhada em um aspecto da beleza eterna dela. Sua única intenção era criar um momento de felicidade. Você e a rosa colocaram-se em polos opostos naquele momento, mas não havia qualquer separação. Uma única realização criativa teve lugar, amalgamando ambos.

Terceiro segredo

QUATRO CAMINHOS CONDUZEM À UNIDADE

A PARTIR DESTE PONTO, TODOS OS SEGREDOS ESPIRITUAIS, o que quer dizer a vasta maioria, dependem de você aceitar a existência de uma realidade única. Se você ainda pensa que essa é uma ideia especial, defendida por uma terceira pessoa, a sua experiência de vida não mudará. A realidade única não é uma ideia e sim uma entrada para uma forma completamente nova de participar da vida. Imagine o passageiro de um avião que não sabe que voar é possível. Quando o avião decola, ele entra em pânico e tem pensamentos como "O que está nos sustentando no ar? E se este avião for pesado demais? O ar não pesa nada e este avião é todo feito de aço!". Mergulhado nas próprias percepções, o passageiro, apavorado, perde completamente a capacidade de manter o controle; ele está encurralado em uma experiência que poderá conduzir ao desastre.

Na cabine do piloto, ele sente-se bem mais no controle da situação porque foi treinado para voar. Ele conhece a aeronave e entende os controles do avião que opera. Por conseguinte, não tem motivo algum para entrar em pânico, embora no recôndito da sua mente o perigo da possibilidade de uma falha mecânica esteja sempre presente. O desastre poderá acontecer, mas essa situação está fora do seu controle.

Avancemos agora para o projetista de aviões a jato, que é capaz de construir qualquer aeronave que deseje, baseado no princípio do voo. Ele ocupa uma posição de mais controle do que a do piloto, porque se ele continuasse a fazer experiências com vários tipos de projetos poderia criar um avião incapaz de cair (talvez uma espécie de planador com um aerofólio que nunca estola, independentemente do ângulo de descida do mergulho).

Essa progressão de passageiro para piloto e projetista simboliza uma jornada espiritual. O passageiro está preso no mundo dos cinco sentidos e só consegue perceber o voo como algo impossível porque quando o aço é comparado ao ar, o metal só parece capaz de cair através dele. O piloto conhece os princípios do voo, que transcendem os cinco sentidos recorrendo a uma lei mais profunda da natureza (o princípio de Bernoulli), pela qual o ar que circula sobre uma superfície curva cria um movimento de subida. O projetista transcende ainda mais, conseguindo que as leis da natureza alcancem o efeito que ele quer. Em outras palavras, ele está mais perto da fonte da realidade, agindo não como uma vítima dos cinco sentidos ou um participante passivo da lei natural, e sim como um cocriador ao lado da natureza.

Você pode fazer pessoalmente essa jornada. Ela é mais do que simbólica, porque o cérebro, que já está fabricando cada visão, som, toque, gosto e cheiro que você experimenta, é uma máquina quântica. Os átomos cerebrais estão em contato direto com as leis da natureza, e através da mágica da consciência, quando você tem um desejo, o cérebro envia um sinal para a origem da lei natural. A definição mais simples de consciência é a percepção consciente; são expressões sinônimas. Certa vez, em uma conferência de negócios, um executivo me procurou, exigindo uma definição de consciência que fosse prática e concreta. Inicialmente quis responder que a consciência não pode ser definida de forma concreta, mas dei comigo dizendo o seguinte, sem pensar: "A consciência é o potencial para toda a criação." O rosto dele iluminou-se quando ele, de repente, compreendeu. Quanto maior a nossa consciência, maior o nosso potencial para criar. A consciência pura, por ser a base de tudo, é puro potencial.

Você precisa fazer-se a seguinte pergunta: você quer ser vítima dos cinco sentidos ou um cocriador? Eis as opções:

A CAMINHO DA CRIAÇÃO

- **Dependente dos cinco sentidos:** separação, dualidade, baseado no ego, sujeito ao medo, desapegado da origem, limitado no tempo e no espaço.

- **Dependente da lei natural:** no controle, menos sujeito ao medo, recorre aos recursos naturais, inventivo, compreensivo, explora a vastidão do tempo e do espaço.

- **Dependente da consciência:** criativo, possui intimidade com a lei da natureza, próximo à origem, os limites dissolvem-se, as intenções transformam-se em resultados, além do tempo e do espaço.

A consciência é tudo o que muda na jornada que vai da separação em direção à realidade única. Quando você depende dos cinco sentidos, tem consciência do mundo físico como uma realidade primária. Nesse mundo, você precisa vir em segundo lugar porque vê-se como um objeto sólido, formado por átomos e moléculas. O único papel da sua consciência é olhar para o mundo "lá fora". Os cinco sentidos são extremamente enganadores. Eles nos dizem que o sol nasce no leste e põe-se no oeste, que a Terra é plana, que um objeto feito de aço não poderia de modo algum ser sustentado no ar. O estágio seguinte da consciência depende de leis da natureza às quais chegamos por meio do pensamento e da experiência. O observador não é mais vítima do engano. Ele é capaz de entender a lei da gravidade usando a matemática e experiências de pensamentos. (Newton não precisou sentar-se debaixo de uma árvore e fazer com que uma maçã de verdade caísse sobre sua cabeça; ele pôde realizar uma experiência através do pensamento usando imagens e os números que se ajustam a elas. Esse foi o processo que ele seguiu, o mesmo que o de Einstein quando imaginou como a relatividade funcionava.)

Quando o cérebro humano pensa nas leis da natureza, o material ainda está "lá fora" para ser explorado. Mais poder foi obtido sobre a natureza, mas se esse era o tipo supremo de consciência (como muitos cientistas acham que é), a utopia seria um triunfo tecnológico.

No entanto, o cérebro não pode colocar-se de lado para sempre. As leis da natureza que mantêm aviões no ar também aplicam-se a cada elétron do cérebro. Um dia alguém tem de perguntar: "Quem sou eu que estou pensando tudo isso?" É essa a pergunta que conduz à pura percepção consciente, pois quando eliminamos todos os pensamentos do cérebro (como no estado de meditação), a consciência mostra-se como não sendo vazia, nula e passiva. Além dos limites do tempo e do espaço, um processo — e apenas um — está acontecendo. A criação está criando a si mesma, usando a consciência como a sua argila modeladora. A consciência transforma-se em coisas no mundo objetivo e em experiências no mundo subjetivo. Decomponha qualquer experiência até o seu elemento mais básico e você obterá ondulações invisíveis no campo quântico; decomponha qualquer objeto até o seu elemento mais fundamental e você também obterá ondulações no campo quântico. Não existe qualquer diferença e, por um golpe supremo de mágica, o cérebro humano não precisa ficar alheio ao processo criativo. Simplesmente ao prestar atenção e ter um desejo, você liga o interruptor da criação.

Quer dizer, você o liga se souber o que está fazendo. A vítima dos cinco sentidos (o homem pré-científico) e o explorador das leis da natureza (cientistas e filósofos) são tão criativos quanto as pessoas que estejam experimentando a consciência pura (sábios, santos, xamãs, siddhas, bruxos — escolha o rótulo que quiser). Mas acontece que eles acreditam em limitações que são autoimpostas e, por isso, essas limitações transformam-se em realidade. A glória da jornada espiritual é idêntica à ironia dela: você só adquire o poder total quando compreende que usou o tempo todo esse poder para prejudicar-se. Você é potencialmente uma combinação do prisioneiro, do carcereiro e do herói que abre a prisão.

Sabíamos instintivamente disso o tempo todo. Existe nos contos de fadas uma conexão mágica entre as vítimas e os heróis. O sapo sabe que é um príncipe, precisando apenas do toque mágico para recuperar a sua verdadeira condição. A maioria dos contos de fadas coloca a vítima em perigo, incapaz de quebrar o encantamento enquanto a mágica não vier de fora. O sapo precisa de um beijo, a Bela Adormecida de alguém que atravesse o muro de espinhos, a Cinderela de uma fada madrinha com uma varinha de condão. Os contos de fadas simbolizam uma crença na magia que brota das partes mais antigas do nosso cérebro, mas eles também lastimam que não sejamos mestres dessa magia.

Esse dilema tem frustrado todas as pessoas que tentaram abraçar a realidade única. Mesmo quando alcançamos a sabedoria e compreendemos que nosso cérebro está produzindo tudo à nossa volta, o interruptor que controla a criação nos escapa. No entanto, existe um jeito. Por trás de qualquer experiência há um experimentador que sabe o que está acontecendo. Quando eu descobrir uma forma de me colocar no lugar em que se encontra o experimentador, estarei no ponto imóvel ao redor do qual o mundo inteiro gira. Chegar lá é um processo que começa aqui e agora.

Toda experiência chega até nós de uma entre quatro maneiras: como um sentimento, um pensamento, uma ação ou simplesmente como uma sensação de ser. Em momentos inesperados, o experimentador encontra-se mais presente nessas quatro coisas do que habitualmente. Quando isso acontece, sentimos uma mudança, uma leve diferença com relação à nossa realidade ordinária. Eis uma relação dessas mudanças sutis, extraídas de um bloco de anotações que tive ao meu lado durante várias semanas:

SENTIMENTOS

Uma leveza no corpo.

Uma sensação fluente ou ondulante no corpo.

A sensação de que tudo está bem, que estou em casa no mundo.

Um sentimento de paz total.

A sensação de chegar a um estado de repouso, como se um carro em velocidade tivesse parado suavemente.

O sentimento de ter aterrissado em um lugar macio, onde estou em segurança.

O sentimento de que não sou o que pareço ser, que tenho representado um papel no qual não sou o verdadeiro eu.

O sentimento de que alguma coisa encontra-se além do céu ou atrás do espelho.

Pensamentos

"Eu sei mais do que acredito saber." "Preciso descobrir o que é real."

"Preciso descobrir quem eu realmente sou."

Minha mente está ficando menos inquieta; ela quer acalmar-se.

Minhas vozes interiores ficaram muito quietas.

Meu diálogo interior parou de repente.

Ações

Sinto, de repente, que minhas ações na verdade não são minhas.
 Sinto um poder maior agindo por meu intermédio.

Minhas ações parecem simbolizar quem sou e por que estou aqui.

Estou agindo com total integridade.

Desisti de querer controlar as coisas e o que eu queria simplesmente veio na minha direção.

Desisti de lutar e, em vez de as coisas desintegrarem-se, elas melhoraram.

Minhas ações fazem parte de um plano que mal consigo vislumbrar, mas sei que precisa existir.

Ser

Compreendo que cuidam de mim.

Compreendo que minha vida tem um propósito, que sou importante.

Sinto que os eventos aleatórios não são na verdade aleatórios e formam padrões sutis.

Percebo que sou único.

Compreendo que a vida tem a capacidade de dirigir a si mesma.

Sinto-me atraído para o centro das coisas.

Compreendo com assombro e admiração que a vida vale infinitamente a pena.
"

Essa lista pode parecer muito abstrata porque tudo nela gira em torno da consciência. Não registrei os milhares de pensamentos, sentimentos e ações que se concentraram em coisas externas. É claro que, como todo mundo, eu estava pensando no meu compromisso seguinte ou correndo para não chegar atrasado a algum lugar, aborrecido por causa do trânsito, feliz ou mal-humorado, confuso ou seguro, concentrado ou distraído. Tudo isso é como o conteúdo de uma mala mental. As pessoas enfiam milhares de coisas na mala. No entanto, a percepção consciente não é uma mala nem tampouco as coisas que você empurra para dentro dela. A percepção consciente é apenas ela mesma — pura, ativa, alerta, silenciosa e cheia de potencial. Às vezes nos aproximamos da experiência desse estado puro e, nessas ocasiões, uma das pistas que relacionei, ou algo semelhante, ascende à superfície em vez de ficar escondida. Algumas pistas são palpáveis; elas surgem como inegáveis sensações no corpo. Outras manifestam-se em um nível sutil difícil de verbalizar: o estremecer inesperado de *alguma coisa* chama a sua atenção. Se você notar pelo menos uma única pista desse tipo, terá nas mãos um fio que poderá conduzi-lo além do pensamento, do sentimento ou da ação. Se existe apenas uma realidade, toda indicação precisa necessariamente levar ao mesmo lugar onde as leis da criação operam livremente, que é a própria consciência.

Quando você começar com uma pista promissora, como se livrar do domínio do ego? Esse último protege ferozmente a visão de mundo dele, e todos já vivenciamos como qualquer experiência pode ser frágil e passageira quando não se encaixa no nosso arraigado sistema de crenças. Sir Kenneth Clark, o famoso especialista inglês em história da arte, descreve em sua autobiografia uma epifania em uma igreja na qual ele, de repente, percebeu, com total clareza, que uma presença universal o estava invadindo. Sentiu além do pensamento uma realidade sublime, repleta de luz, amorosa e sagrada.

Naquele momento ele teve uma escolha: poderia perseguir essa realidade transcendental ou retornar à arte. Ele escolheu a arte, sem apologia. A arte, mesmo que não chegue à altura da realidade maior, era o amor terreno de Clark. Ele estava escolhendo um infinito a outro, a infinitude de belos objetos à infinitude da percepção consciente invisível. (Existe um desenho espirituoso que mostra uma placa de sinalização no ponto de bifurcação de um caminho.

A mão de um dos sinais da placa aponta para "Deus" e outra para "Discussões a respeito de Deus". Nesse caso, os sinais poderiam ser mudados para "Deus" e "Imagens de Deus".)

Muitas outras pessoas tiveram escolhas semelhantes. Para remover o mundo físico que você já conhece, é preciso explicitar uma indicação. Os fios da experiência têm de tecer um novo padrão porque, na condição de filamentos separados, são frágeis demais para competir com o drama familiar de prazer e dor que nos controla a todos.

Analise novamente a lista. Os limites entre as categorias são indistintos. Existe apenas leve diferença entre *sentir* que estou seguro, por exemplo, e *saber* que estou seguro. A partir daí posso prosseguir para *agir* como se eu estivesse seguro e, finalmente, compreendo, sem qualquer sombra de dúvida, que toda a minha existência sempre esteve segura desde que nasci. Eu *estou* seguro. Sob o aspecto prático, é isso que significa tecer um padrão totalmente novo. Se eu pegar qualquer outro item da lista, poderei tecer interligações semelhantes. À medida que reúno o pensamento, o sentimento, a ação e o ser, o experimentador torna-se mais real; estou aprendendo a me colocar no lugar dele. Posso então testar essa nova realidade para ver se ela tem força suficiente para substituir a imagem mais velha e desgastada de mim mesmo.

Talvez seja interessante você parar um momento e fazer exatamente isto: escolha um item que chame a sua atenção — uma sensação ou pensamento que você consiga lembrar-se de ter tido e conecte-o às outras três categorias. Digamos que você escolha "percebo que sou único". Excepcionalidade significa que não existe alguém exatamente igual a você. Que sentimento acompanharia essa compreensão? Talvez um sentimento de força e autoestima, ou a sensação de ser como uma flor com a sua fragrância, forma e cor exclusivas. Há também a sensação de se sobressair na multidão e sentir orgulho disso. Você pode então pensar o seguinte: "Não preciso imitar ninguém." Com esse pensamento, você poderia começar a libertar-se da opinião dos outros a seu respeito, o que geraria o desejo de agir com integridade, de mostrar ao mundo que você sabe quem é. Assim sendo, um novo e completo padrão emerge de uma minúscula sensação; você encontrou o caminho que leva à expansão da percepção consciente. Se você perseguir um vislumbre momentâneo de consciência, constatará a rapidez com que ele expande-se; um único fio conduz a uma complexa tapeçaria. Não obstante, essa metáfora não é capaz de explicar o que fazer para mudar a realidade em si. Para dominar a pura percepção consciente, você precisa aprender a vivê-la.

Quando uma experiência é poderosa a ponto de motivar as pessoas a mudar todo o seu padrão de vida, nós a chamamos de epifania, cujo valor não reside apenas em algumas ideias novas ou estimulantes. Você pode estar andando pela rua e cruzar com um desconhecido. Os seus olhos encontram-se e, por alguma razão, uma conexão estabelece-se. Não se trata de algo sexual, romântico, nem mesmo da suspeita de que essa pessoa poderia ser importante na sua vida. Em vez disso, a epifania significa que você é o desconhecido, ou seja, a sua experiência funde-se com a dele. Você pode chamar o ocorrido de sentimento ou pensamento, porque isso é irrelevante; o que conta é a expansão repentina. Você é lançado para fora dos seus estreitos limites, mesmo que apenas por um instante, mas isso faz toda a diferença do mundo. Você entrou em contato com uma dimensão oculta. Quando comparada com o hábito de nos fecharmos atrás dos muros do ego, essa nova dimensão transmite um sentimento de liberdade e leveza. Temos a sensação de que o nosso corpo não é mais capaz de nos conter. Outro exemplo: quando observamos uma criança brincar com absoluta concentração e, ao mesmo tempo, totalmente despreocupada, é difícil deixarmos de ser afetados. A inocência da criança naquele momento não parece palpável? Você não consegue sentir em si mesmo — ou anseia por sentir — o mesmo prazer em brincar? O corpo pequeno da criança não parece frágil como uma bolha de sabão e ao mesmo tempo repleto de vida, de algo imenso, eterno, impossível de derrotar? Em um texto fascinante chamado *Sutras de Shiva*, que data de muitos séculos na Índia, encontramos epifanias semelhantes. Cada uma delas é um vislumbre repentino de liberdade no qual o experimentador implícito é diretamente confrontado, sem interferência. A pessoa olha para uma bela mulher e, de repente, depara com a beleza em si ou contempla o céu e repentinamente descortina, além dele, o infinito.

Ninguém além de você, por mais que você ame e adore a pessoa, enxerga o verdadeiro significado das suas epifanias particulares. O segredo está com você e lhe pertence. No título *Sutras de Shiva,* a palavra *Shiva* significa "Deus" e o vocábulo *Sutra* quer dizer "fio", de modo que minúsculos fios que levam de volta ao eterno manancial estão deliberadamente sendo apresentados ao leitor.

Os *Sutras de Shiva* encerram um contexto mais amplo, que requer que a pessoa siga o caminho aberto por uma epifania. Na tradição védica, cada pessoa pode escolher quatro caminhos que surgem do sentimento, do pensamento, da ação e do ser. Cada caminho é chamado de *Ioga,* a palavra sanscrítica que quer dizer "união", porque o objetivo era a unidade, a fusão com a realidade única. No decorrer dos séculos, os quatro Iogas vieram a definir caminhos específicos que se adequam ao temperamento do buscador, embora seja possível seguir vários deles, ou todos, ao mesmo tempo.

> A *Bhakti Ioga* conduz à unidade por meio do amor a Deus.
> A *Carma Ioga* conduz à unidade por meio da ação altruísta.
> A *Jnana Ioga* conduz à unidade por meio do conhecimento.
> A *Raja Ioga* conduz à unidade por meio da meditação e da renúncia.

Literalmente traduzido, o quarto caminho, a Raja Ioga, significa "o caminho real para a união". O que o torna real é a crença de que a meditação transcende os outros três caminhos. Mas o quarto caminho também é abrangente: ao segui-lo, você está na verdade percorrendo os quatro ao mesmo tempo. Suas meditações dirigem-se diretamente à essência do seu ser, e é ela que o amor a Deus, a ação altruísta e o conhecimento estão tentando alcançar. Não é necessário pensar nos quatro caminhos como orientais.

Essas iogas foram as sementes originais, o veículo que tornou a unidade acessível. Todas têm sentimentos, de modo que todo mundo pode seguir a senda do sentimento. O mesmo é verdadeiro com relação ao pensamento, à ação e ao ser. Assim sendo, a visão da Ioga é simplesmente de que a unidade é possível para qualquer pessoa, que pode começar a partir de onde estiver. Com efeito, a unidade está secretamente presente em cada momento da vida cotidiana. Nada que me aconteça pode estar fora da realidade única; nada é desperdiçado ou aleatório no projeto cósmico.

Vamos examinar a maneira de viver cada caminho.

O *sentimento* indica o caminho sempre que você experimenta e expressa o amor. Nesse percurso, suas emoções pessoais expandem-se e tornam-se universais. O amor pelo eu e pela família funde-se com o amor pela humanidade. Na sua expressão maior, o seu amor é tão poderoso que exige que Deus apareça para você. O coração é tomado por um desejo intenso e encontra a paz suprema unindo-se à essência da criação.

O *pensamento* aponta o caminho sempre que a sua mente fica sossegada e para de especular. Nesse trajeto, você silencia o diálogo interno, a fim de encontrar clareza e imobilidade. A mente precisa estar clara para perceber que não precisa ser dirigida. O pensamento pode transformar-se em conhecimento, que é o mesmo que sabedoria. Ao possuir uma clareza maior, o intelecto examina qualquer problema e enxerga a solução. À medida que o conhecimento expande-se, as questões pessoais perdem a força. O que a mente realmente deseja conhecer é o mistério da existência. As perguntas batem à porta da eternidade, e é nesse momento que o Criador pode respondê-las para você. A realização deste caminho tem lugar quando a sua mente se funde com a mente de Deus.

A *ação* aponta o caminho sempre que você entrega-se. Neste trajeto, o controle do ego sobre a ação é liberado. As suas ações deixam de ser motivadas por necessidades e desejos egoístas. No início, é inevitável que você aja em seu benefício, porque mesmo que tente ser completamente altruísta, você está obtendo uma satisfação pessoal. No entanto, com o tempo, a ação desliga-se do ego e passa a ser motivada por uma força extrínseca a você. Essa força universal chama-se Dharma, em sânscrito. O caminho da ação resume-se em uma frase: o Carma cede o lugar ao Dharma. Em outras palavras, o apego pessoal às suas próprias ações transforma-se em desapego quando você pratica as ações de Deus. Este caminho atinge a realização quando sua entrega é de tal modo completa que Deus faz com que tudo avance na sua direção.

O *ser* indica o caminho sempre que você cultiva um eu além do ego. No início, o sentimento do "Eu" está preso a fragmentos da sua verdadeira identidade.

O "Eu" é um acúmulo de tudo que lhe aconteceu desde que você nasceu. Essa identidade superficial fica exposta como uma ilusão, certa máscara que esconde um "Eu" muito maior que existe em todo mundo. A sua verdadeira identidade é um sentimento da existência pura e simples, que chamaremos de "Eu sou". Todas as criaturas possuem o mesmo "Eu sou", e a realização ocorre quando o seu ser abarca tantas coisas que Deus também é incluído no seu sentimento de estar vivo. A unidade é o estado no qual nada é deixado fora do "Eu sou".

A ioga é vista no Ocidente como um caminho de renúncia, um modo de vida que exige que a pessoa abandone a família e os bens materiais. Os iogues itinerantes com as suas tigelas de mendicância, do tipo que costuma ser visto em todos os lugarejos da Índia, simbolizam esse tipo de vida. Entretanto, a aparência exterior não significa a renúncia, a qual acontece no interior, independentemente de quanto você possui sob o aspecto material. Internamente, uma decisão crucial é tomada: *estou recomeçando*. Em outras palavras, você renuncia às suas antigas percepções, não às suas posses.

Quando seu coração cansa-se da violência e da discórdia existentes no mundo, recomeçar é a única opção. Você para de olhar para os reflexos e volta-se para a origem. O universo, como qualquer espelho, é neutro. Ele reflete o que está diante dele, sem julgamentos ou distorções. Se você acredita nessa afirmação, deu o passo crucial da renúncia. Renunciou à ideia de que o mundo exterior tem poder sobre você. À semelhança do que acontece com tudo o mais no caminho em direção à unidade, viver essa verdade é que a tornará verdadeira.

MODIFICANDO SUA REALIDADE PARA ACOMODAR O TERCEIRO SEGREDO

Encontrar um caminho que leve de volta à sua origem é uma questão de deixar a vida acomodar-se onde ela quer estar. Existem níveis grosseiros e sutis de cada experiência e os mais sutis são mais sensíveis, conscientes e significativos. À guisa de exercício, comece a observar o momento em que você toca os níveis sutis da sua consciência. Examine o que você sente na presença deles, em comparação com os níveis mais grosseiros. Por exemplo:

> Amar uma pessoa é mais sutil do que se ressentir dela ou afastá-la.
> Aceitar uma pessoa é mais sutil do que criticá-la.
> Promover a paz é mais sutil do que fomentar a raiva e a violência.
> Olhar para uma pessoa sem julgá-la é mais sutil do que criticá-la.

Se você se permitir o sentimento, o lado mais sutil de cada experiência deixa a mente à vontade, reduz o estresse e resulta em um menor número de pensamentos inquietos e menos pressão no nível emocional. A experiência sutil é tranquila e harmoniosa. Você sente-se sossegado e não está em conflito com alguém. Não há qualquer drama exagerado e ele nem mesmo é necessário.

Quando você conseguir identificar o lado sutil da sua vida, comece a preferi-lo. Valorize este nível de percepção consciente, pois ele só se desenvolverá se lhe der valor. Se preferir os níveis mais grosseiros, o mundo espelhará para você as suas percepções: você permanecerá discordante, belicoso, estressado e ameaçador. É você que faz a sua escolha no nível da consciência, porque na infinita diversidade da criação, cada percepção dá origem a um mundo que a reflete.

Segundo Exercício: Meditação

Qualquer experiência que o coloque em contato com o nível silencioso da percepção consciente pode ser chamada de meditação. Você pode ter alcançado espontaneamente uma rotina que lhe permita experimentar uma profunda acomodação mental. Se isso ainda não aconteceu, pode adotar as práticas mais formais de meditação que aparecem em todas as tradições espirituais. Talvez a mais simples seja a meditação da respiração, que descrevo a seguir.

Sente-se tranquilo, de olhos fechados, em um aposento pouco iluminado e onde não vá ser distraído por telefonemas ou batidas à porta. Feche os olhos por alguns minutos e a seguir conscientize-se da sua respiração. Deixe a atenção acompanhar a respiração enquanto o ar o penetra, delicada e naturalmente. Faça o mesmo quando ele fluir para fora. Não tente respirar com um ritmo determinado nem tornar sua respiração profunda ou superficial.

Ao acompanhar a respiração, você está entrando em sintonia com a conexão mente-corpo, a coordenação sutil de pensamento e *Prana*, a energia sutil encerrada na respiração. Algumas pessoas acham mais fácil permanecer atentas à respiração quando repetem um som: uma sílaba para a expiração e outra para a inspiração. *Ah-Hum* é um som tradicional bastante útil para esse propósito. (Você também pode adotar os mantras fundamentais ou sons rituais descritos em qualquer texto dos ensinamentos espirituais do Oriente.)

Pratique essa meditação de 10 a 20 minutos, duas vezes por dia. Você se conscientizará de que seu corpo está relaxando. Como a maioria das pessoas armazena quantidades maciças de fadiga e estresse, você pode até pegar no sono. Não se preocupe se isso acontecer, nem com qualquer sensação ou pensamento que possa aparecer enquanto a sua mente se acalma. Essa é uma meditação suave, que não apresenta efeitos colaterais negativos ou perigos, desde que você esteja com saúde. (Se sentir dor em algum lugar ou um desconforto constante, e se a sensação persistir, talvez você precise procurar um médico, pois pode estar sentindo os sintomas de uma doença não diagnosticada.)

O efeito relaxante continuará, mas você também começará a notar que está mais consciente de si mesmo. Você pode obter uma inspiração ou discernimento repentino. Talvez comece a sentir-se mais equilibrado e ocorram explosões súbitas de energia ou atividade. Os efeitos variam de pessoa para pessoa, de modo que deve ficar aberto a qualquer coisa que aconteça. No entanto, o objetivo global da meditação é o mesmo para todo mundo: você está aprendendo a relacionar-se com a própria consciência, o nível mais puro da experiência.

Quarto segredo

VOCÊ JÁ É O QUE PROCURA

Quando completei 21 anos e estudava medicina em Nova Déli, tive de escolher entre dois tipos de amigos. Os do tipo materialista levantavam-se da cama ao meio-dia e frequentavam festas que duravam a noite inteira, onde todo mundo bebia Coca-Cola e dançava ao som da música dos Beatles. Eles tinham descoberto o cigarro, as mulheres e talvez até as bebidas alcoólicas vendidas ilegalmente, que eram muito mais baratas do que o uísque importado. Os do tipo espiritual levantavam-se ao amanhecer para ir ao templo, mais ou menos na hora em que os materialistas chegavam cambaleantes e de ressaca em casa, comiam arroz em uma tigela e bebiam água ou chá, geralmente na mesma tigela.

Não parecia estranho na época o fato de todos os materialistas serem indianos e os espiritualistas, ocidentais. Os indianos mal podiam esperar para sair de casa e ir para algum lugar onde houvesse uma grande quantidade de Coca-Cola, cigarros de boa qualidade e uísque legítimo a preços acessíveis. Os ocidentais perguntavam o tempo todo onde estavam os verdadeiros homens santos da Índia, do tipo capaz de levitar e curar os leprosos com o toque. Enturmei-me com os materialistas, que me cercavam por todos os lados na sala de aula. Ninguém que tivesse nascido na Índia via a si mesmo de outra maneira, como um buscador.

Hoje eu não precisaria escolher entre dois tipos de amigos; todo mundo ao meu redor parece ser um buscador. Na minha cabeça, *buscar* é outra palavra para ir ao encalço de alguma coisa. A caça dos meus colegas indianos era a mais fácil porque não é muito difícil conseguir dinheiro e coisas materiais, ao passo que os tipos espirituais do Ocidente quase nunca encontravam os homens santos que procuravam. Eu costumava pensar que o problema era causado pela carência de homens santos, mas hoje compreendo que o que frustrava a sede deles de uma vida superior estava ligado ao ato da busca em si. As táticas que funcionam muito bem quando queremos conseguir uísque e discos dos Beatles são um fracasso total quando buscamos a santidade.

O segredo espiritual pertinente nesse caso é o seguinte: *você já é o que procura*. A fonte da consciência é a unidade. Em vez de procurar do lado de fora, dirija-se à origem e entenda quem você é. A *busca* é uma palavra frequentemente aplicada ao caminho espiritual e muitas pessoas sentem orgulho de dizerem-se buscadoras. Com frequência, trata-se das mesmas pessoas que certa vez correram atrás de dinheiro, sexo, álcool ou trabalho com a mesma intensidade obsessiva com que hoje esperam encontrar Deus, a alma, o eu superior. O problema é que a busca inicia-se com uma suposição falsa. Não estou me referindo à premissa de que o materialismo é corrupto e a espiritualidade é pura. De fato, o materialismo pode tornar-se extremo, mas esse não é efetivamente importante. A busca está condenada porque a realizamos fora de nós. Quer o objeto seja Deus, quer o dinheiro, não faz realmente diferença. A busca produtiva exige que você jogue fora todas as suposições de que existe um prêmio a ser conquistado, o que significa agir sem a esperança de ascender a um eu ideal, esperança essa que subentende o desejo de que você chegará a um lugar melhor do que aquele onde começou. Você está principiando a partir de si mesmo e é o eu que contém todas as respostas. Por conseguinte, você precisa desistir da ideia de que tem de ir de A para B. Não existe trajeto linear algum, quando a mente não se encontra em outro lugar. Você também precisa se livrar dos julgamentos rígidos a respeito do que é elevado e baixo, bom e mau, sagrado e profano. A realidade única abrange tudo no seu emaranhado de experiências, e o que estamos tentando descobrir é o experimentador que está presente, independentemente da experiência que você possa estar tendo.

Ao contemplar as pessoas que correm de um lado para outro tentando ser modelos de bondade, alguém criou a expressão bastante apropriada "materialismo espiritual", a transferência de valores que funcionam no mundo material para a esfera espiritual.

O MATERIALISMO ESPIRITUAL

As armadilhas do buscador

> Saber para onde você está indo.
> Esforçar-se para chegar lá.
> Usar o mapa de outra pessoa.
> Fazer um esforço para melhorar.
> Estabelecer um cronograma.
> Esperar um milagre.

A melhor maneira de tornar-se um buscador genuíno é evitar essas armadilhas.

- *Não saiba para onde você está indo.* O crescimento espiritual é espontâneo. Os grandes eventos, assim como os pequenos, acontecem inesperadamente. O despertar não tem lugar de acordo com o plano; o processo é bem mais parecido com a montagem de um quebra-cabeça sem que se conheça de antemão a figura final. Os budistas têm o seguinte ditado: "Se você encontrar o Buda no caminho, mate-o", o que significa que se você estiver seguindo um roteiro espiritual escrito antecipadamente, o melhor a fazer é enterrá-lo. Tudo o que você consegue imaginar de antemão são imagens, que nunca são idênticas à meta.

- *Não se esforce para chegar ao destino.* Se houvesse uma remuneração espiritual no final do percurso, como um pote de ouro ou a chave do Céu, todos trabalhariam o mais arduamente possível para obter a recompensa. Qualquer esforço valeria a pena. Mas adiantaria uma criança de dois anos fazer um esforço para completar três? Não, porque o processo de desenvolvimento da criança desabrocha a partir do interior. Você não receberá um salário, e sim se transformará em uma nova pessoa. O mesmo aplica-se à expansão espiritual, que acontece de forma tão natural quanto o desenvolvimento da criança, só que no plano da consciência e não da esfera da fisiologia.

- *Não siga o mapa de outra pessoa.* Houve um tempo em que eu tinha certeza de que a prática da meditação profunda, aliada a um mantra específico pelo resto da vida, era a chave para atingir a iluminação. Eu estava seguindo um mapa elaborado há milhares de anos por sábios veneráveis que pertenciam à mais importante tradição espiritual da Índia. No entanto, é sempre preciso ter cautela: se você seguir o mapa de outra pessoa, poderá estar exercitando-se em uma forma de pensamento predeterminada. No entanto, praticar métodos rígidos, mesmo aqueles dedicados ao espírito, não é a mesma coisa que ser livre. Você deve recolher ensinamentos oriundos de todas as direções, mantendo-se fiel àqueles que o fazem progredir, porém, ao mesmo tempo, permanecendo aberto a mudanças em si mesmo.

- *Não transforme esse processo em um projeto de autoaperfeiçoamento.* O autoaperfeiçoamento é real. As pessoas empacam em situações desagradáveis e podem aprender a sair delas. A depressão, a solidão e a insegurança são experiências tangíveis que podem ser melhoradas. Mas se você busca alcançar Deus ou a iluminação porque quer deixar de sentir-se deprimido ou ansioso, se você deseja mais autoestima ou menos solidão, sua busca poderá ser eterna. Essa área de discernimento não acompanha um plano predeterminado. Algumas pessoas sentem incrível melhora pessoal à medida que sua consciência expande-se, mas é necessário um forte sentimento do eu para enfrentar os inúmeros obstáculos e desafios encontrados no caminho. Se você estiver sentindo-se fraco ou frágil, esses sentimentos poderão intensificar-se quando se deparar com as energias obscuras que habitam as suas profundezas. A consciência expandida tem um preço — você precisa desistir das suas limitações — e no caso daqueles que se sentem vítimas, essas restrições são com frequência tão obstinadas que o progresso espiritual torna-se muito lento. Na medida em que você sente um conflito profundo, um grande obstáculo ergue-se diante de você no caminho. O mais sábio é procurar ajuda no nível em que o problema encontra-se.

- *Não estabeleça um cronograma.* Conheci inúmeras pessoas que desistiram da espiritualidade porque não conseguiram atingir suas metas rápido o bastante. "Estabeleci um prazo de dez anos. Que posso fazer? A vida é limitada. Seguirei em frente." O mais provável é que essas pessoas tenham dedicado ao caminho apenas um ano, ou mesmo um mês, e então os guerreiros de fim de semana desistem, desestimulados pela ausência de resultados. A melhor maneira de evitar o desapontamento é não definir um prazo final, embora muitas pessoas considerem difícil seguir esse conselho sem perder a motivação. No entanto, de qualquer modo, a motivação jamais faria com que elas chegassem ao destino. Não há dúvida de que a disciplina está envolvida no processo para que você medite regularmente, frequente as aulas de ioga, leia textos inspiradores e mantenha sempre diante de si a sua visão. Adquirir o hábito espiritual requer um sentimento de dedicação, mas, a não ser que a visão expanda-se um pouco mais todos os dias, você inevitavelmente desviará dela a sua atenção. Em vez de estabelecer um cronograma, procure um apoio para o crescimento espiritual. Ele pode assumir a forma de um mestre pessoal, um grupo de discussão, um parceiro que o acompanhe no caminho, retiros periódicos e um diário. Se você tomar essas medidas, será muito menos provável que fique desapontado.

- *Não espere um milagre.* Na verdade, não tem muita importância a maneira como você define o *milagre*, ou seja, se o considera o surgimento repentino do amor perfeito, a cura de uma doença grave, ser escolhido por um grande líder espiritual ou uma grande e duradoura felicidade. O milagre implica deixar Deus fazer todo o trabalho; Ele separa o mundo sobrenatural deste plano, com a expectativa de que um dia o mundo sobrenatural repare em você. Como existe apenas uma única realidade, sua tarefa é romper as fronteiras de divisão e separação. Observar e esperar um milagre mantém os limites no lugar e você está sempre afastado de Deus, ligado a Ele pelo que gostaria que acontecesse.

Se você conseguir evitar essas armadilhas do materialismo espiritual, se sentirá muito menos tentado a correr atrás de uma meta impossível. A perseguição começou, porque as pessoas passaram a acreditar que Deus, por desaprovar o que vê em nós, espera que adotemos um determinado ideal. Parece impossível imaginar um deus, por mais amoroso que seja, que não fique desapontado, zangado, vingativo ou desgostoso conosco quando não correspondemos às expectativas. No entanto, as figuras mais espirituais da história não eram completamente boas, e sim totalmente humanas. Elas aceitavam e perdoavam, e muitas vezes faltava-lhes bom senso. Creio que o tipo mais elevado de perdão é aceitar que a criação é um completo labirinto e que toda qualidade possível recebe uma forma de poder expressar-se. As pessoas precisam aceitar de uma vez por todas que só existe uma vida e que cada um de nós é livre para moldá-la por meio das escolhas que fazemos. A busca não pode retirar alguém do labirinto porque *tudo* está emaranhado. A única coisa que sempre será pura e antiga é a sua consciência, depois que você a desenredar.

É bem mais fácil sustentar a luta entre o bem e o mal, o sagrado e o profano, nós e eles. Mas à medida que a consciência se expande, o conflito entre esses opostos começa a amenizar-se e outra coisa emerge, um mundo no qual você se sente em casa. O ego lhe causou um enorme prejuízo quando o lançou no mundo dos opostos. Esses estão sempre em conflito, pois é o único jeito que conhecem, e quem pode sentir-se à vontade no meio de uma briga? A percepção consciente oferece uma alternativa que está além do embate.

Ontem à noite eu estava sonhando. O tipo habitual de imagens de sonho passava de um lado para outro. Tenho poucas lembranças delas. De repente, tomei consciência do som da respiração no meu sonho. Um segundo depois, compreendi que se tratava da minha mulher, que estava mexendo-se do meu lado enquanto dormia. Eu sabia que a estava ouvindo, mas ao mesmo tempo também sabia que estava sonhando. Durante alguns segundos permaneci nos dois mundos e a seguir acordei.

Sentado na cama, tive a estranha sensação de que o fato de o sonho não ser real já não era importante. Estar acordado é mais real do que um sonho, porque concordamos que é assim que as coisas são. Na verdade, o som da respiração da minha mulher está na minha cabeça, quer eu esteja sonhando, quer não. De que maneira, então, fui capaz de diferençar um estado do outro? *Alguém tem de estar vigiando.* Um observador estava consciente sem se envolver no processo de estar acordado, dormindo ou sonhando. Na maior parte do tempo estou de tal modo enredado no estado desperto, de sono ou de sonho, que não tenho nenhuma outra perspectiva. O observador silencioso é a minha versão mais simples, aquela que simplesmente é.

Se você eliminar todas as distrações da vida, ainda restará algo que é você. Essa versão sua não precisa pensar ou sonhar; não necessita dormir para sentir-se repousada. Descobrir essa versão sua envolve uma verdadeira felicidade porque ela se sente à vontade. Ela reside acima do conflito, intocada pela guerra dos opostos. Quando as pessoas dizem que estão empreendendo uma busca, é esse nível delas mesmas que as está chamando de forma silenciosa e descomplicada. A busca é, na verdade, apenas um modo de você reconquistar-se.

No entanto, para reconquistar-se, você precisa aproximar-se o mais possível do ponto mais baixo. Na essência, a realidade é pura existência. Encontre-se lá consigo mesmo e você será capaz de criar qualquer coisa. O "Eu sou" contém tudo o que é preciso para formar um mundo, embora sozinho ele não passe de uma testemunha silenciosa.

Você já fez o exercício no qual olhou para uma rosa e a decompôs a partir do nível de um objeto físico para o nível da energia que vibra no espaço vazio. O outro lado desse exercício consistia em perceber que o cérebro também pode ser compreendido da mesma forma. Desse modo, quando você está contemplando uma rosa, temos o nada olhando para o nada?

É o que parece, mas o verdadeiro fenômeno é mais impressionante. Você está olhando para si mesmo. Uma parte da sua consciência, que você chama de você, está contemplando a si mesma sob a forma de uma rosa. Não existe um núcleo sólido nem no objeto nem no observador. Não existe qualquer pessoa dentro da sua cabeça, apenas um torvelinho de água, sal, açúcar e um punhado de outras substâncias químicas, como o potássio e o sódio. Esse torvelinho no cérebro está sempre circulando e, portanto, toda experiência é arrastada em correntes e turbilhões com a rapidez de um rio na montanha. Onde está então o observador silencioso, a não ser no cérebro? Os neurologistas descobriram a localização dos mais diversos tipos de estados mentais. Não importa o que a pessoa esteja experimentando — depressão, euforia, criatividade, alucinação, amnésia, paralisia, desejo sexual ou qualquer outra coisa —, o cérebro exibe um padrão de atividade característico espalhado por vários locais. Por outro lado, não há qualquer localização ou padrão para a pessoa que está tendo as experiências. Ela poderia não estar em lugar algum, pelo menos em qualquer lugar que a ciência um dia vá conseguir detectar.

Esse fato causa uma incrível exaltação, pois se o verdadeiro você não está dentro da sua cabeça, você foi libertado, como a própria consciência. Essa liberdade é ilimitada. Você é capaz de criar qualquer coisa porque você encontra-se em cada átomo da criação. A matéria tem de acompanhar a consciência aonde quer que ela queira ir. Afinal de contas, é *você* que está em primeiro lugar e o universo, em segundo.

Consigo ouvir os gritos horrorizados daqueles que afirmam que os fiéis de hoje acham-se mais importantes do que Deus, que em vez de obedecerem às leis Dele, querem definir, de modo arrogante, a vida do modo que bem quiserem. Essa crítica tem alguma verdade, mas precisa encaixar-se no contexto adequado. Imagine um bebê que engatinha há vários meses e, de repente, descobre que existe um outro meio de transporte chamado andar. Todo mundo já observou uma criança dar os primeiros passos: o rosto do bebê deixa transparecer uma mistura de instabilidade e determinação, insegurança e alegria. "Será que eu consigo?" "Devo cair no chão e voltar a engatinhar como sei fazer?" O que você está lendo no rosto do bebê é exatamente a mesma experiência enredada de alguém que é apanhado em uma encruzilhada espiritual. Em ambos os casos, tudo está movimentando-se de uma nova maneira. O cérebro está motivando o corpo, que por sua vez está levando novas informações ao cérebro; ações inesperadas começam a surgir não se sabe de onde, e embora toda a combinação pareça assustadora, uma certa animação e alegria nos conduzem para a frente. "Não sei aonde estou indo, mas preciso chegar lá."

Toda experiência tem lugar dentro do caldeirão borbulhante da criação. Cada momento da vida arrasta o corpo em um equilíbrio instável da mente, emoções, percepções, comportamentos e eventos externos. A sua atenção é atraída para vários lugares. Em um momento de despertar, o cérebro mostra-se tão confuso, alegre, inseguro, constrangido e assombrado quanto o bebê que começa a andar. No entanto, no nível da testemunha, essa confusa mistura está completamente clara: *tudo é a mesma coisa*. Contemple o bebê de novo. Enquanto ele cambaleia pelo chão, o mundo inteiro balança com ele. Não existe um lugar firme onde ele possa ficar, nenhuma forma de dizer: "Estou no controle. No final, tudo sairá exatamente como eu quero." A única escolha do bebê é mergulhar por completo em um mundo que se está lançando em novas dimensões.

Alguém pode viver o tempo todo assim, mergulhado em novas dimensões? Não; é preciso encontrar a estabilidade. Desde a infância, todos nós encontramos um ponto estável através do ego. Imaginamos um "eu" fixo que está no controle, pelo menos o mais possível. Existe, no entanto, um ponto de estabilidade bem mais estável: a testemunha.

Encontrando a Testemunha Silenciosa

Como procurar interiormente

1. Siga o fluxo da consciência.
2. Não resista ao que estiver acontecendo do lado de dentro.

3. Abra-se ao desconhecido.
4. Não censure ou negue o que você sentir.
5. Transcenda a si mesmo.
6. Seja genuíno, expresse a sua verdade.
7. Deixe que o centro seja o seu lar.

Siga o fluxo: a frase "siga a sua felicidade" tornou-se um axioma para muitas pessoas. O princípio por trás dela é que qualquer coisa que nos traga profunda felicidade é um guia confiável a ser seguido no futuro. Um guia ainda mais confiável é seguir a consciência enquanto ela expande-se. Às vezes ela não se equipara à alegria ou à felicidade. Você pode ter consciência da necessidade oculta de sentir dor ou de uma sensação incômoda de mal-estar ou insatisfação com as limitações da sua vida atual. A maior parte das pessoas não segue esses sinais. Elas procuram fontes externas de satisfação, acreditando que encontrarão nelas a felicidade. Entretanto, se você seguir sua consciência, descobrirá que ela traça um percurso através do tempo e do espaço. A consciência não pode desenvolver-se sem expandir os eventos externos que a refletem. Assim sendo, o desejo e o propósito estão ligados, ou seja, se você seguir seu desejo, o propósito se revelará. Existe um fluxo que liga eventos desconexos, e *você é esse fluxo*. Quando você era criança, o fluxo o levou de cada estágio de desenvolvimento para o seguinte, e agora que você é adulto, ele pode fazer a mesma coisa. Ninguém é capaz de prever seu próximo passo de crescimento, nem mesmo você. Mas se você estiver disposto a seguir o fluxo, o caminho certamente o conduzirá para mais perto da testemunha silenciosa, que reside na origem de todos os seus desejos.

Não resista ao que estiver acontecendo: é impossível ser jovem e velho ao mesmo tempo, mas todos gostaríamos de poder permanecer do jeito que somos enquanto mudamos da maneira que desejamos. Essa é a fórmula perfeita para irmos parar em um beco sem saída. Para procurar quem você é, você precisa abandonar as antigas imagens a respeito de si mesmo. O fato de você gostar ou não de si mesmo é irrelevante. As pessoas com elevada autoestima e orgulhosas realizações também ficam presas à batalha dos opostos; na verdade, essas pessoas em geral acreditam estar vencendo a batalha para o lado "do bem". A sua parte que encontrou a paz e é neutra com relação a todas as batalhas é a testemunha. Se você pedir para conhecê-la, esteja preparado. Antigos hábitos voltados para ganhar ou perder, ser aceito ou rejeitado, sentir-se no controle ou disperso começarão a mudar. Não resista a essa mudança; você está se livrando da parafernália do ego e avançando em direção a um novo sentimento do eu.

Abra-se ao desconhecido: este livro, por tratar do mistério da vida, retorna muitas vezes ao desconhecido. A pessoa que você pensa ser não é real e sim uma mistura de eventos, desejos e memórias do passado. Essa combinação possui vida própria; ela avança através do tempo e do espaço, experimentando apenas as coisas que conhece. Uma experiência nova não é na verdade nova, mas apenas uma leve distorção em sensações bastante familiares. Abrir-se ao desconhecido significa frustrar as suas reações e hábitos familiares. Observe a frequência com que as mesmas palavras saem da sua boca, os mesmos gostos e aversões determinam o que você faz com o seu tempo, as mesmas pessoas preenchem a sua vida com a rotina. Essa familiaridade assemelha-se a uma concha. O desconhecido está do lado de fora e, para encontrá-lo, você precisa estar disposto a acolhê-lo do lado de dentro.

Não censure nem negue o que você sente: externamente, a vida tornou-se mais confortável do que nunca, mas as pessoas ainda vivem uma existência de silencioso desespero. A fonte deste último é a repressão, o sentimento de que não podemos ser, sentir e fazer o que queremos. Um criador não deveria jamais sentir-se encurralado dessa maneira. Nenhuma autoridade avulta sobre você para impingir a repressão; trata-se de uma completa autoimposição. Qualquer parte sua que você não consiga enfrentar ergue uma barreira entre você e a realidade. As suas emoções são totalmente privadas. Você é o único que sabe como se sente e, quando para de censurar suas emoções, o efeito vai bem além de você sentir-se melhor. Seu objetivo não é experimentar apenas emoções positivas. Não é sentindo-se bem que você chega à liberdade e, sim, sendo verdadeiro consigo mesmo. Todos temos dívidas emocionais com o passado, sob a forma de sentimentos que não nos pudemos permitir expressar. O passado só está terminado quando essas dívidas tiverem sido pagas. Você não precisa procurar a pessoa que o fez ficar zangado ou com medo para rever as consequências desse passado. O impacto nunca pode ser igual para você e para a outra pessoa. O propósito de livrar-se da dívida emocional é encontrar o seu lugar no presente.

O ego possui um repertório de racionalizações para não ser emocionalmente livre:

> Não sou o tipo de pessoa que se sente dessa maneira.
> Eu já deveria ter superado a situação.
> Ninguém quer ouvir falar sobre esses sentimentos.
> Não tenho o direito de me sentir magoado; não é justo com as outras pessoas.
> Isso só abrirá antigas feridas. O que passou, passou.

Se você apanhar-se dizendo essas coisas para evitar ter de enfrentar sentimentos dolorosos, talvez consiga mantê-los reprimidos, mas todo sentimento oculto e bloqueado é como um pedaço de consciência congelado. Enquanto ele não derrete, você fica repetindo "estou magoado", mesmo que se recuse a encarar a situação; ele tem você sob controle. Esse é outro obstáculo entre você e a testemunha silenciosa, e precisa ser eliminado. Você precisa dedicar tempo e atenção aos seus sentimentos e permitir que eles exteriorizem o que você tem a dizer.

Transcenda a si mesmo: se você habita um eu estável e consolidado, talvez ache que alcançou algo positivo. Como dizem as pessoas: "Agora sei quem sou." O que elas realmente conhecem é a imitação de um eu real, uma coleção de hábitos, rótulos e preferências que é inteiramente histórica. Você precisa ir além dessa identidade que criou para encontrar a fonte de uma nova energia. A testemunha silenciosa não é um segundo eu. Ela não lembra um terno ou conjunto novo pendurado no armário que você pode alcançar e vestir, em lugar do traje surrado que já não serve mais. A testemunha é um sentimento do eu situado além de limites. Em um inesquecível poema, o grande poeta bengalês

Rabindranath Tagore imagina como será morrer. Ele tem a profunda intuição de que será como uma pedra derretendo-se no seu coração:

> *A pedra se derreterá em lágrimas*
> *Porque não posso permanecer fechado eternamente para ti.*
> *Não posso escapar sem ser conquistado.*
>
> *Do céu azul um olho olhará para baixo*
> *Para convocar-me em silêncio.*
> *Receberei a morte inteiramente aos teus pés.*

Na minha opinião, essa é uma perfeita descrição de ir além de si mesmo. Mesmo tendo vivido com um lugar duro no coração, você não consegue evitar o seu eu verdadeiro. Ele é o olho silencioso que olha para baixo. (Em vez de dizer "Receberei a morte", o poeta poderia ter dito "receberei a liberdade". Ou "receberei a felicidade".) Transcender a si mesmo significa compreender, com verdadeira determinação, que a sua identidade fixa é falsa. A seguir, quando o ego exigir que você olhe para o mundo a partir da perspectiva de "como eu posso me beneficiar?", você pode libertar-se, retrucando: "Esse eu não está mais no comando."

Seja genuíno: por que dizem que a verdade nos libertará? As pessoas são punidas e excluídas o tempo todo por dizerem a verdade. As mentiras costumam ter êxito. O compromisso educado de seguir a corrente e não causar distúrbios proporcionou dinheiro e poder a muitas pessoas. No entanto, "A verdade o libertará" não teve a intenção de ser um conselho prático. Existe uma intenção espiritual por trás das palavras, cuja essência é a seguinte: "Você não pode se libertar, mas a verdade pode". Em outras palavras, a verdade tem o poder de pôr de lado o que é falso e, ao fazer isso, ela pode nos libertar. O plano do ego é manter-se ativo. No entanto, nos momentos cruciais, a verdade dirige-se a nós; ela nos conta como as coisas realmente são, não para sempre e nem para todas as pessoas, mas neste momento e apenas para nós. Esse impulso precisa ser honrado se você realmente deseja libertar-se. Quando penso no que é um lampejo de verdade, alguns exemplos me vêm à mente:

> Saber que você não pode ser alguém que outra pessoa deseja que seja, por mais que você a ame.
> Saber que você ama, mesmo quando é assustador dizê-lo.
> Saber que a luta de outra pessoa não é sua.
> Saber que você é melhor do que parece ser.
> Saber que você sobreviverá.
> Saber que você tem de seguir seu próprio caminho, não importa o que isso possa custar.

Cada frase começa com a palavra *saber* porque a testemunha silenciosa é aquele nível no qual você conhece a si mesmo, sem levar em conta o que os outros julgam saber. Dizer a sua verdade não é o mesmo que externar abruptamente todas as coisas desagradáveis que você tinha medo de dizer ou era educado demais para fazê-lo. Essas explosões sempre encerram um sentimento de pressão e tensão; elas fundamentam-se na frustração; carregam consigo raiva e mágoa. O tipo de verdade proveniente daquele que conhece é calmo; ela não diz respeito à maneira como outra pessoa está comportando-se; ela esclarece quem você é. Valorize esses lampejos. Você não pode fazê-los aparecer, mas pode estimulá-los sendo genuíno e não se permitindo adotar uma *persona* criada apenas para fazer você sentir-se seguro e aceito.

Deixe que o centro seja o seu lar: estar centrado; considerar-se desejável; quando as pessoas sentem que estão distraídas ou dispersas, dizem o seguinte: "Perdi o meu centro". Mas se não existe alguém dentro da sua cabeça, se o sentimento que o ego tem do eu, de mim, do meu é ilusório, onde está o centro?

Paradoxalmente, o centro está em toda parte. Ele é o espaço aberto que não tem fronteiras. Em vez de pensar no seu centro como um ponto definido, da maneira como as pessoas apontam para o coração como a sede da alma, coloque-se no centro da experiência. Ela não é um lugar e sim um foco de atenção. Você pode viver ali, no ponto imóvel ao redor do qual tudo gira. Estar descentrado significa perder o foco, afastar-se da experiência ou bloqueá-la. Estar centrado é como dizer: "Quero encontrar o meu lar na criação." Você relaxa no ritmo da sua vida, o que propicia que você encontre-se em um nível mais profundo. Você não pode convocar a testemunha silenciosa, mas pode aproximar-se dela recusando-se a perder-se na sua criação. Quando percebo que estou sendo sobrepujado por alguma coisa, posso recorrer a algumas medidas simples:

- Digo para mim mesmo: "Esta situação pode estar me abalando, mas sou mais forte do que qualquer situação."
- Inspiro profundamente e volto a atenção para o que meu corpo está sentindo.
- Dou um passo atrás e vejo as coisas com os olhos de outra pessoa (de preferência da pessoa à qual estou resistindo ou reagindo).
- Compreendo que minhas emoções não são diretrizes confiáveis para o que é permanente e real. São reações momentâneas e muito provavelmente provenientes do hábito.
- Quando estou prestes a explodir com reações incontroláveis, eu me afasto.

Como você pode ver, não tento sentir-me melhor, ser mais positivo, adotar uma postura amorosa nem modificar o estado no qual me encontro. Somos todos formados por personalidades e conduzidos pelo ego. As personalidades do ego são treinadas pelo hábito e pelo passado; elas seguem em frente como motores de autopropulsão. Se você conseguir observar o mecanismo em funcionamento sem envolver-se nele, descobrirá que possui uma segunda perspectiva que está sempre serena, alerta, imparcial, atenta, mas não sobrepujada. Esse segundo lugar é o seu centro, mas na verdade ele não é um lugar e, sim, um encontro íntimo com a testemunha silenciosa.

MODIFICANDO SUA REALIDADE PARA ACOMODAR O QUARTO SEGREDO

O quarto segredo diz respeito ao seu encontro com o seu verdadeiro eu. As palavras podem dizer muitas coisas sobre ele, mas um encontro efetivo se faz necessário para que você compreenda o que ele é. O seu verdadeiro eu possui qualidades que você utiliza todos os dias: é inteligente, vivo, atento, instruído, perspicaz; sempre que uma dessas qualidades torna-se ativa, você está vivendo mais perto do seu verdadeiro eu. Por outro lado, quando você está distraído, perdido, confuso, receoso, disperso ou encurralado dentro dos limites do ego, você está afastado dele.

A experiência oscila entre esses dois polos; por conseguinte, uma das maneiras de encontrar o seu verdadeiro eu é afastar-se do polo oposto quando perceber que está lá. Procure perceber-se nesses momentos e distanciar-se deles. Escolha uma experiência fortemente negativa de um dos seguintes tipos (se possível, dê preferência a uma que seja repetitiva e frequente):

- Ser agressivo no trânsito.
- Discutir com o cônjuge.
- Ressentir-se da autoridade no trabalho.
- Perder o controle com os filhos.
- Sentir que foi passado para trás em um negócio ou transação.
- Achar que foi traído por um amigo íntimo.

Coloque-se de novo na situação e sinta o que sentiu na ocasião. Talvez seja interessante você fechar os olhos e visualizar o carro que lhe deu uma fechada ou o bombeiro que lhe apresentou uma conta abusiva. Faça o que for necessário para que a situação torne-se bem nítida na sua mente.

Quando você sentir uma pontada de raiva, mágoa, desconfiança ou suspeita de traição, diga a si mesmo: "Isto é o que o meu ego está sentindo e consigo entender por quê. Já estou acostumado. Acompanharei o processo enquanto ele durar." Deixe o sentimento correr livre. Fique bastante irritado, exatamente como o seu ego quer; visualize fantasias de vingança, autocomiseração ou qualquer outra coisa que o seu ego julgue apropriado. Imagine que o seu sentimento está fazendo você inchar; ele propaga-se a partir de você como a onda de choque de uma explosão em câmera lenta.

Siga essa onda até onde ela quiser ir, observando-a ficar cada vez mais fraca, enquanto se espalha pelo infinito, preenchendo todo o universo, se ela assim o desejar. Inspire profundamente várias vezes, se precisar, a fim de fazer com que a onda saia de você e avance para fora. Não cronometre o que está acontecendo, pois o sentimento pode ser muito forte e demorar a querer se expandir.

Agora, enquanto você contempla a onda desaparecer no infinito, olhe para si mesmo e verifique se algum dos seguintes sentimentos está presente:

- Uma risadinha reprimida, a vontade de rir de tudo que aconteceu.
- Um dar de ombros, como se a coisa toda não tivesse importância.
- Uma sensação de paz ou tranquilidade.
- Olhar para si mesmo como se fosse para outra pessoa.
- Um profundo suspiro de alívio ou exaustão.
- O sentimento de que se livrou de alguma coisa ou de "deixar rolar".
- A percepção repentina de que a outra pessoa pode estar certa.

Esses são sentimentos reveladores que surgem em nós quando cruzamos a fronteira invisível entre o ego e o verdadeiro eu. Se você seguir qualquer emoção por um tempo suficiente, ela acabará silenciando-se, mas pedir que você faça isso todas as vezes é demais. O seu objetivo é pelo menos chegar à divisa, a linha onde as necessidades do ego começam a perder a supremacia.

- Quando você ri, deixa de ter tanta necessidade de levar-se a sério.
- Quando dá de ombros, não sente mais necessidade de fazer tempestade em copo d'água.
- Quando sente-se tranquilo, não acha mais necessário ficar agitado ou fazer drama.

- Quando consegue olhar para si mesmo como se fosse outra pessoa, você não sente mais necessidade de que a sua opinião seja a única que conta.

- Quando sente-se aliviado ou exausto, deixa de sentir necessidade de agarrar-se ao estresse. (Esse também é um sinal de que você está reativando o contato com o seu corpo, em vez de viver a partir da cabeça.)

- Quando é tomado pelo sentimento de "deixar rolar", você não sente mais necessidade de se vingar — a possibilidade do perdão está à vista.

- Quando você, de repente, percebe que a outra pessoa pode estar certa, deixa de sentir necessidade de fazer julgamentos.

Existem outros indícios de que o ego está sendo deixado para trás. Se você se encaixa no padrão de ser facilmente ofendido, de sentir-se superior ou inferior, de querer o que vem a você e sentir inveja do que os outros recebem, ou imaginar que as pessoas falam de você pelas costas, você pode lidar com cada uma dessas atitudes exatamente como fez nos casos anteriores. Reviva o sentimento, deixe seu ego levá-lo até onde ele quiser e observe o sentimento expandir-se até desaparecer no limite do infinito.

Esse exercício não dissipará milagrosamente todos os sentimentos negativos. O objetivo dele é proporcionar-lhe um encontro mais íntimo com o seu verdadeiro eu. Se você experimentá-lo dentro desse espírito, ficará surpreso com a maior facilidade que terá no futuro de fugir ao domínio das emoções que durante anos estiveram no controle.

Quinto segredo

A CAUSA DO SOFRIMENTO É A IRREALIDADE

A RAZÃO MAIS COMUM PELA QUAL as pessoas voltam-se para a espiritualidade é lidar com o sofrimento. Elas não tomam essa decisão por acaso, e sim porque toda religião afirma ser capaz de aliviar a dor, que a fé transcende os sofrimentos da carne, que a alma é um refúgio para o coração angustiado. No entanto, quando se voltam para Deus, para a fé ou para a alma, muitas pessoas não encontram alívio, ou deparam-se apenas com o consYolo que poderiam obter em uma conversa com um terapeuta. Existe um poder especial encontrado apenas na espiritualidade? A terapia funciona para aqueles que a procuram, e as formas mais comuns de sofrimento, ansiedade e depressão respondem em curto prazo aos medicamentos. Quando a depressão desaparece, existe alguma razão para nos voltarmos para o espírito?

Para responder a essas perguntas, temos de compreender, em primeiro lugar, que a dor e o sofrimento não são sinônimos. Se não interferirmos, o corpo elimina espontaneamente a dor, livrando-se dela no momento em que a causa subjacente é curada. O sofrimento é a dor à qual nos agarramos. Ele tem origem no misterioso instinto da mente de acreditar que a dor é boa, que não pode ser evitada ou que a pessoa a merece. Se nenhuma dessas ideias estivesse presente, o sofrimento não existiria. É preciso energia mental para criar o sofrimento, uma mistura de crença e percepção sobre a qual a pessoa julga não ter controle. Contudo, por mais inevitável que o sofrimento possa parecer, a maneira de escapar não é atacando o sofrimento em si, e sim dirigindo-se à irrealidade que faz com que nos agarremos à dor.

A causa secreta do sofrimento é a irrealidade em si. Presenciei recentemente uma evidência dramática desse fato, de forma bastante comum. Sintonizei por acaso em um desses programas de televisão no qual pessoas nascidas com deformidades físicas recebem uma transformação grátis completa, que inclui as mais recentes inovações da cirurgia plástica, da odontologia e da estética. Nesse episódio em particular, as pessoas que desejavam ansiosamente um tratamento eram gêmeas idênticas. Uma das gêmeas em cada par queria mudar a aparência, e a outra não. Já adultas, as gêmeas não pareciam mais exatamente iguais. A "feia" em cada par tinha quebrado o nariz, danificado os dentes ou engordado demais. O fato dramático para mim era como esses defeitos estéticos eram insignificantes quando comparados com a intensa convicção, compartilhada pelas duas gêmeas de cada par, de que uma era extremamente bonita e a outra abominavelmente feia. As "feias" admitiram que nem um dia se passava sem que se comparassem com as irmãs "bonitas". Nesse programa de televisão pude testemunhar todos os passos que conduzem ao sofrimento:

Deixar de perceber os verdadeiros fatos.
Adotar uma percepção negativa.
Reforçar essa percepção por meio do pensamento obsessivo.
Perder-se na dor sem procurar uma saída.
Comparar-se com os outros.
Cimentar o sofrimento por meio de relacionamentos.

O manual de como sofrer incluiria todos esses passos, que acumulam um senso de irrealidade até parecerem totalmente reais. Por dedução, as instruções para terminar o sofrimento inverteriam esses passos e trariam a pessoa de volta à realidade.

Deixar de perceber os fatos: o início do sofrimento envolve a recusa da pessoa de contemplar a verdadeira situação. Há vários anos, alguns pesquisadores realizaram uma pesquisa para verificar como as pessoas lidam com uma crise inesperada. O estudo foi patrocinado por terapeutas que esperavam descobrir para onde as pessoas voltam-se em busca de ajuda quando se veem em dificuldades. Quando uma terrível desgraça acontece — por exemplo, quando as pessoas são demitidas, abandonadas pelo cônjuge ou recebem um diagnóstico de câncer — 15% procuram um aconselhador, terapeuta ou pastor para obter algum tipo de ajuda. O restante assiste à televisão. Elas recusam-se até mesmo a considerar a possibilidade de examinar o problema ou de discuti-lo com alguém capaz de ajudar.

Os terapeutas que patrocinavam a pesquisa ficaram horrorizados com essa profunda recusa em aceitar a situação, mas não pude deixar de pensar o seguinte: assistir à televisão não é uma reação natural? As pessoas instintivamente tentam apagar a dor com o prazer. Buda enfrentou a mesma situação muitos séculos atrás. Na época de Buda, as pessoas também tentavam aniquilar a dor porque as monções não vinham e toda a colheita foi perdida ou porque a família pereceu em uma epidemia de cólera. Como a televisão não existia, elas tinham de procurar outros escapes, mas a suposição era a mesma: o prazer é melhor do que a dor, de modo que deve ser a resposta para o sofrimento.

Substituir a dor pelo prazer pode dar certo em curto prazo, porque ambos são sensações, e se um for forte o suficiente, pode neutralizar o outro. Mas Buda não ensinou que a vida é dolorosa por causa da dor, e sim porque a causa do sofrimento não foi examinada. Uma pessoa pode estar sentada perto da piscina em Miami Beach, assistindo ao seu programa cômico favorito e comendo chocolate enquanto alguém lhe faz cócegas com uma pena. Ela não sentirá muita dor, mas pode estar sofrendo profundamente, sendo que a única saída é tomar medidas para colocar-se frente a frente com a origem do sofrimento. O primeiro passo a ser dado é estar disposta a examinar o que realmente está acontecendo.

Percepções negativas: a realidade é percepção e a pessoa que sofre é dominada por percepções negativas que ela mesma cria. A percepção mantém a dor sob controle, não por reduzi-la, e sim por evitar *uma dor ainda maior*. É essa peculiaridade que a maioria das pessoas tem mais dificuldade em entender. O corpo elimina automaticamente a dor, mas a mente pode neutralizar esse instinto ao transformar a dor em uma coisa "boa", no sentido de que ela é melhor do que outras possibilidades talvez piores. A confusão e o conflito interior são os motivos pelos quais a mente tem tanta dificuldade em curar a si mesma, apesar de todo o seu poder. Esse último foi lançado contra si mesmo e, por conseguinte, a percepção, que poderia acabar instantaneamente com o sofrimento, prefere fechar a porta.

Reforçar a percepção: as percepções são flexíveis, a não ser que as fixemos. O eu é como um sistema em constante modificação, que incorpora o novo ao velho a cada momento. No entanto, se você sistematicamente atormenta-se por causa de antigas percepções, essas fortalecem-se a cada repetição. Consideremos um exemplo específico. Anorexia nervosa é o termo médico de um distúrbio no qual a pessoa, geralmente uma moça com menos de 20 anos, resolve passar fome como opção de vida. Se você entrevistar uma adolescente anoréxica que pesa pouco mais de 40 quilos e lhe mostrar a foto de quatro tipos diferentes de corpo que variam de muito magro a muito gordo, ela dirá que o corpo dela corresponde a esse último, apesar de a estrutura dela ser, na verdade, esquelética. Se você for mais adiante e sobrepuser o rosto dela às fotos, a pessoa anoréxica mesmo assim escolherá a foto do corpo mais gordo como sendo a dela. Essa imagem corporal distorcida confunde totalmente as outras pessoas. É estranho olhar uma estrutura esquelética no espelho e ver uma pessoa gorda (assim como é esquisito que gêmeas idênticas achem que uma é extremamente feia e a outra, bonita).

Nesses casos, a percepção foi distorcida devido a razões ocultas relacionadas com a emoção e a personalidade. Se mostrarmos a foto de quatro carros à pessoa anoréxica, ela pode facilmente dizer qual é o maior. A distorção acontece em um nível mais profundo no qual o "Eu" decide o que é real a respeito da pessoa. Tão logo o "Eu" decide algo sobre a pessoa, tudo no mundo exterior precisa adequar-se a essa decisão. Na mente da pessoa anoréxica, a vergonha é fundamental para quem ela é e o mundo não tem escolha a não ser lançar-lhe de volta a sua imagem vergonhosa. Passar fome é a única maneira que ela consegue imaginar para fazer a garota gorda do espelho ir embora. Tudo isso leva a uma regra geral: *a realidade é aquilo com o que nos identificamos.*

O fato de a vida nos machucar em algum lugar significa que nos trancamos em uma espécie de falsa identificação, contando a nós mesmos histórias pessoais e incontestadas a respeito de quem somos. A cura da anorexia envolve forçar de alguma forma uma separação entre o "Eu" e essa poderosa identificação secreta. O mesmo aplica-se a todo tipo de sofrimento porque cada pessoa arbitrariamente identifica-se sucessivamente com várias coisas que contam uma história errada a respeito de quem ela é. Mesmo que você fosse capaz de se cercar de prazer a cada minuto do dia, a história errônea sobre quem você é acabaria provocando profundo sofrimento.

Perder-se na dor: as pessoas possuem limiares de dor extraordinariamente diferentes. Pesquisadores submeteram voluntários a estímulos idênticos, como choques elétricos no dorso da mão, e pediram a eles que avaliassem o desconforto que sentiram, em uma escala de 1 a 10. Durante muito tempo pensou-se que como a dor é registrada ao longo de trajetos neurais idênticos, as pessoas registrariam um sinal de dor mais ou menos igual (como, por exemplo, quase todo mundo seria capaz de sentir a diferença entre uma luz forte e uma fraca aplicadas sobre os olhos). No entanto, uma dor à qual alguns pacientes atribuíram o valor 10 foi avaliada como 1 por outros. Esse resultado indica não apenas que a dor encerra um componente subjetivo, mas também que a avaliamos de forma totalmente pessoal. Não existe um trajeto universal entre o estímulo e a resposta. Uma pessoa pode ficar profundamente traumatizada com uma experiência que mal afeta uma outra.

O mais estranho a respeito desse resultado é que nenhum dos voluntários achou que estava criando uma resposta. Se colocamos sem querer a mão em um fogão quente, o corpo reage instantaneamente. No entanto, nesse momento, o cérebro está na verdade avaliando a dor e conferindo-lhe a intensidade que você percebe como sendo objetivamente real. E por não renunciarem ao controle da dor, as pessoas perdem-se nela. "Que posso fazer? Minha mãe acaba de falecer e estou arrasado. Não consigo nem sair da cama pela manhã." Parece haver nesta declaração um vínculo direto entre a causa (a morte de uma pessoa amada) e o efeito (a depressão). Mas, na verdade, o trajeto entre a causa e o efeito não é uma linha reta; toda a pessoa participa do processo, trazendo consigo grande quantidade de fatores do passado. É como se a dor entrasse em uma caixa preta antes de a sentirmos e se combinasse com tudo que nós somos, ou seja, toda a nossa história de emoções, memórias, crenças e expectativas. Se você tem consciência de si mesmo, a caixa preta não se apresenta tão lacrada e oculta. Você sabe que pode afetar o que está dentro dela. Mas quando sofremos, nós nos punimos. Por que a dor é avaliada em 10 em vez de 1? Simplesmente porque é. Na verdade, o sofrimento só persiste na medida em que nos permitimos permanecer perdidos na nossa criação.

Comparar-se com os outros: o ego quer ser o primeiro; por conseguinte, ele não tem escolha, a não ser envolver-se em um interminável jogo de comparação com os outros. Como todos os hábitos arraigados, este é difícil de romper. Um amigo soube recentemente que uma mulher das suas relações tinha morrido em um acidente de carro. Ele não a conhecia bem, mas se dava com todos os amigos dela. Poucas horas depois da morte dela, uma enorme melancolia tinha se abatido sobre eles. A mulher era querida e tinha praticado muitas boas ações. Era jovem e cheia de otimismo, e por isso as pessoas sofreram ainda mais. Meu amigo viu-se envolvido na situação: "Eu me vi saindo do meu carro e sendo atropelado por um motorista que não parou para me socorrer, exatamente como aconteceu com ela. Eu não parava de pensar que deveria fazer mais do que apenas mandar flores e um cartão. Tirei férias na semana do funeral, e na verdade senti-me incapaz de me divertir, pensando o tempo todo sobre o choque e a dor de morrer daquela maneira."

No meio dessas reações, meu amigo teve uma percepção repentina: "Eu estava ficando cada vez mais melancólico quando pensei o seguinte: 'Não é a minha vida. Eu não sou essa mulher'. A ideia me pareceu muito estranha. Quero dizer, não é bom sentir compaixão? Não deveria eu compartilhar a dor que todos os meus amigos estavam sentindo?" Naquele momento ele parou de comparar-se com outra pessoa, o que não é fácil de fazer, pois todos obtemos uma identidade dos pais, dos amigos e do parceiro. Uma comunidade inteira reside fragmentariamente dentro de nós, composta de frações de outras personalidades.

Aprendemos com os outros o nosso estilo de sofrimento. Na medida em que você sente-se estoico ou fraco, no controle da situação ou vítima, desesperado ou esperançoso, você está aderindo a reações estabelecidas por outra pessoa. Desviar-se desses padrões é estranho, até mesmo ameaçador. No caso do meu amigo, ele só se libertou de um padrão de sofrimento quando percebeu que o copiara de outra pessoa. Antes disso, ele queria sentir o que era adequado e o que esperavam dele. Queria encaixar-se na maneira como outras pessoas viam a situação. Enquanto você comparar-se com os outros, seu sofrimento continuará como uma forma de você enquadrar-se.

Cimentar o sofrimento por meio de relacionamentos: a dor é uma experiência universal; por conseguinte, ela faz parte de todos os relacionamentos. Ninguém realmente sofre sozinho, e mesmo que faça todo o possível para sofrer em silêncio, você afeta os que estão à sua volta. A razão pela qual as pessoas têm tanta dificuldade em conseguir um relacionamento saudável é o fato de a vida na família de origem ter exigido uma boa dose de inconsciência. Fazemos vista grossa ao que não queremos ver; permanecemos em silêncio com relação a coisas difíceis demais para discutir; respeitamos os limites mesmo quando eles colocam alguém em uma situação difícil. Em resumo, é na família que aprendemos a rejeitar a dor, e a dor repelida é apenas outro nome para o sofrimento.

Diante de uma escolha, a maioria das pessoas prefere preservar seus relacionamentos a parar de sofrer. Podemos constatar esse fato nas famílias onde é cometido o abuso e as vítimas não dizem nada nem vão embora. (Alguns Estados aprovaram leis obrigando a polícia a prender agressores domésticos, apesar dos protestos dos cônjuges espancados e atormentados. Na ausência dessas leis, mais de metade das vezes a vítima toma o partido do agressor.) O relacionamento saudável baseia-se na percepção consciente; nele, os dois parceiros procuram romper antigos hábitos que promovem o sofrimento. Eles precisam manter um equilíbrio sutil entre a compreensão e o desapego, como fez meu amigo, porque sentir compaixão significa que somos sensíveis tanto ao sofrimento de uma outra pessoa quanto ao nosso. Não obstante, ao mesmo tempo, é preciso que haja um distanciamento para garantir que esse sofrimento, por mais real que seja, não seja a realidade *dominante*. As atitudes que contribuem para um relacionamento saudável tornam-se parte de uma visão que nutrimos para nós mesmos e para a outra pessoa.

UMA VISÃO SEM SOFRIMENTO

Como relacionar-se quando outra pessoa está sofrendo

Você pode contar com a minha solidariedade. Eu sei o que você está passando.

Você não precisa sentir-se de determinada maneira apenas para me fazer feliz.

Vou ajudá-lo a sair dessa.

Você não precisa ter medo de estar me afastando de você. Não espero que você seja perfeito. Você não está me desapontando.

Esse sofrimento pelo qual você está passando não é o verdadeiro você.

Você pode ter o espaço de que precisa, mas não o deixarei sozinho.

Vou ser o mais verdadeiro que puder com você.

Não terei medo de você, embora você possa estar com medo da sua dor.

Farei todo o possível para lhe mostrar que a vida ainda é boa e que a alegria é possível.

Não posso assumir a responsabilidade pela sua dor.

Não deixarei que você agarre-se à sua dor — estamos aqui para passar por isso juntos.

Vou levar a sua cura tão a sério quanto o meu próprio bem-estar.

Como você pode perceber, essas atitudes encerram armadilhas sutis. Ao relacionar-se com alguém que está sofrendo, você precisa aproximar-se do outro, mas, ao mesmo tempo, permanecer dentro de limites. "Sinto a sua dor, mas ela

A CAUSA DO SOFRIMENTO É A IRREALIDADE

não é minha" é uma postura capciosa; ela pode pender para qualquer um dos lados. Você pode envolver-se de tal maneira com a dor, a ponto de intensificar o sofrimento do outro, ou pode esconder-se atrás dos seus limites e deixar de fora a pessoa que está sofrendo. O relacionamento saudável mantém o equilíbrio adequado. Ambos precisam permanecer alertas e atentos; vocês precisam concentrar-se na visão espiritual que têm diante de si; precisam estar dispostos a ter novas respostas todos os dias. Acima de tudo, vocês compartilham um caminho que os conduz, passo a passo, para fora da irrealidade.

A meta suprema, se você realmente quer ser verdadeiro, é experimentar a própria existência. O "Eu sou" é uma experiência desse tipo. Ela é ao mesmo tempo comum e rara, porque todo mundo sabe como ser, mas poucas pessoas extraem a plena promessa do seu ser. O "Eu sou" perde-se quando você começa a identificar-se com "Eu faço isso, eu devo aquilo, eu gosto de A, mas não gosto de B". Essas identificações tornam-se mais importantes do que a realidade do seu ser puro.

Aprofundemo-nos no vínculo entre o sofrimento e a irrealidade. A maneira como esquecemos a paz e a clareza do "Eu sou" pode ser desmembrada em cinco aspectos. Em sânscrito, eles são chamados de os *cinco kleshas*, as causas fundamentais de toda forma de sofrimento:

1. Não saber o que é real.
2. Agarrar-se e apegar-se ao irreal.
3. Ter medo do irreal e recuar.
4. Identificar-se com um eu imaginário.
5. Medo da morte.

Neste momento você e eu estamos fazendo uma dessas cinco coisas, embora tenhamos começado há tanto tempo que o processo já tornou-se arraigado. Os cinco *kleshas* estão dispostos em cascata. Quando deixamos de perceber o que é real (o primeiro *klesha*), os outros automaticamente ajustam-se. Isso significa que, no caso da maioria das pessoas, somente o fim da linha, ou seja, o medo da morte, é uma experiência consciente; por conseguinte, é lá que precisamos começar, para depois ir galgando a escada.

Sentir medo da morte é uma fonte de ansiedade que atinge muitas áreas. A maneira como a nossa sociedade venera a juventude e evita os idosos, a necessidade desesperada que temos de nos distrair, a promoção de cosméticos e tratamentos de beleza, a proliferação das academias de ginástica com espelhos de corpo inteiro por todos os lados e a febre das celebridades são sintomas de que queremos rejeitar a morte. A teologia tenta nos convencer de que existe vida depois da morte, mas como esta afirmação precisa ser aceita como um ato de fé, a religião exige obediência confrontando-nos com o além. Se não tivermos fé, se adorarmos o Deus errado ou pecarmos contra o Deus verdadeiro, nossas possibilidades de uma recompensa depois da morte desaparecem. Guerras religiosas continuam a irromper em torno dessa questão, que gera tanta ansiedade que os fanáticos preferem morrer pela fé a viver tendo de admitir que a crença de outra pessoa tem o direito de existir. "Morro para que você não possa acreditar no seu Deus" é o legado mais distorcido do quinto *klesha*.

A pessoa teme a morte não pela morte em si, e sim por uma razão mais profunda: a necessidade de defender um eu imaginário. A identificação com esse eu é o quarto *klesha*, e é algo que todos fazemos. Até mesmo em um nível superficial, as pessoas constroem uma imagem baseada na renda e no status. Quando Francisco de Assis, filho de um abastado comerciante de seda, despiu seus ricos trajes e renunciou ao dinheiro do pai, ele não estava jogando fora apenas seus bens materiais, mas também sua identidade — a maneira como as pessoas sabiam quem ele era. Na cabeça dele, não nos podemos aproximar de Deus por meio de uma falsa imagem. A autoimagem está estreitamente ligada à autoestima, e conhecemos o preço elevado que uma pessoa paga quando perde a autoestima. As crianças que se sentam na última fila no ensino fundamental e evitam o olhar do professor geralmente não discutem política externa nem arte medieval quando se tornam adultas porque, desde cedo, a autoimagem delas incorporou um sentimento de inadequação. Inversamente, pesquisas demonstraram que quando dizem a um professor que um aluno é excepcionalmente brilhante, esse aluno terá um desempenho muito melhor na sala de aula, mesmo que a seleção tenha sido aleatória: crianças com um QI baixo podem se sair melhor do que outras com um QI alto, desde que recebam aprovação suficiente dos professores. A imagem inserida na mente do professor é suficiente para transformar um estudante medíocre em um aluno magnífico.

Identificar-se com uma falsa imagem de quem somos causa muito sofrimento sob outros aspectos. A vida nunca para de exigir cada vez mais. As exigências sobre o nosso tempo, paciência, capacidade e emoções podem tornar-se tão devastadoras que admitir nossa inadequação parece a coisa mais honesta a ser feita. No entanto, na falsa autoimagem da pessoa jaz enterrada a feia história de tudo o que saiu errado. "Não farei", "Não posso" e "Desisto" emanam do quarto *klesha*.

O terceiro *klesha* diz que mesmo com uma autoimagem saudável nós nos afastamos das coisas que ameaçam nosso ego. Essas ameaças estão por toda parte. Tenho medo de ficar pobre, de perder meu parceiro, de infringir a lei. Tenho medo de passar vergonha diante de alguém cujo respeito desejo conservar. Para algumas pessoas, a ideia de que os seus filhos podem não ser bem-sucedidos é uma profunda ameaça ao seu sentimento do eu. "Não fazemos isto na nossa família" é geralmente o código para: "Seu comportamento é uma ameaça a quem eu sou." Mas as pessoas não reconhecem que estão falando em código. Depois que eu me identifico com minha autoimagem, o medo de que ela possa fragmentar-se é instintivo. A necessidade de me proteger do que receio é parte de quem sou.

O segundo *klesha* diz que as pessoas sofrem por causa do apego, o que significa agarrar-se a qualquer coisa. Apegar-se a algo é uma forma de demonstrar que você tem medo de que ele lhe seja tirado. As pessoas sentem-se violentadas se um ladrão lhes rouba a bolsa ou se chegam em casa e constatam que ela foi assaltada. Essas infrações não são importantes devido ao que foi levado, pois a bolsa e os apetrechos domésticos podem ser substituídos. Não obstante, o sentimento de agravo pessoal frequentemente perdura por meses e anos. Se o mecanismo certo for acionado, o fato de você ter a bolsa roubada pode fazer com que você perca totalmente o senso de segurança pessoal. Alguém o despojou da ilusão de que você era intocável. (O paroxismo nacional americano depois dos atentados terroristas do World Trade Center continua a representar o drama do "nós" versus "eles" em escala maciça. O sentimento de invulnerabilidade dos americanos foi exposto como uma ilusão. No entanto, no fundo não se tratava de um problema nacional, e sim de um problema individual sentido em enorme escala.)

O sofrimento encerra muitos desvios e variações. O trajeto inicia-se no medo da morte e dirige-se para o falso sentimento do eu e a necessidade do apego. No final, contudo, a irrealidade é a única causa de todo sofrimento. O problema nunca foi a dor; muito pelo contrário: a dor existe para que a ilusão não se consiga safar o tempo todo com os seus truques. Se a irrealidade não doesse, ela pareceria real para sempre.

Os cinco *kleshas* podem ser resolvidos de uma só vez se abraçarmos a realidade única. A diferença entre "Eu sou a minha dor" e "Eu sou" é pequena, porém crucial. Uma enorme quantidade de sofrimento resultou dessa única percepção errônea. Ao pensar que nasci, não consigo evitar a ameaça da morte. Ao pensar que existem forças externas, tenho de aceitar que elas podem prejudicar-me. Ao pensar que sou uma pessoa, avisto outras pessoas por toda parte. Todas essas são percepções que foram criadas, e não fatos. Uma vez criada, a percepção passa a ter vida própria até você voltar e modificá-la.

Um leve tremor na consciência é suficiente para que você perca o contato com a realidade. Na verdade, nada existe fora do eu. Tão logo você comece a aceitar essa parcela de conhecimento, todo o propósito da vida modifica-se. A única meta que vale a pena alcançar é a total liberdade de ser você mesmo, sem ilusões e falsas convicções.

MODIFICANDO SUA REALIDADE PARA ACOMODAR O QUINTO SEGREDO

O quinto segredo trata da interrupção do sofrimento. Existe um estado de não sofrimento dentro de você que é a percepção consciente simples e aberta. Já o estado de sofrimento é complicado, porque, nas suas tentativas de lutar contra a dor, o ego recusa-se a perceber que a resposta poderia ser tão simples quanto aprender a ser. Quaisquer medidas que você tome para deixar de agarrar-se a complicações o levarão para mais perto do estado simples da cura. As complicações ocorrem como pensamentos, sentimentos, convicções e energias sutis, o que significa resistência e dívidas emocionais ocultas.

Para fazer esse exercício, pegue qualquer coisa na sua vida que lhe esteja conferindo um sentimento de profundo mal-estar, desconforto ou sofrimento. Você pode escolher algo que persiste há anos ou uma coisa extremamente importante na sua vida neste momento. O fato de haver ou não um componente físico é irrelevante, mas se você escolher um problema físico crônico, não se aproxime do exercício em busca da cura, pois estamos lidando com os padrões de percepção que o estimulam a apegar-se ao sofrimento.

Sente-se agora sozinho, durante pelo menos cinco minutos por dia, por um mês, com a intenção de eliminar as seguintes complicações:

A desordem: o caos é complicado e a ordem é simples. Sua casa é uma bagunça? A sua mesa de trabalho está empilhada de papéis? Você permite que outras pessoas façam bagunça e criem a desordem porque sabem que você não as obrigará a ter responsabilidade? Você acumulou tanta coisa desnecessária que o seu ambiente parece um registro arqueológico do seu passado?

O estresse: todo mundo fica estressado, mas se você não consegue eliminar totalmente o seu estresse diário à noite, voltando a um estado interior agradável de calma e equilíbrio, você está excessivamente estressado. Examine de perto as coisas que o deixam tenso. O seu trajeto de ida e volta do trabalho é estressante? Você levanta-se cedo demais sem ter dormido o bastante? Você não dá atenção aos sinais de exaustão? Seu corpo está estressado devido ao excesso de peso ou por estar completamente fora de forma? Relacione os principais estresses da sua vida pessoal e profissional e procure reduzi-los até ter certeza de que não está excessivamente estressado.

O sofrimento empático: ser contagiado pelo sofrimento dos outros faz você sofrer. Você cruzou a linha entre a empatia e o sofrimento e sente-se pior depois de mostrar-se solidário com alguém. Se você sinceramente não consegue permanecer na presença de situações negativas sem assimilar uma dor que não é sua, afaste-se. Perder de vista os seus limites não o torna uma "boa pessoa".

A negatividade: o bem-estar é um estado simples ao qual o corpo e a mente retornam naturalmente. A negatividade impede esse retorno, fazendo com que você muitas vezes não se sinta bem. Você faz fofocas sobre outras pessoas e lhes deseja mal? Você desperdiça seu tempo ao lado de pessoas que reclamam, criticam e acham defeito em tudo? Você assiste a todos os desastres e catástrofes apresentados no noticiário noturno? Você não precisa envolver-se com essas fontes negativas; simplesmente afaste-se delas e volte a atenção para algo mais positivo.

A inércia: inércia significa ceder a antigos hábitos e condicionamentos. Independentemente da causa da depressão, da ansiedade, do trauma, da insegurança ou do desgosto, esses estados perduram se você adotar uma atitude passiva. "É assim que as coisas são" é o lema da inércia. Conscientize-se de como não fazer nada é, na verdade, a maneira como você se treinou para manter as coisas como são. Você fica sentado remoendo seu sofrimento? Você rejeita conselhos úteis mesmo antes de levá-los em consideração? Você sabe a diferença entre o apego e a exposição genuína dos seus sentimentos com a intenção de curá-los? Examine a rotina do seu sofrimento e afaste-se dela.

Relacionamentos nocivos: existem apenas três tipos de pessoas na sua vida: as que o deixam em paz, as que o ajudam e as que o magoam. As pessoas que o deixam em paz consideram o seu sofrimento incômodo ou inconveniente e preferem se manter a distância para poder sentir-se melhor. Aquelas que o ajudam têm a força e a consciência de fazer mais com o seu sofrimento do que você é capaz de fazer sozinho. As que o magoam querem que a situação permaneça a mesma porque no fundo não desejam o seu bem-estar. Conte sinceramente quantas pessoas de cada categoria você tem na sua vida. Isso não é a mesma coisa que contar os amigos e os membros da família que lhe querem bem. Avalie os outros apenas sob o aspecto de como eles relacionam-se com suas dificuldades.

Depois de realizar uma contagem realista, adote a seguinte atitude:

- Nunca mais levarei meus problemas para pessoas que me queiram deixar em paz. Isso não é bom nem para elas nem para mim. Elas não querem ajudar-me, por isso não pedirei que me auxiliem.

- Compartilharei meus problemas com pessoas que desejem ajudar-me. Não rejeitarei ofertas genuínas por orgulho, insegurança ou dúvida. Pedirei a essas pessoas que se juntem a mim na minha recuperação e farei com que participem mais da minha vida.
- Colocarei uma distância entre mim e aqueles que querem magoar-me. Não preciso enfrentá-los, tentar fazer com que se sintam culpados nem fazer deles a causa da minha autocomiseração. Mas não me posso dar ao luxo de absorver o efeito nocivo que eles exercem em mim, e se isso significa que devo manter distância deles, eu o farei.

Convicções: examine suas possíveis razões para querer sofrer. Você nega que exista algo errado? Você acha que o fato de não demonstrar aos outros que está magoado o torna uma pessoa melhor? Você aprecia a atenção que recebe quando está doente ou angustiado? Você sente-se seguro quando está sozinho e não precisa fazer escolhas difíceis? Os sistemas de crenças são complexos, pois eles consolidam o eu que queremos apresentar ao mundo. É muito mais simples não ter convicções, o que significa ser aberto à vida da maneira como ela vai ao seu encontro, seguindo adiante com a sua inteligência interior, em vez de com julgamentos armazenados. Se você perceber que está bloqueado pelo seu sofrimento, que está retornando repetidamente aos mesmos pensamentos, um sistema de crenças o encurralou. Você só pode escapar da armadilha se eliminar sua necessidade de agarrar-se a essas convicções.

Energia e sensações: dependemos do nosso corpo para que nos diga quando estamos sentindo dor, e o corpo, assim como a mente, seguem padrões semelhantes. Os hipocondríacos, por exemplo, agarram-se ao primeiro sinal de mal-estar como uma mensagem clara de que estão gravemente doentes. No seu caso, você também está pegando sensações familiares e usando-as para confirmar o seu sofrimento. Muitas pessoas deprimidas, por exemplo, interpretam a fadiga como depressão. Caso não tenham dormido bem à noite ou tenham trabalhado em excesso durante o dia, elas interpretam o seu esgotamento como um sintoma de depressão. Lidamos com essas sensações eliminando a interpretação. Em vez de ficar triste, olhe para o que está sentindo como a energia da tristeza. Assim como a fadiga, a tristeza possui um componente físico que pode ser eliminado. Em vez de ser uma pessoa ansiosa, lide com a energia da ansiedade. Todas as energias são descarregadas da mesma forma:

- Inspire profundamente, sente-se em uma posição tranquila e sinta a sensação no corpo.
- Sinta a sensação, sem julgá-la. Simplesmente fique com ela.
- Deixe que quaisquer sentimentos, pensamentos ou energias que queiram emergir o façam, o que significa ouvir a voz da ansiedade, da raiva, do medo ou da mágoa. Deixe que as vozes digam o querem dizer. Preste atenção e procure entender o que está acontecendo.
- Observe a energia dispersar-se o mais possível. Não exija que ela se descarregue totalmente. Adote a atitude de que o nosso corpo se livrará do máximo de energia armazenada que ele puder.
- Algumas horas depois, ou no dia seguinte, repita todo o processo.

Esse pode parecer um regime rígido, mas tudo que está sendo pedido a você é que passe cinco minutos por dia em qualquer uma dessas áreas. Pequenos passos darão grandes resultados. O estado simples de consciência é a posição espontânea da natureza; o sofrimento e as complicações que o mantêm ativo não são naturais — um desperdício de energia tem lugar para sustentar toda essa complexidade. Ao procurar alcançar diariamente um estado mais simples, você está fazendo o melhor que qualquer pessoa pode fazer para eliminar o sofrimento cortando as raízes da irrealidade.

Sexto segredo

A LIBERDADE
DISCIPLINA A MENTE

Você ama a sua mente? Jamais conheci alguém que o fizesse. As pessoas que têm o corpo ou o rosto bonito frequentemente amam o seu dom natural (embora o oposto possa ser verdadeiro: as pessoas mais bonitas fisicamente também podem sentir autodesprezo por sentirem-se inseguras ou por medo de serem consideradas frívolas). A mente é a parte de nós que temos mais dificuldade em amar porque nos sentimos encurralados dentro dela — não o tempo todo, mas nos momentos em que surgem os problemas. O medo tem um jeito de perambular à vontade pela mente. A depressão anuvia a mente; a raiva a faz irromper em uma comoção incontrolável.

As antigas culturas tendem a reproduzir a noção de que a mente é inquieta e não confiável. Na Índia, a metáfora mais comum compara a mente a um elefante selvagem, e acalmar a mente, a amarrar o elefante a uma estaca. No budismo, a mente é comparada a um macaco que espia o mundo através dos cinco sentidos. Os macacos são notoriamente impulsivos e inconstantes, suscetíveis a fazer qualquer coisa de supetão. O objetivo da psicologia budista não visa a domar o macaco, e sim aprender o seu jeito de ser, aceitá-lo e depois ascender a uma consciência superior que está além da inconstância da mente.

As metáforas não o conduzirão a um lugar onde você possa amar a mente; você precisa encontrar por si mesmo a verdadeira experiência de paz e tranquilidade. O segredo que lhe permite fazer isso é libertar a mente. Quando a mente está livre, ela acomoda-se. Ela abandona a sua inquietação e torna-se um canal para a paz. Essa é uma solução contraintuitiva, porque ninguém diria que um elefante selvagem ou um macaco pode ser domado se os libertarmos. As pessoas diriam que o animal libertado ficaria mais selvagem, mas esse segredo se baseia na experiência genuína: a mente é "selvagem" porque tentamos confiná-la e controlá-la. Uma completa ordem jaz em um nível mais profundo. Aqui, os pensamentos e impulsos circulam em harmonia com o que é correto e melhor para cada pessoa. De que maneira, então, você pode libertar a sua mente? Você precisa entender inicialmente de que modo ela foi capturada. A liberdade não é uma condição na qual você simplesmente possa entrar abrindo uma porta ou arrebentando um par de algemas. A mente é a sua própria algema, algo que o poeta William Blake percebeu ao contemplar as pessoas nas ruas de Londres:

> *Em cada grito de todo homem*
> *No grito de medo de toda criança*
> *Em toda voz, em toda imprecação*
> *Ouço os grilhões forjados pela mente.*

Quando tentaram compreender como a mente capturava a si mesma, os antigos sábios indianos desenvolveram o conceito vital do *samskara* (formado a partir de dois radicais sanscríticos que significam "fluir em conjunto"). O *samskara* é uma ranhura na mente que faz com que os pensamentos fluam na mesma direção. A psicologia budista utiliza o conceito de maneira sofisticada, referindo-se aos *samskaras* como impressões na mente que possuem vida própria. Os seus *samskaras* pessoais, construídos a partir de memórias do passado, o obrigam a reagir repetidamente da mesma forma limitada, privando-o da livre escolha (isto é, de escolher como se pela primeira vez).

Quase todas as pessoas constroem uma identidade baseada no *samskara*, sem dar-se conta de que fizeram essa escolha. Entretanto, as pistas são inevitáveis. Pense em uma pessoa propensa a ter ataques de ira, habitualmente chamada de dependente da raiva. Para ela, o impulso da raiva é como uma coisa altamente desejável, que a controla a partir de um lugar secreto de poder. As explosões incontroláveis acontecem em estágios. Primeiro, um sintoma físico geralmente manifesta-se, como uma compressão no peito, um princípio de dor de cabeça, pulsação acelerada ou dificuldade para respirar. Nesse momento surge um impulso. A pessoa pode sentir a raiva acumulando-se como se fosse a água contida por uma represa. A pressão é ao mesmo tempo física e emocional; o corpo tem vontade de livrar-se do mal-estar, a mente quer libertar-se dos sentimentos reprimidos. Nesse ponto, a pessoa em geral procura uma desculpa para desencadear um intenso ataque. Ela pode encontrar a justificativa em uma leve infração, como uma tarefa que as crianças não cumpriram, um garçom moroso, um balconista descortês.

Finalmente, a explosão de raiva manifesta-se, e somente depois que ela passa a pessoa percebe o dano que causou; o ciclo termina com o remorso e a promessa de nunca explodir de novo. A vergonha e a culpa entram em cena, jurando sufocar o impulso no futuro, e a mente entrega-se a uma reflexão racional sobre a inutilidade e os riscos de dar vazão à raiva.

Qualquer pessoa dependente da raiva apresenta dificuldade em cultivar o elemento da escolha. Quando o impulso começa a avolumar-ser, a pressão precisa encontrar um escape. Com frequência, contudo, um conluio tem lugar, um acordo tácito de permitir que a raiva imponha-se. Em algum momento do passado, as pessoas com tendência aos acessos de raiva decidiram adotar esse sentimento como um mecanismo de sobrevivência. Elas enxergavam a raiva no trabalho, na família ou na escola. Vinculavam o poder à intimidação, por ser talvez esse seu único meio de acesso ao poder. Uma das características dessas pessoas é a incapacidade de expressar-se verbalmente e a explosão de raiva torna-se um substituto para as palavras e os pensamentos. O hábito da raiva, uma vez alojado, fez com que elas deixassem de procurar outras formas de extravasar. A raiva que elas lutam para eliminar está ligada a elas pela necessidade e pelo desejo; elas simplesmente não sabem como conseguir o que querem sem ela.

Essa é a anatomia de todas as variedades do *samskara*. Você pode colocar outras experiências no lugar da raiva, como a *ansiedade, a depressão, a dependência do sexo, o uso de drogas, a obsessão compulsiva*; todas atestarão que os *samskaras* privam as pessoas da livre escolha. Incapazes de fugir às suas memórias nocivas, as pessoas adaptam-se a elas, adicionando pouco a pouco várias camadas de impressões. As camadas inferiores, assentadas na infância, continuam a enviar mensagens, sendo por isso que os adultos com frequência olham-se no espelho e sentem-se como crianças impulsivas e assustadas. O passado não foi suficientemente trabalhado; os *samskaras* dominam a psique por meio de uma miscelânea de antigas e desgastadas experiências.

As memórias armazenadas são como microprocessadores programados para enviar repetidamente a mesma mensagem. Quando você apanha-se tendo uma reação fixa, a mensagem já foi enviada: de nada adianta tentar modificá-la. No entanto, é exatamente dessa maneira que a vasta maioria das pessoas tenta subjugar a mente. Elas recebem uma mensagem que lhes desagrada e têm uma entre três reações:

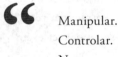

> Manipular.
> Controlar.
> Negar.

Se você examinar de perto esses comportamentos, perceberá com clareza que os três têm lugar depois do fato, ou seja, eles lidam com o distúrbio da mente como a causa da dificuldade e não como um sintoma. Essas supostas soluções surtem tremendos efeitos negativos.

Manipular é obter o que você quer ao ignorar atenção ou prejudicar os desejos dos outros. Os manipuladores empregam o charme, a persuasão, a sedução, a astúcia e informações erradas. A ideia subjacente é a seguinte: "Preciso enganar as pessoas, para que elas me deem o que eu quero." Quando estão realmente envolvidos com a sua tramoia, os manipuladores chegam a imaginar que estão fazendo um favor às suas vítimas: afinal de contas, quem não se sentiria bem ao ajudar alguém tão divertido? Você pode apanhar-se adotando esse comportamento quando não ouve as outras pessoas, não dá atenção ao que elas querem e faz de conta que os seus desejos não custam nada a ninguém. Indícios externos também manifestam-se. A presença de um manipulador insere tensão, desgaste, queixas e conflito em uma situação. Algumas pessoas empregam a manipulação passiva: elas criam situações do tipo "coitadinho de mim", para que os outros mostrem-se solidários e sintam pena delas. Ou então preparam sutis experiências de culpa, para fazer com que os outros achem que o que querem é errado. A manipulação chega ao fim quando você para de supor que seus desejos são os mais importantes, porque então você pode voltar a ligar-se aos outros e começar a acreditar que os desejos deles podem alinhar-se com os seus. Na ausência da manipulação, as pessoas acreditam que o que desejam é importante. Elas acham que podem contar com o seu apoio e você não é considerado um ator ou vendedor. Ninguém julga estar sendo enganado.

Controlar é impor aos eventos e às pessoas a sua maneira de fazer as coisas. O controle é a grande máscara da insegurança. As pessoas que fazem uso desse comportamento têm um medo mortal de deixar os outros serem quem são, de modo que o controlador passa o tempo fazendo exigências que desestabilizam as outras pessoas. A ideia por trás dessa atitude é a seguinte: "Se eles continuarem a prestar atenção em mim, não fugirão." Quando você percebe-se arranjando desculpas para si mesmo e culpando os outros, ou quando você acha que ninguém sente por você a devida gratidão ou apreço, a culpa não é deles — você está exibindo a necessidade de controlar. Os sinais externos desse comportamento emanam daqueles que você está tentando dominar: eles exibem tensão e resistência, queixam-se de que você não lhes dá ouvidos, chamam-no de perfeccionista ou de chefe exigente. O controle começa a acabar quando você admite que seu ponto de vista não é automaticamente o correto. Você pode sintonizar-se com a sua necessidade de exercer o controle ficando atento às ocasiões em que você se queixa, culpa os outros, insiste em que só você está certo e apresenta uma desculpa após a outra para provar que você não tem culpa de nada. Quando para de controlar as pessoas que o cercam, elas começam a respirar com mais facilidade, relaxam e riem. Sentem-se livres para ser quem são, sem procurar a sua aprovação.

Negar é deixar de enxergar o problema, em vez de enfrentá-lo. Os psicólogos consideram a negação o mais infantil dos três comportamentos, porque ela está intimamente relacionada à vulnerabilidade. A pessoa que encontra-se no estado de negação sente-se indefesa para resolver os problemas, que é exatamente o sentimento de uma criança. O medo está ligado à negação, assim como a necessidade infantil de amor diante da insegurança. A ideia subjacente é a seguinte: "Não preciso reparar naquilo que não posso mudar." Você pode perceber quando se encontra no estado de negação nos momentos em que se desconcentra, fica esquecido, procrastina, recusa-se a encarar aqueles que o magoam, fica pensando no que gostaria que acontecesse, nutre falsas esperanças e mostra-se confuso. O principal indício externo é o fato de outras pessoas não dependerem de você nem o procurarem quando uma solução é necessária. Ao desviar a atenção, a negação defende-se com a cegueira. Como você pode ser acusado de falhar com relação a algo que você nem mesmo enxerga? Você supera a negação enfrentando com firmeza as verdades dolorosas. Expressar com sinceridade os seus sentimentos é o primeiro passo. No caso das pessoas que se encontram em um estado de profunda negação, quaisquer sentimentos que as façam achar que não estão em segurança são em geral aqueles que elas precisam enfrentar. A negação começa a dissipar-se quando você sente-se concentrado, alerta e pronto para participar de tudo, apesar dos seus receios.

Cada um desses comportamentos tenta provar uma impossibilidade. A manipulação procura demonstrar que você pode obrigar todo mundo a fazer o que você quer. O controle tenta mostrar que as pessoas só podem rejeitá-lo se você assim o determinar. A negação tenta provar que os problemas irão embora se você os ignorar. A verdade é que outros se podem recusar a fazer o que você quer, abandoná-lo sem um motivo aparente e causar problemas, quer você os enfrente, quer não. Não há como prever por quanto tempo qualquer um de nós tentará obstinadamente demonstrar o contrário, mas o comportamento só termina por completo quando admitimos a verdade.

O próximo fato que precisamos saber sobre os *samskaras* é que eles não são silenciosos. Essas profundas impressões na mente possuem uma voz; ouvimos as suas mensagens repetidas sob a forma de palavras na nossa cabeça. É possível determinar quais as vozes verdadeiras e quais as falsas? Essa é uma pergunta importante, porque é impossível pensar sem ouvir algumas vozes na cabeça.

Nos primórdios do século XIX, um obscuro pastor dinamarquês conhecido como Magister Adler foi expulso da sua igreja. Ele foi declarado culpado de desobedecer às autoridades eclesiásticas ao afirmar que recebera uma revelação direta de Deus. Durante os seus sermões no púlpito, começou a asseverar que quando discursava em uma voz alta e estridente, a revelação expressava-se por meio dele, ao passo que quando pregava com a voz baixa de costume, apenas ele estava exprimindo-se.

Esse comportamento estranho levou a congregação a presumir que o pastor estava louco, de modo que não teve alternativa senão exonerá-lo. Entretanto, notícias do caso chegaram aos ouvidos do grande filósofo dinamarquês Sören Kierkegaard, que fez a pergunta realmente crucial: é possível *em algum momento* provar que alguém ouviu a voz de Deus? Que comportamento ou outro sinal externo possibilitaria que alguém diferençasse uma verdadeira revelação de uma falsa? O infeliz clérigo provavelmente seria diagnosticado como esquizofrênico paranoico se exibisse hoje os mesmos sintomas. Kierkegaard concluiu que Adler não estava se expressando com a voz de Deus, mas também comentou que nenhum de nós sabe de onde vêm as nossas vozes interiores. Simplesmente as aceitamos, bem como o fluxo de palavras que invade nossa cabeça. Uma pessoa profundamente religiosa poderia até afirmar que cada voz interior é uma versão da voz de Deus. No entanto, uma coisa é certa: todos ouvimos as vozes interiores como um coro clamoroso. Elas nos importunam, elogiam, bajulam, julgam, advertem, desconfiam, duvidam, confiam, reclamam, têm esperanças, amam e têm medo — em qualquer ordem. É simplista demais afirmar que cada um de nós abriga um lado bom e um lado mau, pois possuímos milhares de aspectos formados a partir de experiências passadas. É impossível determinar quantas vozes estou na verdade ouvindo. Sinto que algumas estão enterradas desde a infância; parecem órfãs das minhas primeiras experiências implorando que eu as acolha. Outras são adultas e ásperas — nelas, ouço pessoas do meu passado que me julgaram ou puniram. Cada voz acredita merecer minha indivisa atenção, sem importar-se com outras que têm a mesma opinião. Não existe eu central algum que erga-se acima do ruído para acalmar esse tumulto de opiniões, exigências e necessidades. Em qualquer momento considerado, a voz à qual presto mais atenção torna-se a *minha* voz; ela, porém, sai da berlinda quando mudo o foco da minha atenção. A indisciplina que me joga de um lado para outro é a prova de como me tornei fragmentado.

Como disciplinar esse coro clamoroso? Como resgatar o sentimento do eu que se encaixa na realidade única? A resposta, uma vez mais, é a liberdade, mas desta feita de maneira extremamente peculiar. *Você precisa libertar-se das suas decisões*. A voz na sua cabeça desaparecerá quando você parar de fazer escolhas. Um *samskara* é uma escolha que você recorda do passado. Cada opção efetuou uma minúscula mudança em você. O processo começou quando você nasceu e perdura até hoje. Em vez de lutar contra ele, todos acreditamos que devemos continuar a tomar decisões; como resultado, estamos sempre adicionando novos *samskaras* e reforçando os antigos. (No budismo, esse processo chama-se *roda do samskara*, porque as mesmas antigas reações repetem-se incessantemente. Em um sentido cósmico, é a roda do *samskara* que leva a alma de uma vida para a seguinte — antigas impressões nos impelem a enfrentar repetidamente os mesmos problemas, inclusive além da morte.) Kierkegaard escreveu que a pessoa que encontrou Deus libertou-se das escolhas. Mas o que sentimos quando Deus toma as decisões por nós? Creio que teríamos de estar profundamente ligados a Deus para chegar até mesmo perto de responder a essa pergunta.

No entanto, em um estado de consciência simples, as escolhas mais evolucionárias parecem surgir espontaneamente. Enquanto o ego agoniza ao examinar cada detalhe de uma situação, uma parte mais profunda da sua consciência já sabe o que fazer e as escolhas dela emergem com incrível sutileza e perfeito senso de oportunidade. Todos já não tivemos lampejos de clareza nos quais de repente soubemos exatamente o que fazer? *Consciência sem escolhas* é outro nome para consciência livre. Ao libertar o "tomador de decisões" interior, você reivindica seu direito de viver sem fronteiras, de agir segundo a vontade de Deus com total confiança.

Será que ficamos encurralados pelo simples ato de escolher? Essa é uma ideia surpreendente, porque contraria o comportamento de uma vida inteira. No caso de todos nós, a vida tem sido vivida com uma escolha de cada vez. O mundo exterior assemelha-se a um enorme bazar que oferece um fascinante conjunto de possibilidades, e todo mundo faz compras no bazar, astutamente escolhendo o que é melhor para si. A maioria das pessoas conhece-se pelo que trouxeram na bolsa de compras — uma casa, um emprego, o cônjuge, um carro, os filhos, dinheiro. Mas todas as vezes que você escolhe A em detrimento de B, é forçado a deixar para trás uma parte da realidade única. Você está definindo-se em função de preferências seletivas (e completamente arbitrárias).

A alternativa é parar de concentrar-se nos resultados e contemplar a causa. Quem é esse "tomador de decisões" que existe em você? Essa voz é uma relíquia do passado, a acumulação de antigas escolhas que transcenderam sua própria época. Você está vivendo nesse momento sob o fardo do seu eu passado, que não vive mais. Você precisa proteger os milhares de escolhas que formam esse eu morto. No entanto, o "tomador de decisões" poderia levar uma vida muito mais livre. Se as escolhas ocorressem no presente e fossem plenamente apreciadas nesse momento, não restaria nada a que nós pudéssemos agarrar e o passado não poderia acumular-se em um fardo esmagador.

A escolha deveria ser um fluxo. Nosso corpo já sugere que essa é a maneira natural de existir. Como vimos anteriormente, cada célula mantém uma reserva de comida e oxigênio suficiente apenas para que ela sobreviva por alguns segundos. As células não armazenam energia porque nunca sabem o que virá a seguir. As respostas flexíveis são muito mais importantes para a sobrevivência do que a acumulação. A partir de um ponto de vista, esse fato faz com que as células deem a impressão de ser totalmente vulneráveis e indefesas, porém, por mais frágil que uma célula possa parecer, é impossível negar dois bilhões de anos de evolução.

Todo mundo sabe escolher; poucos sabem abrir mão de algo. Mas é somente abrindo mão de cada experiência que você cria espaço para a seguinte. É possível aprender essa arte e, quando você o fizer, passará a viver de maneira muito mais espontânea.

ABRINDO MÃO

Como escolher sem cair em uma armadilha

Aproveite ao máximo cada experiência.
Não se deixe obcecar por decisões certas e erradas.

Pare de defender sua autoimagem.
Transcenda os riscos.
Não tome decisões se estiver na dúvida.
Enxergue as possibilidades em tudo que acontecer.
Descubra o fluxo da felicidade.

Aproveite ao máximo cada experiência: a cultura popular exalta a ideia de que devemos viver plenamente. Basta ligar a televisão para sermos atacados pelas seguintes mensagens: "É o máximo que um homem pode conseguir", "É como ter um anjo ao seu lado", "Cada movimento é suave, cada palavra, divina. Quero essa sensação para sempre", "Você olha, elas sorriem. Você ganha, elas vão para casa". Que está à venda aqui? Uma fantasia de total prazer sensorial, status social, atração sexual e a autoimagem de um vencedor. Por acaso todas essas frases foram extraídas do mesmo comercial de lâminas de barbear, mas viver plenamente a vida faz parte de quase todas as campanhas publicitárias. Entretanto, a realidade do que realmente significa experimentar integralmente alguma coisa é deixada de fora. Em vez de procurar uma sobrecarga sensorial que dure para sempre, você descobrirá que as experiências precisam estar envolvidas em significado e emoção.

O significado é fundamental. Se esse momento realmente for importante para você, sua experiência será plena. A emoção insere a dimensão da união ou da sintonia: uma experiência que toque o seu coração torna o significado muito mais pessoal. A mera sensação física, o status social, a atração sexual e a sensação de ser um vencedor são geralmente superficiais, e é por isso que as pessoas anseiam repetidamente por eles. Se você passar algum tempo com atletas que ganharam centenas de partidas ou pessoas solteiras sexualmente ativas que dormiram com centenas de parceiros, descobrirá uma ou duas coisas muito rápido: (1) Os números não têm muita importância. Em geral, o atleta não se sente no fundo como um vencedor e o conquistador sexual não se sente profundamente atraente nem respeitável. (2) Cada experiência traz consigo uma gratificação menor; a emoção de ganhar ou ir para a cama torna-se cada vez menos estimulante e dura menos.

Experimentar plenamente o momento, ou qualquer momento, requer envolvimento total. Um encontro com um desconhecido pode ser completamente fugaz e insignificante, por exemplo, se você não penetrar no mundo dele descobrindo pelo menos uma coisa importante para a vida dele e trocando com ele ao menos um sentimento genuíno. Sintonizar-se com as outras pessoas é um fluxo circular: você lança-se na direção das outras pessoas e as recebe quando elas retribuem seu gesto. Observe com que frequência você deixa de ter essa atitude. Você fica parado e isola-se, enviando apenas sinais extremamente superficiais, e recebe de volta muito pouco, ou nada.

O mesmo círculo precisa estar presente mesmo quando uma outra pessoa não está envolvida. Pense na maneira como três pessoas poderão observar o mesmo pôr-do-sol. A primeira está obcecada por uma transação de negócios e nem mesmo vê o pôr do sol, embora os olhos dela estejam registrando os fótons que incidem sobre a retina. A segunda pensa: "Que pôr do sol bonito! Há muito tempo não temos um assim." A terceira pessoa é um artista que imediatamente começa a fazer um esboço da cena. A diferença entre as três é que a primeira pessoa não enviou nada e não recebeu nada em troca; a segunda permitiu que a sua percepção consciente recebesse o pôr-do-sol, mas não foi consciente o bastante para retribuir — sua reação foi rotineira; a terceira pessoa foi a única a completar o círculo: ela assimilou o pôr-do-sol e o transformou em uma resposta criativa que devolveu a sua consciência ao mundo com algo para dar.

Se você quiser experimentar plenamente a vida, precisa completar o círculo.

Decisões certas e erradas: se você atormenta-se por não saber se está tomando a decisão certa, está basicamente admitindo que o universo o recompensará por uma coisa e o punirá por outra. Essa não é uma suposição correta porque o universo é flexível, ou seja, ele adapta-se a qualquer decisão que você tome. O certo e o errado são apenas conceitos mentais. Consigo ouvir de imediato fortes objeções emocionais ao que acabo de dizer. E o Príncipe Encantado? E o emprego ideal? E a compra do melhor carro? Todos temos o hábito de olhar como consumidores para as pessoas, empregos e carros, desejando obter o que há de melhor em troca do nosso dinheiro. Mas, na verdade, as decisões que rotulamos de certas e erradas são arbitrárias. O Príncipe Encantado é um entre cem ou mil homens ao lado de quem você poderia passar uma vida satisfatória.

É impossível definir o emprego ideal, levando-se em conta que os empregos revelam-se bons ou maus dependendo de uma série de fatores que só entram em cena depois que já estamos trabalhando. (Quem pode saber de antemão como serão os colegas de trabalho, se o ambiente na empresa será agradável e se teremos a ideia adequada no momento certo?) E o melhor carro do mercado poderá envolver-se em um acidente dois dias depois de você comprá-lo.

O universo não possui uma programação fixa. Quando você decide alguma coisa, ele age baseado nessa decisão. Não existe certo ou errado, apenas uma série de possibilidades que se modificam com cada pensamento, sentimento e ação que você experimenta. Se essa ideia lhe parecer excessivamente mística, reporte-se uma vez mais ao corpo. Cada sinal vital importante, como a temperatura do corpo, a pulsação cardíaca, o consumo de oxigênio, o nível hormonal, a atividade cerebral e assim por diante altera-se no momento em que você decide fazer alguma coisa. O metabolismo de um corredor não se pode dar ao luxo de ser tão baixo quanto o de alguém que está lendo um livro, porque, sem o aumento da capacidade aeróbica e da frequência cardíaca, o corredor sufocaria e tombaria com espasmos musculares.

As decisões são sinais que estão determinando ao corpo, à mente e ao ambiente que se movam em certa direção. Pode ser que posteriormente você sinta-se insatisfeito com o rumo que tomou, mas atormentar-se por causa de decisões certas e erradas é o mesmo que não seguir direção alguma. Tenha em mente que você é o "tomador de decisões", o que significa que você é bem mais importante do que qualquer escolha individual que já fez ou jamais fará.

Defendendo a sua autoimagem: no decorrer dos anos, você construiu uma autoimagem idealizada que você defende como sendo "eu". Essa imagem abrange todas as coisas que você deseja perceber como verdadeiras a seu respeito e exclui todos os aspectos vergonhosos, portadores de culpa e amedrontadores que representariam uma ameaça à sua autoconfiança. No entanto, são exatamente os aspectos que você tenta afastar que retornam como as vozes mais insistentes e exigentes na sua cabeça. O ato de exclusão cria o caos no seu diálogo interior, fazendo com que o seu ideal corroa-se mesmo enquanto você está fazendo tudo para ter uma boa aparência e sentir-se bem com relação a si mesmo.

Para realmente sentir-se bem a respeito de si mesmo, renuncie à sua autoimagem. Você logo se sentirá mais aberto, menos na defensiva e relaxado. Vale a pena lembrar um comentário impressionante do famoso mestre espiritual indiano Nisargadatta Maharaj: "Se você reparar, perceberá que só tem um eu quando está em dificuldades." Se essa ideia parece inacreditável, imagine-se caminhando em um bairro perigoso da cidade. Você está cercado por pessoas cujo olhar o deixa nervoso; o som de um sotaque diverso faz você lembrar-se de que é diferente dessas pessoas, e nessa diferença você sente o perigo. A percepção da ameaça faz com que você recue, contraindo-se interiormente, o que aumenta a distância entre você e aquilo que teme. No entanto, esse recuo em direção ao eu isolado e encolhido na verdade não o defende de nada. Ele é imaginário. Ao ampliar a separação, você só está garantindo que algo que lhe poderia ser útil, ou seja, parecer confiante e descontraído, não pode ocorrer. Maharaj quer enfatizar que o que chamamos de eu é uma contração em torno de um núcleo vazio, ao passo que na realidade estamos destinados a ser livres e expansivos na nossa consciência.

Despendemos um tempo enorme com práticas de autoajuda, tentando transformar uma autoimagem desfavorável em uma adequada. Por mais razoável que isso possa parecer, todas as autoimagens apresentam a mesma armadilha: elas estão sempre fazendo você lembrar-se de quem você foi, não de quem você é. Toda a ideia do Eu, de mim e do meu foi construída sobre memórias, e essas não são realmente quem você é. Se você libertar-se da sua autoimagem, ficará livre para escolher como se fosse pela primeira vez. A autoimagem repele a realidade, em particular no nível emocional. Muitas pessoas não querem admitir o que estão de fato sentindo. A autoimagem delas determina que se zangar, por exemplo, ou exibir ansiedade não é permissível. Esses sentimentos não combinam com "o tipo de pessoa que eu quero ser". Certas emoções parecem perigosas demais para fazer parte da imagem ideal que você forma de si mesmo, de modo que você adota um disfarce que exclui esses sentimentos. A raiva e o medo arraigados pertencem a essa categoria, mas a triste notícia é que a intensa alegria, o êxtase e a espontaneidade exuberante também fazem parte dela. Você para de ser governado pela autoimagem quando:

- Sente o que sente.
- Deixa de ofender-se com as coisas.
- Para de avaliar como as situações influenciam a maneira como os outros o veem.
- Não exclui pessoas que considera superiores ou inferiores a você.
- Para de preocupar-se com o que pensam de você.
- Deixa de ficar obcecado por dinheiro, status e bens materiais.
- Não sente mais uma intensa necessidade de defender suas opiniões.

Transcendendo os riscos: enquanto o futuro permanecer imprevisível, cada decisão envolve certo nível de risco. Pelo menos essa é a história universalmente aceita. Somos informados de que certos alimentos nos expõem a ataques do coração e ao câncer, por exemplo, de modo que a atitude racional a tomar é quantificar o risco e procurar permanecer do lado em que os números são baixos. Mas a vida não pode ser quantificada. Para cada pesquisa que exibe um fato quantificável a respeito das doenças cardíacas (por exemplo: homens que bebem um litro de leite por dia têm possibilidade 50% menor de sofrer um grave ataque do coração), existe outra que demonstra que o estresse só aumenta o risco dos problemas cardíacos se formos suscetíveis a ele (algumas pessoas na verdade vicejam na presença dele).

O risco é mecânico. Ele subentende que não existe qualquer inteligência por trás dos sentidos, apenas certo número de fatores que dão origem a determinado resultado. Você pode transcender os riscos por saber que uma inteligência infinita atua nas dimensões ocultas da sua vida. No nível dessa inteligência, suas escolhas sempre recebem apoio. A finalidade de contemplar os riscos seria verificar se sua linha de ação é razoável; você não se fiaria na análise do risco para neutralizar fatores bem mais importantes, exatamente aqueles sendo avaliados no nível mais profundo da consciência:

> Essa escolha parece certa para mim?
> Interesso-me pela direção que essa escolha está tomando?
> Gosto das pessoas envolvidas?
> A escolha favorece toda a minha família?
> A escolha faz sentido no estágio atual da minha vida?
> Sinto-me moralmente justificado ao fazer essa escolha?
> Essa escolha beneficiará meu desenvolvimento?
> O que estou prestes a fazer pode ser para mim uma fonte de maior criatividade e inspiração?

É quando essas coisas dão errado que as escolhas não funcionam. Os riscos podem ser relevantes, mas não são decisivos. As pessoas capazes de avaliar suas escolhas no nível mais profundo da consciência estão alinhando-se com a inteligência infinita, tendo portanto oportunidade maior de alcançar o sucesso do que aquelas que analisam grande quantidade de informações.

Quando em dúvida: é difícil abrir mão de algo quando nem mesmo sabemos se fizemos a escolha certa. A dúvida prolonga-se e prende-nos ao passado. Muitos relacionamentos terminam em divórcio devido à ausência do comprometimento, mas essa carência não se desenvolveu com o tempo; ela estava presente desde o início e nunca foi resolvida. É importante não tomar decisões críticas quando há dúvida. O universo apoia as ações iniciadas; isso é o mesmo que dizer que, quando tomamos uma direção, acionamos um mecanismo muito difícil de reverter. Uma mulher casada pode sentir que não é casada pelo simples fato de desejar que as coisas sejam assim? Você pode sentir que não é filho dos seus pais apenas por achar que seria melhor ter pais diferentes? Em ambos os casos os vínculos com a situação, uma vez estabelecidos, são poderosos. Não obstante, quando estamos em dúvida, colocamos o universo em compasso de espera. Ele não favorece qualquer direção em particular.

Essa pausa encerra um aspecto positivo e um negativo. O positivo é que você está se proporcionando mais espaço para conscientizar-se de mais coisas e, com uma consciência mais ampla, o futuro pode lhe trazer novas razões para agir de uma forma ou de outra. O aspecto negativo é que a inércia é improdutiva, pois na ausência de escolhas você não pode crescer nem evoluir. Se as dúvidas persistirem, você precisará sair do entorpecimento. A maioria das pessoas resolve essa dificuldade mergulhando na escolha seguinte, ou seja, pegando a primeira coisa que aparece: "Isso não deu certo, de modo que é melhor eu fazer outra coisa, seja ela qual for."

No geral, as pessoas que acabam fazendo escolhas totalmente arbitrárias, ou seja, avançando de modo irresponsável para outra casa, emprego ou relacionamento, revelam-se excessivamente calculistas. Passam tanto tempo calculando os riscos, examinando os prós e os contras, avaliando cada uma das piores situações possíveis, que nenhuma escolha parece certa, e a total frustração as obriga a romper o impasse. Ironicamente, esses saltos irracionais às vezes dão certo. O universo tem mais coisas reservadas para nós do que podemos prever, e as más escolhas com frequência resolvem-se no final porque as nossas aspirações ocultas sabem para onde estamos indo.

Mesmo assim, a dúvida é destrutiva para a única qualidade que a consciência está tentando trazer para você: a sabedoria. Em um nível profundo, você conhece a realidade. A dúvida é um sintoma que indica que você não está em contato com o sábio interior. Significa em geral que você procura do lado de fora quando precisa fazer uma escolha. Sua decisão se fundamentará em elementos externos. No caso da maioria das pessoas, esses elementos reduzem-se ao que as outras pessoas vão pensar porque a adequação é o caminho de menor resistência. Mas ser adequado é como abraçar a inércia. A aceitação social é o mais baixo denominador comum do eu, porque envolve você como uma unidade social, em vez de como uma pessoa única. Descubra quem você realmente é; faça da adequação a última coisa a penetrar sua mente. Ela acontecerá ou não, mas em ambos os casos você não nutrirá mais dúvidas a respeito de si mesmo.

Não existe qualquer fórmula que permita remover dúvidas porque descobrir o sábio interior é um processo pessoal. Você precisa dedicar-se a expandir sua consciência. Não tenha dúvida a respeito disto. Se você voltar-se para dentro de si e seguir o caminho que conduz à sua inteligência interior, o sábio estará esperando por você.

Enxergando as possibilidades: seria muito mais fácil desistir dos resultados se todas as escolhas dessem certo. E por que não deveriam? Na realidade única não existem ações erradas, apenas novas ações. Mas a personalidade do ego gosta de ver as coisas interligadas. Chegar em segundo lugar hoje é melhor do que chegar em terceiro ontem, e amanhã quero ser o primeiro. Esse tipo de pensamento linear reflete uma concepção grosseira do progresso. O verdadeiro crescimento tem lugar em múltiplas dimensões. O que acontece a você pode afetar a maneira como você pensa, sente, relaciona-se com os outros, comporta-se em determinadas situações, adequa-se ao seu ambiente, percebe o futuro ou a si mesmo. Todas essas dimensões precisam evoluir para que você evolua.

Procure enxergar as possibilidades em tudo que acontecer. Se você não obtiver o que esperava ou desejava, pergunte-se: "Onde devo procurar?" Essa é uma atitude muito libertadora. Em uma dimensão ou outra, cada evento da vida só pode estar causando uma de duas coisas: ou ele é benéfico para você ou está lhe apresentando o que você precisa para criar o bem para si mesmo. A evolução é uma situação em que todos ganham, e não fazemos essa afirmação a partir de um otimismo cego e sim, uma vez mais, reportando-nos ao corpo. Tudo o que acontece dentro de uma célula faz parte de uma operação saudável ou é um sinal de que uma correção se faz necessária. A energia não é despendida de forma aleatória ou como um capricho destinado a testar os resultados.

A vida corrige a si mesma dessa maneira. Na condição de "tomador de decisões", você pode agir por impulso ou seguir caminhos arbitrários ou irracionais, mas o mecanismo fundamental da consciência não se altera. Ele continua a seguir os mesmos princípios, que são os seguintes:

- Adaptar-se aos seus desejos.
- Manter tudo em equilíbrio.
- Harmonizar sua vida individual com a do cosmo.
- Conscientizá-lo do que você está fazendo.
- Mostrar a você as consequências da sua ação.
- Tornar sua vida o mais real possível.

Por possuir o livre-arbítrio, você pode desconsiderar totalmente esses princípios — todos agimos dessa forma de vez em quando. Mas você não pode modificá-los. A vida depende deles. Eles são a base da existência, e mesmo enquanto seus desejos vêm e vão, a base da existência é imutável. Quando você absorver essa verdade, poderá alinhar-se a qualquer possibilidade que se aproxime de você, acreditando que há bilhões de anos a vida vem adotando a atitude de que somos sempre vencedores.

Descobrindo o fluxo da felicidade: agradou-me muito um episódio nas aventuras de Carlos Castañeda no qual o seu mestre, Don Juan, o envia à presença de uma bruxa que possui a habilidade de adotar a percepção de qualquer criatura. A bruxa permite que Castañeda se sinta exatamente como uma minhoca, e o que ele percebe? Um enorme regozijo e poder. Em vez de se sentir como a minúscula e cega criatura que a minhoca parece ser aos olhos humanos, Castañeda sentiu-se como certa máquina de terraplenagem empurrando para o lado cada grão de terra como uma enorme pedra; ele era forte e poderoso. Em vez de parecer um trabalho árduo, a escavação da minhoca gerava entusiasmo, a exaltação de um ser capaz de mover montanhas com o corpo.

Sua vida encerra um fluxo de felicidade igualmente elementar e inabalável. A minhoca só conhece a si mesma, de modo que é incapaz de desviar-se do fluxo de felicidade. Você pode dispersar sua percepção consciente em todas as direções e, ao agir dessa maneira, afastar-se do fluxo. Você só desistirá realmente da sua autoimagem e da sua mente inquieta quando sentir, sem questionar e sem sombra de dúvida, uma felicidade palpável dentro de você. O célebre mestre espiritual J. Krishnamurti fez certa vez um rápido comentário que considero comovente. "As pessoas não percebem", disse ele, "como é importante levantar todos os dias com uma canção no coração". Depois que li o comentário, apliquei um teste em mim mesmo. Pedi interiormente para ouvir a música e, durante algumas semanas, sem nenhum esforço ulterior da minha parte, percebi que a primeira coisa que me vinha à mente pela manhã era uma canção.

No entanto, sei também que Krishnamurti estava sendo metafórico: a música representa um sentimento de felicidade na existência, uma alegria isenta de escolhas boas ou más. Pedir a si mesmo que tenha essa atitude é ao mesmo tempo a coisa mais fácil e a mais difícil de fazer. Mas não deixe a ideia escapar da sua mente, por mais complexa que sua vida torne-se. Mantenha a visão de libertar a sua mente e saiba que, quando conseguir, você sentirá um fluxo de felicidade.

MODIFICANDO SUA REALIDADE PARA ACOMODAR O SEXTO SEGREDO

O sexto segredo diz respeito à vida sem escolhas. Como todos levamos muito a sério nossas escolhas, a adoção dessa atitude requer uma mudança fundamental. Você pode começar hoje com um exercício simples. Sente-se por alguns minutos e reavalie algumas das escolhas importantes que você fez no decorrer dos anos. Pegue um pedaço de papel e crie duas colunas, rotuladas "Boa Escolha" e "Má Escolha".

Debaixo de cada coluna, relacione pelo menos cinco escolhas relacionadas com os momentos que você considera os mais memoráveis e decisivos da sua vida até o momento; você provavelmente começará pelos pontos críticos compartilhados pela maioria das pessoas (os relacionamentos sérios que fracassaram, o emprego que você recusou ou não conseguiu, a decisão de escolher uma profissão em detrimento de outra), mas não deixe de incluir escolhas particulares que só você conhece (a briga da qual você fugiu, a pessoa que você teve medo de enfrentar, o momento de coragem no qual você superou um medo profundo).

Depois de completar a lista, pense em pelo menos uma coisa boa que tenha resultado das más escolhas e em uma coisa má que tenha tido origem nas boas escolhas. Esse exercício se propõe a eliminar os rótulos, levando-o a aproximar-se mais da verdadeira flexibilidade da natureza. Se você prestar atenção, talvez seja capaz de perceber que as suas más decisões geraram várias coisas boas, ao passo que muitas coisas más estão enredadas nas boas escolhas. Você pode, por exemplo, ter um emprego maravilhoso, mas acabou envolvendo-se em um terrível relacionamento no trabalho ou tendo um acidente de carro certo dia, quando estava indo ou voltando do trabalho. Você talvez adore ser mãe, mas sabe que esta condição restringiu dramaticamente sua liberdade pessoal. Você pode ser solteiro e estar muito feliz com o quanto conseguiu desenvolver-se sozinho, mas ao mesmo tempo deixou escapar o crescimento oriundo de um casamento com alguém que você ame profundamente.

Nenhuma decisão que você possa ter tomado o conduziu em linha reta ao ponto em que você está hoje. Você espreitou alguns caminhos e deu alguns passos antes de voltar atrás. Você seguiu alguns trajetos que terminaram em um beco sem saída e outros que se perderam em um excesso de interseções. Em última análise, todos os caminhos estão interligados. Afaste-se então da atitude de que a sua vida consiste de escolhas boas e más que conferem ao seu destino um rumo invariável. Sua vida é produto da sua consciência. Cada escolha e cada etapa do desenvolvimento nascem dessa realidade.

Sétimo segredo

TODA VIDA É ESPIRITUAL

UMA DAS PECULIARIDADES da vida moderna é o fato de que as pessoas divergem violentamente com relação às convicções religiosas, mas levam vidas semelhantes. O famoso comentário de Nietzsche de que Deus está morto deveria ser modificado para Deus é uma opção. Se o governo vigiasse 24 horas por dia aqueles que acham que vivem segundo a lei divina e os que nem pensam nas determinações de Deus, imagino que o total de virtudes e vícios, amor e ódio, paz e violência seria exatamente igual. Talvez até o lado da balança que contém a intolerância e a insensibilidade pendesse na direção dos membros de qualquer sociedade que se dizem os mais religiosos.

Minha intenção ao mencionar esse fato não é causar polêmica. Pelo contrário, é como se o universo tivesse senso de humor, pois em um nível profundo é impossível deixar de levar uma vida espiritual. Você e eu estamos intensamente envolvidos em criar um mundo como santos. Você não pode ser demitido da função de criar um mundo, o que é a essência da espiritualidade. E tampouco pode pedir demissão do emprego mesmo quando recusa-se a comparecer. O universo está vivendo através de você neste exato momento. Quer você acredite em Deus, quer não, a cadeia de eventos que vai da consciência silenciosa à realidade física permanece intacta. O sistema operacional do universo aplica-se igualmente a todo mundo e funciona de acordo com princípios que não exigem sua cooperação.

Não obstante, ocorre uma mudança quando você decide levar uma vida espiritual consciente. Os princípios do sistema operacional, que são sinônimos das leis da criação, tornam-se pessoais. Já abordamos muitas dessas leis; examinaremos agora como podemos alinhar o universal ao pessoal.

> UNIVERSAL
> 1. O universo é um espelho de consciência.
>
> PESSOAL
> 1. Os eventos da sua vida refletem quem você é.

Nada nessas declarações cheira a religião; nenhum vocabulário espiritual está envolvido. No entanto, esse primeiro princípio é a base que afirma que a religião (cujos radicais latinos significam "voltar a ligar") une o Criador à sua criação. O mundo físico espelha uma mente; ele conduz a intenção e a inteligência em cada átomo.

> UNIVERSAL
> 2. A consciência é coletiva. Nós a extraímos de uma fonte comum.
>
> PESSOAL
> 2. As pessoas que fazem parte da sua vida refletem aspectos seus.

Vemos nesse princípio os primórdios de todos os mitos, arquétipos, heróis e aventuras. A psique coletiva compartilha um nível de consciência que transcende os indivíduos. Quando você contempla outras pessoas como aspectos seus, você está na verdade vendo a face de tipos míticos. Somos um único ser humano vestindo inumeráveis máscaras. Quando despimos todas elas, o que resta é a essência, a alma, a centelha divina.

UNIVERSAL
3. A consciência expande-se em si mesma.

PESSOAL
3. O objeto da sua atenção desenvolve-se.

Na realidade única, a consciência cria a si mesma, que é o mesmo que dizer que Deus está dentro da criação Dele. Não existe lugar algum fora da criação onde a divindade possa erguer-se — onipresença quer dizer que se qualquer lugar existe, Deus está nele. No entanto, ao passo que Deus pode voltar a atenção para uma infinitude de mundos, os seres humanos usam a atenção de modo seletivo. Para colocá-la em um lugar, nós a retiramos de outro. Quando prestamos atenção, acrescentamos a centelha criativa, e essa parte da nossa experiência crescerá, seja ela positiva ou negativa. A violência produz a violência, mas o amor também gera o amor.

UNIVERSAL
4. A consciência cria intencionalmente.

PESSOAL
4. Nada é aleatório — sua vida está repleta de sinais e símbolos.

A guerra entre a religião e a ciência é antiga e está quase esgotada, mas existe um ponto do qual nenhum dos lados está disposto a abrir mão. A religião contempla a intenção na natureza como prova da existência de um Criador. A ciência percebe a aleatoriedade na natureza como prova de que não existe qualquer intenção. No entanto, jamais existiu uma cultura baseada no caos, o que inclui a subcultura da ciência. A consciência contempla o universo e enxerga a intenção em toda parte, mesmo que os espaços intermediários pareçam desorganizados e aleatórios. É impossível para o indivíduo não perceber a ordem, pois cada aspecto da vida, a partir da família, baseia-se nela. O seu cérebro está organizado para perceber padrões (até mesmo um borrão de tinta parece representar algum tipo de imagem, por mais que você tente não ver) porque ele foi formado por padrões celulares. A mente é fundamentalmente certa máquina para formar significados, mesmo quando ela flerta com a ausência de sentido, como o século XX fez e este faz tão bem.

UNIVERSAL
5. As leis físicas operam com eficiência, com o menor esforço.

PESSOAL
5. Em qualquer momento considerado, o universo está lhe apresentando os melhores resultados possíveis.

A natureza ama a eficiência, o que torna muito estranho algo que supostamente funciona de modo aleatório. Quando deixamos cair uma bola, ela vai diretamente para baixo, sem tomar desvios inesperados. Quando duas moléculas com o potencial para unir-se encontram-se, elas sempre ligam-se — não existe espaço para indecisão. Esse dispêndio de um mínimo de energia, também chamado de lei do menor esforço, também abrange os seres humanos. Sem dúvida nosso corpo não pode escapar da eficiência dos processos químicos que têm lugar em cada célula, de modo que é provável que todo o nosso ser esteja envolvido no mesmo princípio. A causa e o efeito não estão apenas ligados; estão conectados da maneira mais eficiente possível. Esse argumento também aplica-se ao desenvolvimento pessoal, ou seja, a ideia é que todo mundo esteja fazendo o melhor que é capaz de fazer a partir do seu nível de consciência.

UNIVERSAL
6. As formas simples transformam-se em formas mais complexas.

PESSOAL
6. Sua consciência interior está sempre evoluindo.

Esse princípio é desconcertante tanto para a religião quanto para a ciência. Muitas pessoas religiosas acreditam que Deus criou o mundo à Sua imagem, o que implica que a criação não teve para onde ir depois desse feito (a não ser, talvez, deteriorar-se a partir da sua perfeição inicial). Os cientistas aceitam a ideia de que a entropia, a tendência de a energia dissipar-se, é inexorável. Assim sendo, o fato de que o DNA é um bilhão de vezes mais complexo do que os primeiros átomos primordiais, de que o córtex humano aumentou imensamente de tamanho nos últimos 50 mil anos, de que a vida surgiu a partir de substâncias químicas inertes e de que novos pensamentos aparecem diariamente do nada representa um problema para ambos os sistemas. A entropia ainda nos faz envelhecer; ainda faz com que os carros enferrujem e as estrelas fiquem velhas e morram. Mas o impulso da evolução é igualmente inexorável. A natureza decidiu evoluir, independentemente das nossas opiniões a respeito dessa decisão.

UNIVERSAL

7. O conhecimento assimila uma parcela cada vez maior do mundo.

PESSOAL

7. A vida avança da dualidade para a unidade.

Segundo uma ideia geralmente aceita, as culturas da Antiguidade enxergavam uma criação unificada, ao passo que hoje em dia contemplamos um mundo fragmentado e dividido. A culpa tem sido atribuída ao declínio da fé, bem como à ausência de mitos, tradições e vínculos sociais. No entanto, acredito que o oposto seja verdade: a antiga maneira de ver as coisas mal conseguia explicar um fragmento de todos os fenômenos da natureza, ao passo que a física atual está prestes a encontrar a "teoria de todas as coisas". O eminente físico John Wheeler faz um comentário crucial quando afirma que antes de Einstein os seres humanos achavam que estavam olhando para uma natureza que estava "lá fora", como se através de uma janela de vidro laminado, tentando imaginar o que a realidade externa estaria fazendo. Graças a Einstein, compreendemos que estamos incrustados na natureza; o observador modifica a realidade por meio da observação. Por conseguinte, apesar do sentimento disseminado de alienação psicológica (resultante do fato de a tecnologia ter superado nossa capacidade de manter vivo o significado), a dualidade do homem e da natureza está encolhendo a cada geração sucessiva.

Universal
8. A evolução desenvolve características de sobrevivência que condizem perfeitamente com o ambiente.

Pessoal
8. Se você abrir-se à força da evolução, ela o levará aonde você quiser ir.

A adaptação é algo milagroso porque avança por meio de saltos quânticos. Quando alguns dinossauros desenvolveram penas, viram-se diante de uma adaptação que seria perfeita para o voo alado. As células no exterior do corpo deles, que eram duras e escamosas, funcionariam como armadura, mas não poderiam contribuir para o voo. É como se a evolução tivesse criado um novo problema para si mesma, e a seguir dado um salto criativo para resolvê-lo. O antigo uso de escamas foi abandonado em prol do novo mundo do voo alado (e essas mesmas escamas teriam dado um salto em uma direção diferente quando transformaram-se em pelos, possibilitando o desenvolvimento dos mamíferos peludos). Tanto a ciência quanto a religião preocupam-se com essa situação. A ciência não aprecia a ideia de que a evolução sabe aonde está indo; pressupõe que as mutações darwinianas sejam aleatórias. A religião não gosta da ideia de que a perfeita criação de Deus modifica-se quando algo novo se faz necessário. Contudo, esse é um caso no qual as explicações ocuparam posição secundária. Sem sombra de dúvida, o mundo físico se adapta por meio de saltos criativos que têm lugar em um nível mais profundo; você pode chamar esse nível de genético ou consciente, a seu bel-prazer.

UNIVERSAL
9. O caos está a serviço da evolução.

PESSOAL
9. A mente fragmentada não pode conduzi-lo à unidade, mas você precisa utilizá-la ao longo do caminho.

O caos desordenado é uma realidade, mas a ordem e o crescimento também são. Qual deles é dominante? A ciência ainda não chegou a uma conclusão porque mais de 90% do universo físico é composto de uma misteriosa matéria escura. Como ela ainda precisa ser observada, está aberta a questão sobre qual poderá ser o destino do cosmo. A religião coloca-se firme do lado da ordem, pela simples razão de que Deus criou o mundo a partir do caos. De acordo com a ciência, existe um delicado equilíbrio entre a criação e a destruição, e bilhões de anos se passaram na manutenção desse equilíbrio. No entanto, como as forças cósmicas em uma enorme escala não conseguiram rasgar a delicada trama que teceu os primórdios da vida, uma pessoa razoável poderia concluir que a evolução está usando o caos da maneira como um pintor utiliza as tintas misturadas na sua paleta de pintura. No nível pessoal, você não pode alcançar a unidade enquanto for dominado pelos pensamentos e impulsos confusos da sua cabeça, mas mesmo assim pode usar a mente para encontrar o manancial dela. A unidade é o propósito oculto, que a evolução procura atingir, usando durante o percurso a mente fragmentada como uma ferramenta. Assim como o cosmo, a superfície da mente parece caótica, mas um maremoto do progresso está em ação nas profundezas.

UNIVERSAL
10. Muitos níveis invisíveis estão encobertos no mundo físico.

PESSOAL
10. Você vive simultaneamente em muitas dimensões; a aparência de que você está encurralado no tempo e no espaço é uma ilusão.

Os pioneiros quânticos, inclusive Einstein, não queriam sinceramente criar novas dimensões além do tempo e do espaço. Eles queriam explicar o universo como ele parecia ser. No entanto, as teorias atuais das *superstrings* [supercordas] utilizam pelo menos 11 dimensões para explicar o mundo visível. A religião sempre afirmou que Deus habita um mundo que transcende os cinco sentidos; a ciência precisa da mesma esfera transcendente para explicar de que modo partículas separadas por bilhões de anos-luz podem atuar como gêmeas especulares, como a luz pode comportar-se como partícula e como onda, e como os buracos negros podem transferir a matéria além do domínio da gravidade e do tempo. Em última análise, a existência de múltiplas dimensões é irrefutável. No nível mais simples, *algum lugar* tinha de ter dado origem ao espaço e ao tempo durante o Big Bang e, por definição, esse *algum lugar* não pode estar no tempo e espaço. Por conseguinte, aceitar que você, na qualidade de cidadão de um universo multidimensional, é um ser multidimensional está longe de ser uma ideia mística. Na verdade, é a melhor hipótese que podemos apresentar considerando-se os fatos.

Esses dez princípios possivelmente representam maneiras de conceber o sistema operacional que mantém em atividade a realidade única. Na verdade, a ideia como um todo é inconcebível, e nosso cérebro não foi feito para operar em caminhos inconcebíveis. Não obstante, ele pode adaptar-se a viver de modo inconsciente. Toda criatura na Terra está sujeita às leis da natureza; somente os seres humanos fazem a seguinte pergunta: "Qual o significado de tudo isso para mim?" Se você optar por não participar e decidir viver como se a dualidade fosse real, achará que esses dez princípios não aplicam-se a você. O gracejo cósmico é que as mesmas leis continuarão a servir de base à sua vida, mesmo que você não as reconheça.

A escolha é ser ou não consciente, o que nos conduz à possibilidade da transformação. Ninguém discorda do fato de que a vida consiste em mudança. No entanto, por meio de uma simples alteração na consciência, uma pessoa pode efetivamente realizar uma profunda transformação e não apenas outra mudança superficial? A transformação e a mudança são duas coisas diferentes, como pode ser observado em qualquer conto de fadas. A menina pobre que é obrigada pela madrasta malvada a limpar a lareira enquanto suas irmãs vão ao baile não se aperfeiçoa frequentando a escola noturna. Uma varinha mágica toca em Cinderela, que é lançada para fora do palácio como uma criatura completa e transformada.

Na lógica do conto de fadas, a mudança é excessivamente lenta, gradual demais, exageradamente mundana para satisfazer ao anseio simbolizado pelo sapo que sabe ser um príncipe ou pelo patinho feio que transforma-se em um lindo cisne. O toque mágico encerra vários elementos de fantasia que instantaneamente proporcionam uma vida livre de problemas. O mais importante é que essa fantasia disfarça a maneira como a verdadeira transformação acontece.

A chave da verdadeira transformação é o fato de que a natureza não avança por meio de movimentos graduais. Ela dá saltos quânticos o tempo todo, e quando o faz, os antigos componentes não são apenas recombinados. Algo novo aparece pela primeira vez na criação, uma *propriedade emergente*. Se examinarmos, por exemplo, o hidrogênio e o oxigênio, eles são leves, gasosos, invisíveis e secos. Uma transformação impôs-se para que esses dois elementos se combinassem e criassem a água, e quando o processo concluiu-se, um conjunto inteiramente novo de possibilidades emergiu com ele, e a mais importante, do nosso ponto de vista, foi a própria vida. A umidade da água é um perfeito exemplo de uma propriedade emergente. Não é possível obter a umidade em um universo sem água misturando de qualquer jeito propriedades já existentes. A mistura só produz a mudança; ela não é suficiente para a transformação.

A umidade precisou emergir como algo completamente novo na criação. Se examinarmos atentamente, verificaremos que cada ligação química produz uma propriedade emergente. (Apresentei o exemplo do sódio e do cloro — dois venenos que quando combinados produzem o sal, outro elemento básico da vida.) Nosso corpo, que liga milhões de moléculas a cada segundo, depende da transformação. A respiração e a digestão, mencionando apenas dois processos, utilizam a transformação. Os alimentos e o ar não são apenas combinados ao léu; formam, ao contrário, as exatas ligações químicas necessárias para permanecermos vivos. O açúcar extraído de uma laranja viaja até o cérebro e alimenta um pensamento. A propriedade emergente, nesse caso, é a qualidade nova do pensamento: não existem moléculas na história do universo que jamais tenham se combinado para produzir esse resultado. O ar que entra no pulmão combina-se de milhares de maneiras para produzir células que nunca existiram antes da forma como existem em você, e quando você usa o oxigênio para movimentar-se, seus músculos estão executando ações que, apesar de semelhantes às de outras pessoas, são uma expressão única do seu ser.

Se a transformação é a norma, a transformação espiritual se encaixa como uma extensão de onde a vida tem ido o tempo todo. Apesar de continuar sendo quem você é, você pode realizar um salto quântico na sua consciência, e o sinal de que o salto é real será uma propriedade emergente que você nunca experimentou.

PROPRIEDADES ESPIRITUAIS EMERGENTES

> Clareza de consciência.
> Discernimento.
> Reverência pela vida.
> Ausência de violência.
> Destemor.
> Desapego.
> Totalidade.

Essas propriedades qualificam-se como transformações espirituais porque nenhuma delas pode ser alcançada por meio da simples recombinação de antigos componentes do eu. À semelhança da umidade da água, cada uma delas aparece como se por alquimia, ou seja, a escória da vida cotidiana transforma-se em ouro.

Clareza significa estar desperto para si mesmo 24 horas por dia, ao acordar, durante o sono e nos sonhos. Em vez de ser eclipsada pelos aspectos externos, a percepção consciente está sempre aberta para si mesma. A clareza se sente completamente alerta e descontraída.

Discernimento significa estar em contato com o nível da mente em que toda pergunta é respondida. Ele está relacionado com o gênio, embora o discernimento não esteja voltado para a música, a matemática ou outros temas específicos. A sua área de conhecimento é a própria vida e o movimento da consciência em cada nível. O discernimento sente-se sábio, confiante, inabalável e muito humilde.

Reverência pela vida significa estar em contato com a força vital. Você sente que o mesmo poder que flui por seu intermédio circula em cada coisa viva; até mesmo a poeira nos raios de luz dança nesse mesmo ritmo. Por conseguinte, a vida não está limitada a plantas e animais; tudo possui uma vitalidade luminosa e animada. A reverência pela vida transmite uma sensação de calor, conexão e alegria.

Não violência significa estar em harmonia com cada ato. Nenhuma oposição manifesta-se entre o que você faz e o que os outros fazem. Seus desejos não colidem com o bem-estar das outras pessoas. Quando você olha à sua volta, percebe o conflito no mundo em geral, mas não no seu mundo particular. Você emana paz como uma força que reduz o conflito no seu ambiente. A não violência transmite uma sensação de paz, quietude e completa ausência de resistência.

Destemor significa total segurança. O medo é um solavanco do passado; ele faz lembrar-nos do momento em que deixamos um lugar familiar e nos encontramos em um local de vulnerabilidade. O *Bhagavad Gita* afirma que o medo nasce da separação, inferindo que a causa original do medo foi a perda da unidade. Em última análise, essa separação não significa cair em desgraça, e sim a perda de quem você realmente é. Por conseguinte, quando você é destemido, sente-se como você mesmo.

Totalidade significa incluir tudo, sem deixar nada de fora. No presente, cada um de nós experimenta a vida fatiada em fragmentos de tempo, de experiência e de atividade. Nós nos agarramos ao nosso sentimento limitado do eu para evitar que as fatias desintegrem-se. Mas é impossível encontrar dessa maneira a continuidade, por mais arduamente que o ego tente manter a vida unida. A totalidade é um estado que transcende a personalidade. Ele emerge quando o "Eu sou" que aplica-se a você é o mesmo "Eu sou" que está em toda parte. A totalidade transmite uma sensação de solidez, eternidade, desprovida de início ou fim.

A verdadeira transformação, no meu ponto de vista, depende da emergência dessas propriedades na qualidade de sua experiência pessoal. Elas são qualidades primordiais incrustadas na consciência; não foram inventadas pelos seres humanos nem projetadas a partir da carência, da necessidade ou do anseio. Você não pode experimentar qualquer delas obtendo mais do que você já tem. Ser o mais agradável possível com os outros e não prejudicar alguém não é a mesma coisa que a não violência no sentido espiritual. Mostrar coragem diante do perigo não é o mesmo que ser destemido. Sentir-se estável e bem consolidado não é o mesmo que ser completo.

É preciso enfatizar que, por mais inatingíveis que essas coisas possam parecer, elas são completamente naturais — são extensões de um processo de transformação que está com você a vida inteira. Cada um de nós já é uma propriedade emergente do universo, uma criação totalmente nascida dos genes dos nossos pais. Mas, mesmo assim, certa magia mais profunda está em funcionamento. No nível químico, os genes dos seus pais foram apenas recombinados; você obteve alguns de uma pessoa e alguns de outra. A sobrevivência de um certo *gene pool*[1] estendeu-se para incluir uma nova geração; ela não se decompôs de repente numa substância nova e desconhecida.

De algum modo, a natureza utilizou esses antigos elementos básicos para executar uma façanha alquímica porque você não é uma réplica genética reconfigurada. Seus genes são apenas uma estrutura que sustenta uma experiência única. O DNA representa a maneira de o universo tornar-se consciente de si mesmo. O universo precisou de olhos para enxergar como ele se parece, ouvidos para escutar o som dele, e assim por diante. Para garantir que não perderia o interesse, o universo criou você para ficar consciente dele, mesmo de uma forma jamais vista. Assim, você é simultaneamente uma expressão da eternidade e deste exato segundo.

---

1 Conjunto dos genes de uma espécie ou população. (N. da T.)

Quando você decide transformar-se, é como se estivesse engravidando. Toda mulher que decide engravidar está tomando uma decisão pessoal e, ao mesmo tempo, submetendo-se a uma tremenda força da natureza. Por um lado, ela exerce o livre-arbítrio; por outro, está presa a eventos inexoráveis. Assim que ela tem dentro do útero uma semente fertilizada, a natureza assume o comando; produzir uma criança é algo que você faz e ao mesmo tempo uma coisa que está acontecendo a você. O mesmo pode ser dito com relação a qualquer outra transformação verdadeira. Você pode tomar a decisão pessoal de ser espiritual, mas quando o espírito realmente assume o comando, você é dominado por forças que estão bem além de você. É como se um cirurgião fosse chamado à sala de operação para realizar uma importante cirurgia e, ao olhar para baixo, descobrisse que o paciente na mesa de operação era ele mesmo.

Examinamos os dez princípios que atuam como o sistema operacional da realidade única. No entanto, a maioria das pessoas está firmemente estabelecida em outro sistema operacional: o sistema da dualidade. Elas vivem de acordo com a suposição de que são indivíduos separados, isolados em um cosmo aleatório no qual o que acontece "aqui dentro" não se reflete "lá fora". De que maneira, então, uma pessoa passa de um sistema operacional para outro? A unidade é completamente diferente da dualidade, mas você não precisa esperar o fim dessa jornada para viver *como se* você estivesse na jornada seguinte. Neste exato momento, você está vivendo como se a limitação e a separação tivessem de ser verdadeiras; por conseguinte, você não está deixando espaço para que elas *não* sejam reais. Mesmo assim, uma inteligência oculta está preservando a incrível organização da vida ao mesmo tempo que permite que a mudança serpenteie em um caos aparente. Se exposta à luz do sol em um agradável dia de primavera, uma célula viva murcharia e se transformaria em pó, e o DNA dela seria levado pelo vento. Mas essa aparente fragilidade sobreviveu dois milhões de anos a constantes assaltos dos elementos. Para poder perceber que sua existência está protegida pela mesma inteligência, você precisa primeiro se alinhar com ela. A seguir, uma lei universal revela-se: *a totalidade permanece a mesma, não importa o quanto ela mude.*

Sua tarefa é tornar a totalidade mais real na sua vida. Enquanto você permanecer no nível no qual a mudança domina, não existe possibilidade alguma de tornar-se realmente novo. A dualidade mantém o sistema operacional dela de momento a momento, e enquanto você estiver conectado a ele, o sistema parecerá real, viável e confiável, além de dar a impressão de que confirma a si mesmo. O outro sistema operacional, o que se baseia na totalidade, funciona bem melhor do que o sistema ao qual você está acostumado. A totalidade também é real, viável, confiável e confirma a si mesma. Para nos acostumarmos às circunstâncias, vamos examinar algumas situações familiares e verificar de que maneira cada sistema lidaria com elas.

Você chega ao trabalho certo dia e ouve o boato de que a sua companhia está passando por um "enxugamento". Ninguém sabe dizer ao certo se o seu cargo está correndo risco, mas potencialmente ele está. No sistema operacional da dualidade, as seguintes deduções começam a se fazer presentes:

Eu poderia perder algo de que mais preciso para me sustentar.
Outra pessoa controla o meu destino.
Estou diante de algo imprevisível e desconhecido.
Não mereço que me peguem desprevenido desta maneira.
Poderei ser prejudicado se as coisas saírem erradas para mim.

Esses são pensamentos bastante familiares que nos ocorrem sempre que nos encontramos em uma crise. Algumas pessoas lidam melhor com a ameaça do que outras; você mesmo já passou por situações semelhantes, com maior ou menor sucesso. No entanto, essas preocupações são parte de um sistema operacional. Elas estão programadas no software do ego com a fixação total dele em manter tudo sob controle. O que está realmente sendo ameaçado aqui não é a perda de um emprego e sim a perda do controle. Esse fato revela como o domínio do ego é frágil.

Vamos agora recompor a situação sob o aspecto do sistema operacional programado a partir da totalidade, ou realidade única. Você chega ao trabalho e descobre que a companhia está reduzindo sua estrutura, e as seguintes deduções começam a entrar em cena:

> O meu eu mais profundo criou essa situação.
> Existe uma razão para qualquer coisa que venha a acontecer.
> Estou surpreso, mas essa mudança não afeta quem eu sou.
> Minha vida está expandindo-se de acordo com o que é melhor e mais evolucionário para mim.
> Não posso perder o que é real. As circunstâncias externas se acomodarão conforme a necessidade.
> Não me magoarão, independentemente do que acontecer.

Você pode perceber de imediato que se conectar ao segundo sistema operacional lhe confere uma sensação bem maior de segurança. A totalidade é segura; a dualidade, não. A proteção no tocante às ameaças externas é permanente quando existem circunstâncias exteriores; apenas você expande-se em dois mundos, o interno e o externo, que se fundem completamente.

Uma pessoa cética protestará dizendo que este novo sistema operacional é apenas questão de percepção e que o simples fato de você se ver como o criador da sua realidade não significa que você o seja. Acontece que significa. A realidade muda junto com você, e quando você modifica sua percepção de que é separado, a realidade única responde transformando-se com você. O motivo pelo qual as pessoas em geral não percebem o que acontece é o fato de que o mundo baseado no ego, com todas as suas exigências, pressões, dramas e excessos é altamente viciador, e como qualquer vício, precisa de uma dose diária da droga, bem como da certeza de que não existe qualquer saída. Ao demonstrar lealdade à realidade única, você não eliminará imediatamente o vício, mas começará a fazer com que ele passe fome. O seu ego e a sua personalidade, que lhe conferem uma percepção limitada de quem você é, serão avisados de que o apego e a avidez precisam acabar. O seu condicionamento do passado, que lhe ensinou a ser bem-sucedido no mundo exterior, não mais o ajudará a sobreviver. O apoio que você recebia de fontes externas, como a família, amigos, status, seus bens e o dinheiro, e com as quais você contava, já não o farão sentir-se seguro.

Você pode ter certeza de que a percepção é suficientemente flexível para desistir do apego à dualidade. Qualquer evento pode ser visto como oriundo do centro criativo existente em cada um de nós. Neste exato momento, posso contemplar qualquer parte da minha vida e dizer "Eu fiz aquilo". Basta dar então um pequeno passo e perguntar "Por que eu fiz aquilo?" e "O que eu quero fazer em vez daquilo?".

Tomemos outro exemplo: você para em um sinal vermelho a caminho de casa, mas o carro atrás de você não faz o mesmo e colide com o seu. Quando você salta do automóvel para pedir satisfações ao outro motorista, ele não se mostra nem um pouco propenso a pedir desculpas. De má vontade, ele começa a lhe fornecer os dados da apólice de seguro. Em um dos sistemas operacionais, as seguintes deduções começam a entrar em cena:

> Esse desconhecido não está pensando nem um pouco em mim.
> Se ele estiver mentindo, poderei ter de arcar com todo o prejuízo.
> Ele deveria reconhecer que sou a parte ofendida e admitir esse fato.
> Talvez eu precise obrigá-lo a cooperar.

Quando essas ideias lhe vierem à cabeça, considere a possibilidade de que o acidente de carro não as causou; elas já estavam gravadas na sua mente, esperando o momento em que se fariam necessárias. Você não está vendo a situação como é realmente, e sim através da sua percepção programada. Em um diferente sistema operacional, as seguintes deduções são igualmente válidas:

> Esse acidente não foi um acidente e, sim, um reflexo de mim mesmo.
> Esse desconhecido é um mensageiro.
> Quando eu descobrir por que este evento aconteceu, decifrarei algum aspecto de mim mesmo.
> Preciso prestar mais atenção a algum tipo de energia oculta ou paralisada. Depois que eu lidar com ela, ficarei feliz por esse acidente ter acontecido.

O segundo ponto de vista parece impossível ou fantasioso? Na verdade, trata-se da maneira natural de perceber a situação a partir da perspectiva da realidade única. A primeira opinião foi estampada por circunstâncias do início da sua vida; você precisou ser treinado para encarar os outros como desconhecidos e presumir que os acidentes são eventos aleatórios. Mas em vez de apoiar-se em uma consciência tão limitada, você pode abrir-se a possibilidades mais amplas. O ponto de vista mais abrangente é mais generoso para você e para o outro motorista. Vocês não são adversários; antes, protagonistas em igualdade de condições em uma cena que está tentando dizer alguma coisa a ambos. O ponto de vista mais amplo não põe a culpa em ninguém. Ele divide igualmente a responsabilidade entre os protagonistas e leva o crescimento igualmente em conta. Um acidente de carro não está nem certo nem errado; ele é uma oportunidade para que você reclame quem você é, ou seja, um criador. Se você afastar-se com um resultado que o aproxime do seu verdadeiro eu, terá crescido, de modo que até mesmo a exigência do ego de sair vencedor é satisfeita pela experiência da realidade única.

Embora você possa insistir em que a única coisa que está em jogo nessa situação é o dinheiro, e que pedir satisfações é a melhor maneira de recebê-lo, essa posição não representa a realidade e, sim, o reforço de uma percepção. O dinheiro neutraliza o que vem com ele? A raiva, a culpa e tornar-se uma vítima de outras pessoas? A totalidade traz consigo um mundo pleno e unificado, mas você não saberá como é esse mundo enquanto não demonstrar lealdade a um novo sistema operacional. Mudar do antigo sistema para o novo envolve um processo com o qual cada um de nós precisa comprometer-se todos os dias. O vício da dualidade que compartilhamos é total; não deixa nada de fora. A boa notícia é que nenhum aspecto da vida é imune à transformação. Cada mudança que você fizer, por menor que seja, será transmitida por meio da experiência; o universo inteiro estará literalmente bisbilhotando-o e oferecendo-lhe apoio. A partir do ponto de vista do universo, a formação de uma galáxia não é mais importante do que a evolução de uma única pessoa.

MODIFICANDO SUA REALIDADE PARA ACOMODAR O SÉTIMO SEGREDO

A sétima lição trata da alquimia. Sob todos os aspectos, a alquimia é mágica. Não podemos transformar chumbo em ouro aquecendo-o, golpeando-o, moldando-o em formas diferentes ou combinando-o com qualquer substância conhecida. Essas são apenas mudanças físicas. Analogamente, você nunca obterá uma transformação interior tomando o seu velho eu e golpeando-o com críticas, aquecendo-o com experiências estimulantes, modificando sua aparência física ou relacionando-se com novas pessoas. De que maneira, então, a mágica funciona?

Ela opera segundo os princípios que compõem o sistema operacional do universo. Quando você se alinha com eles de modo consciente, oferece a si mesmo uma abertura para a transformação. Escreva os dez princípios da maneira como aplicam-se a você pessoalmente e comece a vivê-los. Carregue-os com você; recorra a eles de vez em quando como lembretes. É melhor concentrar-se firmemente em um dos princípios do que tentar incluir muitos de uma vez só. Eis alguns exemplos de como você pode aplicar diariamente esses princípios universais:

Os eventos da minha vida refletem quem eu sou: dedicarei hoje uma experiência a mim mesmo. Qualquer coisa que capte minha atenção está tentando dizer-me algo. Se eu me zangar com alguém, verificarei se o que desprezo na pessoa na verdade não existe em mim. Se eu ouvir por acaso uma conversa, considerarei as palavras como uma mensagem pessoal. Quero descobrir o mundo que existe dentro de mim.

As pessoas da minha vida refletem aspectos meus: sou uma combinação de cada pessoa que é importante para mim. Considerarei os meus amigos e a minha família uma imagem minha em grupo. Cada um deles representa uma característica que quero ver em mim ou que quero rejeitar, mas na verdade sou a imagem total. Meu maior conhecimento emanará das pessoas que amo intensamente ou que mais detesto: as primeiras refletem minhas maiores aspirações, e as últimas o meu mais profundo receio daquilo que jaz dentro de mim.

Tudo a que eu presto atenção desenvolve-se: farei um inventário de como estou usando minha atenção. Manterei um registro de quanto tempo passo assistindo à televisão, jogando videogames, usando o computador, dedicando-me aos meus passatempos, fazendo fofoca, envolvido com tarefas que não aprecio, dedicando-me a trabalhos que adoro, exercendo atividades que me fascinam e preso a fantasias de fuga ou gratificação. Dessa maneira descobrirei os aspectos da minha vida que crescerão. Perguntarei, então: "Que coisas eu quero que se desenvolvam na minha vida?" A resposta a essa pergunta me informará para onde devo dirigir a minha atenção.

Nada é fortuito; minha vida está repleta de sinais e símbolos: procurarei padrões na minha vida. Esses padrões podem estar em qualquer parte: no que os outros me dizem, na maneira como me tratam, no modo como reajo às situações. A cada dia, estou tecendo a tapeçaria do meu mundo e preciso conhecer o traçado que estou criando. Procurarei sinais que revelem minhas convicções ocultas. Faço frente a oportunidades de sucesso ou fracasso? Esses são símbolos que indicam se acredito possuir ou não um poder pessoal. Buscarei sinais a respeito da minha opinião sobre o fato de que sou amado e mereço o amor — ou não.

Em qualquer momento considerado, o universo está me entregando os melhores resultados possíveis: eu me concentrarei hoje nas dádivas da minha vida. Eu me voltarei para o que está funcionando e não para o que não está dando certo. Valorizarei este mundo de luz e sombra. Receberei de boa vontade a dádiva extraordinária da consciência. Repararei em como meu nível de consciência faz com que eu perceba o mundo que ajudo a criar.

Minha percepção interior está em constante evolução: onde estou neste momento? A que ponto cheguei do caminho que escolhi? Mesmo que eu não veja resultados externos imediatos, sinto que estou crescendo interiormente? Enfrentarei hoje essas perguntas e indagarei com sinceridade onde me encontro. Experimentarei minha percepção não como um fluxo de pensamentos e, sim, como potencial para tornar-me quem eu quero ser. Examinarei minhas limitações e meus limites com a intenção de expandir-me além deles.

A orientação da minha vida é da dualidade para a unidade: hoje quero sentir que faço parte de algo. Quero me sentir seguro e à vontade. Quero ter consciência do que é simplesmente ser, sem defesas ou desejos. Apreciarei o fluxo da vida pelo que ele é, ou seja, o meu verdadeiro eu. Prestarei atenção aos momentos de intimidade comigo mesmo, quando sentir que "Eu sou" é o bastante para sustentar-me para sempre. Deitarei na grama e contemplar o céu, sentindo-me em sintonia com a natureza, expandindo-me até o meu ser se dissipar no infinito.

Se eu me abrir à força da evolução, ela me conduzirá aonde eu quiser ir: hoje pensarei sobre mim em longo prazo. Qual é minha visão de vida? Como essa visão aplica-se a mim? Quero que minha visão se expanda sem esforço. É o que está acontecendo? Se não, onde estou exercendo resistência? Analisarei as convicções que parecem me estar detendo mais. Dependo dos outros em vez de ser responsável pela minha evolução? Permiti-me concentrar-me em recompensas externas como um substituto para o crescimento interior? Hoje voltarei a me dedicar à percepção interior, consciente de que ela é a sede do impulso evolucionário que impulsiona o universo.

A mente fragmentada não pode conduzir-me à unidade, mas preciso utilizá-la durante o caminho: o que a unidade realmente significa para mim? Que experiências de unicidade sou capaz de recordar? Hoje eu me lembrarei da diferença entre estar em sintonia comigo mesmo e estar disperso. Encontrarei o meu centro, a minha paz, a minha habilidade de seguir a corrente. Os pensamentos e desejos que me impulsionam não são a realidade suprema. São apenas uma forma de me fazer voltar à unicidade. Eu me lembrarei de que os pensamentos vêm e vão como folhas ao vento, mas o cerne da consciência é eterno. Minha meta é viver a partir dessa essência.

Estou vivendo simultaneamente em muitas dimensões; a aparência de estar aprisionado no tempo e no espaço é uma ilusão: hoje me testarei além das limitações. Reservarei algum tempo para estar presente comigo mesmo em silêncio. Ao respirar, contemplarei meu ser propagando-se em todas as direções. Quando me acomodar no meu silêncio interior, convidarei qualquer imagem que me venha à mente a unir-se ao meu ser. Incluirei qualquer pessoa ou coisa que me venha à mente, dizendo: "Você e eu somos um só no nível da existência. Venha, una-se a mim além do drama do espaço e do tempo." Da mesma forma, experimentar o amor como uma luz que começa no meu coração e se propaga até onde minha percepção consegue ir; as imagens surgem na minha mente. Enviarei amor e luz na direção delas.

Oitavo segredo

O MAL NÃO É SEU INIMIGO

O mais deplorável fracasso da espiritualidade ocorre em face do mal. Pessoas idealistas e amorosas que nunca fariam mal a outra pessoa se veem no turbilhão da guerra. Doutrinas que pregam a existência de um único Deus empreendem campanhas para matar infiéis. Religiões de amor degeneram em um ódio partidário aos hereges e àqueles que ameaçam a fé. Mesmo que você ache que tem nas mãos a verdade suprema, não existe garantia alguma de que escapará do mal. Mais violência ocorreu em nome da religião do que por qualquer outro motivo. Daí o amargo aforismo: *Deus transmitiu a verdade, e o Demônio disse: "Deixe-me organizá-la."*

Já a passividade é um fracasso mais sutil, ou seja, nós não nos manifestamos e deixamos o mal conseguir o que ele quer. Talvez essa atitude reflita a convicção secreta de que o mal é, em última análise, mais poderoso do que o bem. Perguntaram a uma das figuras mais espirituais do século XX de que maneira a Inglaterra deveria lidar com a ameaça do nazismo. Esse homem respondeu:

 Quero que vocês combatam o nazismo sem armas. Gostaria de que vocês renunciassem às armas que possuem, por considerá-las inúteis para salvar a humanidade. Vocês pedirão a Hitler e Mussolini que se apossem do que quiserem dos países que vocês chamam de sua propriedade. Deixe que eles ocupem sua bela ilha, com suas inúmeras e lindas construções. Vocês passarão às mãos deles tudo isso, mas não lhes entregarão suas almas nem suas mentes. "

O autor desse trecho foi Mahatma Gandhi, e é desnecessário dizer que sua "carta aberta" aos ingleses foi recebida com choque e indignação. No entanto, Gandhi estava sendo fiel ao princípio de *Ahimsa,* ou não violência. Ele utilizou com sucesso a não violência para convencer os ingleses a conceder liberdade à Índia, de modo que ao recusar-se a travar uma guerra contra Hitler, posição que ele adotou durante toda a Segunda Guerra Mundial, Gandhi estava sendo coerente com suas convicções religiosas. *Ahimsa* teria realmente conseguido convencer Hitler, um homem que declarava que "a guerra é a mãe de todas as coisas?". Nunca saberemos a resposta. Sem dúvida a passividade encerra um aspecto negro. A Igreja Católica assinala como uma das suas eras mais sombrias os anos em que permitiu que milhões de judeus fossem assassinados durante o domínio nazista, a ponto de judeus-italianos terem sido cercados e presos a uma distância visível das janelas do Vaticano.

Reconheçamos então que a espiritualidade não conseguiu lidar com o mal em inúmeras ocasiões. Afastando-se de ensinamentos que apenas permitiram que o mal se propagasse e se disseminasse, a realidade única abre um novo caminho, porque se existe apenas uma realidade, o mal não possui poder especial nem existência separada. Não existe qualquer Satã cósmico para competir com Deus, e até mesmo a guerra entre o bem e o mal nada mais é do que uma ilusão nascida da dualidade. Em última análise, tanto o bem quanto o mal são formas que a consciência pode escolher assumir. Nesse sentido, o mal não difere do bem. A semelhança entre eles recua à origem. Dois bebês nascidos no mesmo dia podem crescer e um deles vir a praticar o mal e o outro o bem, mas na condição de bebês não pode ser verdade que um deles foi criado mau. O potencial para o certo e o errado existe na consciência de ambos, e à medida que os bebês crescerem a consciência deles será moldada por muitas forças.

Essas forças são tão complexas que rotular uma pessoa exclusivamente de má não faz sentido. Relaciono a seguir as forças que moldam todo bebê recém-nascido:

- A orientação dos pais ou a ausência dela.
- A presença do amor ou a ausência dele.
- O contexto da família como um todo.
- A pressão dos colegas na escola e a pressão social a vida inteira.
- As tendências e as reações pessoais.
- Crenças inculcadas e ensinamentos religiosos.
- O carma.
- A tendência da história.
- Ídolos.
- A consciência coletiva.
- A atração dos mitos, heróis e ideais.

Todas as forças que acabo de relacionar influenciam suas escolhas e, de modo invisível, o fazem agir. Como a realidade está emaranhada em todas essas influências, o mal também está. Todas essas forças são necessárias para que o bem e o mal apareçam. Se o herói da sua infância foi Stalin, você não perceberá o mundo como o faria se sua heroína tivesse sido Joana d'Arc. Se você é protestante, sua vida não teria sido a mesma durante a perseguição dos huguenotes como ela é hoje em um bairro residencial de uma cidade americana. Pense em uma pessoa como um prédio com centenas de cabos elétricos que levam até ele inúmeras mensagens, alimentando inúmeros projetos. Ao olhar para o prédio, você o vê como uma só coisa, um objeto único. Mas a vida interna dele depende de centenas de sinais que chegam até ele.

O mesmo acontece com a sua.

Nenhuma das forças que fluem até nós é má. Mas sob essa listagem de influências, cada pessoa faz escolhas. Acredito que toda inclinação malévola resume-se a uma escolha feita na consciência. *E essas escolhas pareceram boas quando foram feitas.* Esse é o paradoxo fundamental por trás das más ações, porque, com raras exceções, as pessoas que praticam o mal conseguem remontar seus motivos a decisões que eram as melhores que elas podiam tomar levando em conta a situação. As crianças que sofrem abuso, por exemplo, frequentemente acabam tornando-se adultos que cometem abuso contra os próprios filhos. Na nossa cabeça, o lógico seria que eles fossem as últimas pessoas a recorrer à violência familiar, por já terem sido vítimas dela. No entanto, na cabeça delas, opções não violentas não estão disponíveis. O contexto do abuso, por atuar sobre a mente delas desde o início da infância, é poderoso demais e ofusca a liberdade de escolha.

Pessoas em diferentes estados de consciência não compartilham a mesma definição do bem e do mal. Um ótimo exemplo é a escravidão social das mulheres ao redor do planeta, que parece totalmente errada no mundo moderno, mas é alimentada em muitos países pela tradição, sanção religiosa, valor social e práticas familiares que tiveram origem séculos atrás. Até época bem recente, até mesmo as vítimas dessas forças encaravam o papel da mulher indefesa, obediente e infantil como "bom".

O mal depende completamente do nível de consciência da pessoa.

Você pode esclarecer essa mensagem considerando sete diferentes definições do mal. Com qual delas você instintivamente concorda?

QUAL A PIOR PERVERSIDADE?

Sete perspectivas

1. A pior perversidade é ferir alguém fisicamente ou pôr em perigo a sobrevivência dessa pessoa.
2. A pior perversidade é escravizar economicamente as pessoas, privando-as da oportunidade de ter sucesso e prosperar.
3. A pior perversidade é destruir a paz e provocar confusão.
4. A pior perversidade é enredar a mente das pessoas.
5. A pior perversidade é destruir a beleza, a criatividade e a liberdade de pesquisar.

6. Frequentemente é difícil diferençar a pior perversidade do bem, visto que toda a criação é relativa.
7. Não existe qualquer mal ou perversidade, somente os padrões da consciência em transformação em uma eterna dança.

A vasta maioria das pessoas provavelmente escolheria as duas primeiras definições, porque o dano físico e a privação representam grande ameaça. Nesse nível de consciência, o mal significa não ser capaz de sobreviver ou ganhar a vida, e o bem representa a segurança física e econômica. Nos dois níveis seguintes, o mal deixa de ser físico e passa a ser mental. O maior medo da pessoa não é ficar sem comida, mas, sim, que a obriguem a pensar de determinada maneira e ser forçada a viver no caos e na agitação. O bem significa a paz interior e o livre fluxo do discernimento e da intuição. Os dois níveis seguintes são ainda mais refinados; estão relacionados à criatividade e à imaginação. O maior medo da pessoa é não ter permissão para expressar-se ou ser forçada a rotular outras pessoas de más. A pessoa profundamente espiritual não encara o bem e o mal como categorias rígidas, pois começou a aceitar que Deus teve um propósito ao criar os dois. O bem representa a livre expressão, a abertura diante de tudo o que é novo, a reverência tanto pelos aspectos sombrios quanto pelos aspectos iluminados da vida. Finalmente, o último nível percebe toda a atividade do bem e do mal, de luz e de sombra, como uma ilusão. Cada experiência produz a união com o Criador; a pessoa vive como um cocriador imerso na consciência de Deus.

A realidade única aceita todas essas definições, como deve aceitar, porque qualquer coisa que a consciência possa perceber é real para o observador. O mal faz parte de uma hierarquia, uma escada de crescimento na qual tudo muda dependendo do degrau em que você esteja pisando no momento. Tampouco o processo de crescimento acaba um dia. Ele está atuando em você neste exato minuto.

Se você acordar um dia e de repente descobrir que odeia uma pessoa, que a única saída para a situação é a violência, que o amor não é uma opção, avalie com que sutileza você chegou à posição em que se encontra. Inúmeros eventos foram necessários para que você ou qualquer outra pessoa fosse lançada nos braços do que é rotulado de bem ou de mal. Depois de interiorizar essas forças, você passa a refletir o mundo exatamente como ele o reflete. Sob o aspecto prático, esse é o significado de ter o mundo em você.

Mas o mal não pode ser seu inimigo se o mundo estiver em você; ele só pode ser um outro aspecto seu. Cada aspecto do eu é digno de amor e compaixão. Todos os aspectos são necessários à vida, e nenhum deles é excluído ou banido para as trevas. À primeira vista, essa perspectiva pode parecer até mais ingênua do que a passividade de Gandhi, pois dá a impressão de que estão nos pedindo que amemos e compreendamos um assassino como se ele fosse um santo. Essa foi exatamente a doutrina que Jesus pregou. No entanto, transportar o amor e a compaixão para situações difíceis tem sido o ponto crucial do enorme fracasso da espiritualidade: a violência faz o amor recolher-se, transformando-o em medo e ódio. *Mas, na verdade, o mal não é o responsável por isso* e, sim, as forças que moldam a consciência. É aqui que o bem e o mal tornam-se iguais. Posso fornecer um exemplo formidável do que estou querendo dizer.

Em 1971, pediu-se a alunos da Stanford University que se apresentassem como voluntários para uma experiência invulgar na interpretação de papéis. Os alunos foram divididos em dois grupos. Os membros de um dos grupos deveriam fingir que eram guardas de uma prisão, responsáveis por outro grupo, cujos membros fingiriam ser prisioneiros. Embora estivesse bem claro que tudo não passava de uma fantasia, providenciou-se o cenário de uma prisão, e os dois grupos conviveram enquanto durou a experiência. De acordo com o plano, todos representariam seus papéis durante duas semanas, mas passados apenas seis dias a experiência teve de ser encerrada. A razão? Os rapazes escolhidos em função da sua saúde mental e valores morais transformaram-se, por um lado, em guardas sádicos e descontrolados e, pelo outro, em vítimas deprimidas excessivamente estressadas.

Os professores que conduziram a experiência ficaram chocados, mas não puderam negar o ocorrido. O chefe da pesquisa, Philip Zimbardo, escreveu o seguinte: "Meus guardas repetidamente desnudaram, encapuzaram os prisioneiros, acorrentaram, deixaram sem comida e sem cama para dormir, colocaram-nos na solitária e os fizeram limpar as privadas com as mãos nuas." Aqueles que não se rebaixaram a um comportamento tão atroz nada fizeram para impedir os outros. (O paralelo com os atos abomináveis praticados pelos guardas americanos na prisão do Iraque em 2004 impeliu Zimbardo a trazer novamente à tona a experiência de Stanford mais de 30 anos depois.) Os guardas estudantes recorreram aos atos mais extremos, exceto à rematada tortura física. Zimbardo recorda pesarosamente: "À medida que aumentava o tédio da sua função, eles começaram a usar os prisioneiros como brinquedos, arquitetando jogos cada vez mais humilhantes e degradantes para eles. Com o tempo, esse divertimento adquiriu uma conotação sexual, como obrigar os prisioneiros a simular sodomia entre eles. Quando tomei conhecimento desse comportamento aberrante, acabei com a prisão de Stanford."

De onde veio esse abuso descontrolado? Em prol do nosso bem-estar, geralmente dizemos que ele existe em alguns "maus elementos", mas a experiência de Stanford dá a entender algo mais inquietante: o mal está presente em todas as pessoas como uma sombra, exatamente porque o mundo está em todos nós. É claro que ser criado como uma boa pessoa faz oposição à sombra do mal, e se voltarmos à nossa lista das forças que moldam a consciência, cada pessoa manifestaria um mapa diferente de influências. Mas mesmo que você tenha tido a sorte de fazer escolhas no lado bom da equação, precisa reconhecer que a sombra vive em você em algum lugar.

A sombra foi formada pelas mesmas situações cotidianas que moldam nossa consciência e é liberada por novas situações parecidas com elas. Se você sofreu abuso quando criança, a presença de crianças pode trazer à tona essas memórias. Os responsáveis pela experiência de Stanford conceberam uma lista de condições que levam as pessoas a fazer coisas que chamaríamos de más ou, no mínimo, de alheias ao nosso verdadeiro eu. Aumentei os itens da lista tendo em mente o que sabemos a respeito do dualismo e da separação.

INCUBANDO O MAL

Condições que liberam as energias da sombra

Remoção do senso de responsabilidade.
O anonimato.

Um ambiente desumanizador.
Exemplos de mau comportamento dos colegas.
Ser um observador passivo.
Níveis rígidos de poder.
Preponderância do caos e da desordem.
Ausência de significado.
Permissão implícita para prejudicar os outros.
Mentalidade de "nós" versus "eles".
O isolamento.
Não precisar prestar contas.

Questiono, uma vez mais, se essas condições são intrinsecamente más. Essa lista, quando comparada com a primeira, dá a impressão de ter assimilado um componente maligno. Deixando de lado as prisões, onde certamente esperaríamos que o que há de pior na natureza humana se manifestasse, já presenciei, como médico, um abuso semelhante no ambiente de hospitais. Seguramente os hospitais não são maus; afinal, foram criados para fazer o bem. Mas a sombra não diz respeito a quem é bom ou mau, e sim a energias confinadas em busca de um escape, e as condições que acabo de relacionar superabundam nos hospitais: os pacientes estão indefesos sob a autoridade de médicos e enfermeiros, são desumanizados pela fria rotina mecanicista, estão isolados da sociedade cotidiana, tornam-se mais ou menos anônimos por serem um "caso" entre milhares e assim por diante.

Na presença das circunstâncias adequadas, a sombra de todas as pessoas exterioriza-se.

Vamos nos concentrar na sombra como a área onde a consciência distorceu-se a ponto de escolhas más poderem ser feitas. (Lembrando sempre a palavra "poderem", pois até mesmo sob as condições mais desumanas existem pessoas boas que permanecem boas, o que significa que elas são capazes de resistir ou controlar a liberação das energias da sua sombra.) O famoso psicólogo suíço C. G. Jung foi a primeira pessoa a usar "a sombra" como um termo clínico, mas aqui quero falar de modo geral dos lugares secretos onde todos reprimimos as coisas das quais nos sentimos culpados ou nos envergonhamos. Chamarei esse lugar de sombra, e creio que podemos dizer certas verdades a respeito dela:

> A sombra é ao mesmo tempo pessoal e universal.
> Qualquer coisa pode ser armazenada nela.
> Tudo que é armazenado na escuridão torna-se distorcido.
> A intensidade das energias da sombra é uma forma de chamar a atenção.
> Dirigir a consciência para qualquer energia a neutraliza.
> A sombra em si não é má e, portanto, não é sua inimiga.

Ao examinar cada afirmação, chegamos mais perto de remover o terrível demônio que rotulamos — quase sempre nas outras pessoas — de o mal personificado.

A sombra é ao mesmo tempo pessoal e universal: todo mundo abriga um padrão único de vergonha e culpa. Coisas simples como a nudez, o ato sexual, a raiva e a ansiedade dão origem a sentimentos extremamente complexos. Em uma determinada sociedade, ver a mãe nua pode ser trivial, ao passo que em outra pode ser uma experiência tão traumática que a pessoa só consegue lidar com ela empurrando-a para dentro da sombra. Não existem distinções rígidas entre os sentimentos pessoais, os familiares e os sociais. Eles misturam-se e se entrelaçam. Mas mesmo que você sinta vergonha de ter batido em um valentão na área de recreação quando tinha sete anos, e outra pessoa ache que fazer a mesma coisa foi um momento valioso para o desenvolvimento da coragem pessoal, ter uma sombra é, ao mesmo tempo, universal e pessoal. A psique humana foi configurada com um lugar secreto e, no caso da maioria das pessoas, esse lugar é absolutamente necessário, considerando a enorme dificuldade que temos de enfrentar nossos impulsos mais sombrios e as mais profundas humilhações.

Qualquer coisa pode ser armazenada nela: o cofre de um banco onde guardamos nossos bens mais preciosos é um lugar secreto como uma masmorra. O mesmo é verdadeiro com relação à sombra. Embora o termo seja usado a maior parte do tempo para descrever um lugar onde escondemos as energias negativas, temos o poder de transformar o positivo em negativo e vice-versa. Conheci certa vez duas irmãs que eram muito próximas quando crianças, mas que, quando adultas, ficaram muito diferentes; uma delas era uma professora universitária bem-sucedida, e a outra, divorciada duas vezes, trabalhava em uma agência de empregos temporários. A irmã bem-sucedida afirma ter tido uma infância maravilhosa e a outra descreve a dela como traumática. "Você lembra-se do dia em que o papai te trancou no banheiro durante seis horas porque você tinha feito uma coisa errada?", ouvi a irmã infeliz perguntar à irmã. "Aquele foi um momento crítico para mim. Consegui imaginar o quanto você deve ter se sentido zangada e indefesa."

A irmã feliz ficou muito surpresa. "Por que você não conversou comigo sobre isso? Como eu gostava de ficar sozinha, naquela ocasião apenas fui para o meu interior e contei para mim mesma histórias imaginárias. O incidente não significou nada para mim." E assim as nossas histórias seguem caminhos separados e altamente idiossincráticos. O mesmo incidente que não encerrou qualquer carga emocional para uma das irmãs foi fonte de raiva e vergonha para a outra. A arte de qualidade pode ser criada a partir de cenas de violência (como *Guernica*, de Picasso) e coisas horríveis podem ser confeccionadas a partir da santa virtude (como a crucificação de Jesus). O subconsciente abriga uma população inteira de impulsos não examinados. O mesmo aluno de Stanford que poderia se degradar como um guarda de prisão sádico também poderia estar abrigando um talento artístico que só virá à tona se a situação adequada permitir que a mente inconsciente libere o que está retendo.

Tudo que é armazenado na escuridão torna-se distorcido: a consciência é como a água, foi feita para circular, e quando não pode fazê-lo, fica estagnada. O seu mundo interior abriga incontáveis lembranças e impulsos reprimidos. Você não permite que eles circulem, isto é, que sejam liberados, de modo que a única opção deles é estagnar. Os bons impulsos morrem por falta de motivação. O amor torna-se tímido e temeroso quando não é externado. O ódio e a ansiedade assomam de modo exagerado. A propriedade fundamental da consciência é ela poder organizar-se em novos padrões e estruturas. No entanto, se você não permitir que a consciência vá aonde precisa ir, o resultado será a desorganização da energia. Por exemplo, se pedirmos às pessoas que descrevam como se sentem a respeito dos pais, um assunto que a maioria dos adultos põe de lado como coisa do passado, descobriremos que as lembranças que elas têm da infância são confusas e emaranhadas. Eventos triviais destacam-se como traumas enormes, outros membros da família tornam-se caricaturas, é difícil ou quase impossível para elas desenterrar os verdadeiros sentimentos. Desse modo, quando um paciente perturbado procura um psiquiatra para tratar uma ferida dolorosa da infância, geralmente são necessários meses, e às vezes anos, para separar o fato da fantasia.

A intensidade das energias da sombra é uma forma de chamar a atenção: ocultar uma coisa não é a mesma coisa que analisá-la. As energias da sombra continuam vivas. Embora você recuse-se a contemplá-las, elas não estão extintas; na verdade, o desejo delas de viver torna-se cada vez mais desesperado. Para chamar a atenção dos pais, a criança negligenciada apresenta um comportamento cada vez mais exagerado: primeiro ela pede atenção, a seguir grita e, finalmente, tem um acesso de raiva. As energias da sombra seguem mais ou menos o mesmo padrão. Parece razoável, por exemplo, considerar os ataques de pânico como um medo oculto que está tendo uma crise. Esse mesmo medo primeiro pediu de maneira normal para ser notado, mas quando a pessoa recusou-se a percebê-lo, o pedido transformou-se em um grito e, finalmente, em uma crise completa. O medo e a raiva são especialistas em aumentar a voltagem até o ponto em que achamos que eles são forças estranhas, maléficas e demoníacas, que atuam à revelia da nossa vontade. Eles são, na verdade, apenas aspectos da consciência forçados pela repressão a adquirir uma intensidade desumana. A repressão diz: "Se eu não lhe olhar, você me deixará em paz." E a sombra responde: "Posso fazer coisas que obrigarão você a olhar para mim."

Dirigir a consciência para qualquer energia a neutraliza: essa afirmativa origina-se naturalmente da declaração anterior. Se uma energia exige sua atenção, o fato de você reparar nela começará a satisfazê-la. Uma criança negligenciada não se tranquiliza com um único olhar. É preciso tempo para modificar qualquer comportamento de forma positiva ou negativa e, como no caso das crianças, as energias da nossa sombra ficam imobilizadas em padrões e hábitos. No entanto, esse fato não altera a verdade genérica de que, se você levar luz à sombra, as distorções dessa última começarão a diminuir e finalmente serão corrigidas. O tempo e a paciência são suficientes para empreender profundamente a tarefa? Não existe uma resposta fixa para essa pergunta. A depressão, por exemplo, é uma resposta complexa que pode ser curada por meio do discernimento, da compaixão, da paciência, do carinho das outras pessoas, da disposição e da terapia profissional. Ou você pode tomar um comprimido e não se aborrecer. A escolha é pessoal e varia de pessoa para pessoa. Problemas aparentemente sem esperança, como o autismo infantil, foram curados por pais que investiram enorme quantidade de tempo e atenção para trazer uma criança de volta da escuridão. Essa última era uma distorção na consciência, que precisava de luz para ser curada. A sombra, em todas as suas formas, requer a consciência na forma de luz e amor, e o único limite para a cura é quanto de nós mesmos estamos dispostos a conceder ao projeto.

A sombra em si não é má e, portanto, não é sua inimiga: se as afirmações anteriores são verdadeiras, essa necessariamente precisa ser. Compreendo que para muitas pessoas a forma do "outro" representa enorme barreira, alguém extrínseco a elas, cujo mal é indiscutível. Há 50 anos, "o outro" vivia na Alemanha e no Japão; há 30 anos, ele morava na União Soviética; hoje, ele vive no Oriente Médio. Essas pessoas acham mais fácil explicar o mal se nunca perderem de vista "o outro"; na falta de um inimigo, elas teriam de enfrentar a presença do mal dentro de si mesmas. É muito mais conveniente saber de antemão que você está no lado dos anjos!

Ver a sombra em nós mesmos neutraliza toda a noção do "outro" e traz para mais perto a declaração do poeta romano Terêncio: *Nada humano me é estranho*. No entanto, o mal absoluto pode ser eliminado tão rapidamente? As pesquisas de opinião mostram que a maioria das pessoas acredita na existência de Satã, e muitas seitas religiosas creem que o demônio está solto no mundo, secretamente modificando a história por meio dos seus atos malignos. Não parece que o bem tenha uma possibilidade de vencer o mal; talvez o combate entre eles seja eterno e nunca vá ser resolvido. Mas ainda assim você pode escolher de que lado quer ficar. Este fato remove o absoluto do mal absoluto, visto que, por definição, o mal absoluto venceria todas as vezes, sem encontrar nenhum obstáculo na fragilidade da escolha humana. No entanto, a maioria das pessoas não aceita esta conclusão. Elas assistem ao drama do bem e do mal como se ele, e não elas, detivesse o poder, sentadas hipnotizadas pelas imagens da última epidemia de crime, guerra e desastre.

Você e eu, como indivíduos, não podemos resolver o problema do mal em uma escala maciça, e essa sensação de impotência amplia a convicção de que, no final, o bem não vencerá realmente. Mas para lutar contra o mal, você precisa olhar para ele, não horrorizado ou como um espetáculo, mas com a mesma atenção que você daria a qualquer problema no qual estivesse seriamente interessado. Muitas pessoas concebem como tabu considerar o mal; o tema da maioria dos filmes de horror é que, se nos aproximamos demais, obtemos o que merecemos. Mas os fatos sobre o mal pessoal são mais mundanos do que horripilantes. Todos abrigamos impulsos alimentados por um sentimento de injustiça. Ou então sentimos que alguém nos fez um mal imperdoável, o que nos faz nutrir rancor e ressentimento.

Quando somos tratados de modo injusto ou pessoalmente prejudicados, a emoção natural é a raiva. Quando não consegue expressar-se, ela infecciona e cresce na sombra. Vociferar quando você refreia a raiva não funciona mais; essa raiva conduz a um ciclo de violência. A culpa pode fazer com que você sinta-se uma pessoa má simplesmente por ter um determinado impulso ou pensamento. É uma espécie de dilema no qual as duas opções são insatisfatórias: se você vocifera e devolve o mal que lhe foi feito, terá realizado uma coisa má, mas se você guarda a raiva dentro de você e a acolhe, pode sentir-se igualmente malévolo.

No entanto, é possível subjugar a violência se a desmembrarmos em unidades manejáveis. As emoções negativas alimentam-se de certos aspectos da sombra que são muito manejáveis.

A sombra é *escura*. Todo mundo tem uma sombra devido ao contraste natural entre a escuridão e a luz.

A sombra é *secreta*. Armazenamos nela impulsos e sentimentos que desejamos manter confidenciais.

A sombra é *perigosa*. Os sentimentos reprimidos têm o poder de nos convencer de que podem nos matar ou nos fazer enlouquecer.

A sombra está *envolvida no mito*. Durante muitas gerações, as pessoas a viram como o covil de dragões e monstros.

A sombra é *irracional*. Os impulsos dela lutam contra a razão; são explosivos e extremamente obstinados.

A sombra é *primitiva*. Está abaixo da dignidade de uma pessoa civilizada explorar este domínio, o qual exala o fedor da capela mortuária, da prisão, do hospício e do banheiro público.

A negatividade assume o seu poder esmagador devido ao fato de que se alimenta simultaneamente de todas essas qualidades: um mal secreto, escuro, primitivo, irracional, perigoso e mítico é muito menos convincente se você o desmembrar em uma qualidade de cada vez. Mas esse processo de reduzir o mal à sua verdadeira dimensão não será convincente enquanto você não o aplicar a si mesmo.

Vamos então fazer isto. Tomemos uma questão explosiva neste momento: o terrorismo. Sob qualquer perspectiva, infligir o terror a pessoas inocentes é um ato maligno covarde e desprezível. Agora aproxime-se mais. Imagine-se de tal modo inflamado pela intolerância e pelo ódio religioso, que esteja disposto até a matar. (Se você achar que o terrorismo não é suficientemente poderoso no seu caso pessoal, examine então um sentimento que você possa nutrir baseado no racismo, na vingança ou no abuso doméstico — qualquer assunto que lhe inspire um impulso assassino.)

Por mais maligno que seja seu impulso, ele pode ser desmembrado em etapas para que você possa resolvê-lo:

Escuridão: pergunte-se se é realmente você que está tendo esse impulso, o você que você vê no espelho todas as manhãs.

Lidamos com a escuridão trazendo a luz à presença dela. Freud chamava esse processo de substituir o Id pelo Ego, querendo dizer que o "Aquilo" (a coisa inominada dentro de nós) precisa convergir de novo para a esfera do "Eu" (a pessoa que você sabe que é). Expressando a ideia de maneira mais simples, a consciência precisa entrar no lugar de onde foi excluída.

Sigilo: descreva o seu impulso maligno a alguém em quem você confie.

Lidamos com o sigilo enfrentando com sinceridade as coisas que parecem vergonhosas ou carregadas de culpa. Você deve enfrentar todo e qualquer sentimento de cabeça erguida, sem negá-lo.

Perigo: libere sua raiva em voz alta, permanecendo com ela enquanto ela decresce. Seu intuito deve ser realmente desfazer-se da sua ira e não apenas dar vazão a ela.

Lidamos com o perigo desarmando a bomba, ou seja, você encontra a raiva explosiva que se esconde dentro de você e a dispersa. Dos impulsos malignos, a raiva é o mais primitivo. Como todos os impulsos, ela se manifesta em diferentes graus, e mesmo um intenso sentimento de raiva pode ser esvaziado até neutralizar-se e transformar-se primeiro em raiva controlada, a seguir em raiva justificada, depois em indignação justa e, finalmente, em ofensa pessoal. Não é difícil dissipar esta última depois que você consegue liberar a intensidade acumulada que transforma-se em raiva descontrolada.

Mito: escolha um herói que lidaria com os seus sentimentos de um modo diferente e mesmo assim permaneceria heroico. A violência faz parte do heroísmo, mas muitas outras qualidades positivas também.

O mito é imaginativo e criativo. Por conseguinte, você pode pegar qualquer um deles e moldá-lo segundo uma outra perspectiva; o próprio Satã torna-se uma figura cômica nas peças de milagre[1] da época medieval, um estratagema que conduz diretamente aos vilões cômicos dos filmes de James Bond. O mito nada mais é do que uma metamorfose; por conseguinte, esse nível nos oferece uma forma poderosa de transformar os demônios em ajudantes dos deuses ou em inimigos derrotados dos anjos.

Irracionalidade: pense no melhor argumento para não agir motivado pela raiva. Não faça isso de maneira emocional: veja-se como o aconselhador adulto de um adolescente rebelde prestes a arruinar a vida. Que você faria para fazê-lo raciocinar?

---

[1] Apresentavam relato real ou fictício da vida, dos milagres ou martírios de um santo. (N. da T.)

Lidamos com a irracionalidade por meio da persuasão e da lógica. As emoções são muito mais dominadoras e poderosas do que a razão, mas não são capazes de fugir do mundo delas, onde prevalecem os sentimentos, enquanto o processo do pensamento não lhes apresentar um motivo para que se sintam de modo diferente. Por si só, na ausência da mente, os sentimentos permanecem os mesmos e intensificam-se com o tempo. (Eis um exemplo comum: imagine que você está furioso porque um garoto usando um boné de beisebol arranhou seu carro com uma chave. Ele sai correndo e consegue fugir. No dia seguinte, você avista o garoto e parte para cima dele, mas quando ele vira-se, você percebe que se trata de outro menino. A raiva transforma-se em um pedido de desculpas porque a mente pôde introduzir no contexto uma simples ideia: pessoa errada.)

Primitivismo: sem desculpar-se ou fazer racionalizações, expresse sua raiva como uma besta enlouquecida: rosne, uive, retorça-se, solte o corpo. Deixe que o que é primitivo seja primitivo, dentro de limites seguros.

Lidamos com os sentimentos primitivos no nível deles, como remanescentes do cérebro inferior. Você remove o disfarce de ser civilizado. Esse nível de percepção é ainda mais profundo do que a emoção; essa área mais primitiva de todas, conhecida como cérebro reptiliano, interpreta todo tipo de estresse como uma luta de vida ou morte pela sobrevivência. Nesse nível, você experimenta seu senso de injustiça "razoável" como um pânico e ferocidade cegos.

Embora seus impulsos possam nunca ultrapassar os limites e transformar-se em violência, os impulsos ordinários intensificam-se na sombra, onde você não consegue vê-los. Sempre que você ouve-se usando um tom ressentido ou raivoso sem ter sido provocado, prestes a chorar sem motivo, sempre que você não consegue explicar por que tomou de repente uma decisão precipitada, você está na verdade sentindo os efeitos da energia que está secretamente fortalecendo-se na sombra.

A sombra acostumou-se a ser reprimida, de modo que não é fácil ter acesso a essa região da mente. Tampouco o ataque direto é eficaz. A sombra sabe como resistir; ela pode fechar a porta com violência e ocultar ainda mais profundamente sua energia negra. Se você recorda-se do conceito de catarse da tragédia grega, deve lembrar que eles achavam que só conseguiriam fazer uma plateia ser receptiva e sentir pena se antes a assustassem de forma profunda. A catarse é uma forma de purificação. Nesse caso, chegavam a ela de modo indireto, fazendo com que a plateia primeiro assistisse a ações terríveis na vida de determinada personagem. Mas esse ardil nem sempre funciona. Podemos assistir a um filme de horror hoje em dia e sair do cinema completamente impassíveis, ouvindo nosso cérebro superior murmurar: "Já tinha visto aqueles efeitos especiais." (Analogamente, os noticiários da televisão, depois de exibir durante 50 anos imagens horríveis de guerra e violência, pouco fizeram além de habituar os telespectadores a elas, ou pior, fizeram com que as imagens passassem a ser uma forma de divertimento.) No entanto, a descarga é natural para o corpo, e pelo simples fato de observarmos essas energias da sombra, concedemos a elas o acesso ao nível consciente da mente.

As pessoas pressupõem que o lado sombrio da natureza humana possui um poder impossível de ser detido; Satã foi elevado ao nível de um deus negativo. Não obstante, quando desmembrado, o mal revela-se uma resposta distorcida às situações do dia a dia. Imagine que você está sozinho em sua casa à noite. Você ouve um barulho em algum lugar da casa e reconhece instantaneamente o rangido de uma porta. Seus sentidos se colocam em alerta total e seu corpo fica imobilizado. A um custo enorme, você consegue reprimir um grito, mas mesmo assim uma tremenda ansiedade salta do esconderijo. *Um ladrão! Um assassino!* Todos já passamos por esses momentos de agonia até constatarmos que o rangido da porta era um taco solto no piso ou alguém que voltou inesperadamente para casa. Mas o que realmente aconteceu naquele momento de pavor?

Sua mente extraiu dados insignificantes do seu ambiente e fez com que eles adquirissem significado. Isoladamente, o rangido de uma porta é trivial, mas se você inconscientemente tem receio de ser atacado no escuro — e ninguém consegue evitar abrigar esse tipo de medo —, o salto de alguns dados sensoriais em direção a um tipo maduro de ansiedade parece automático. Entretanto, uma interpretação insinuou-se no intervalo entre o barulho e a sua reação, e foi a intensidade da interpretação ("Alguém está tentando arrombar a porta! Vão me matar!"), que criou o perigo.

Estou querendo dizer que o mal nasce na lacuna entre o corpo e a mente. Não existe qualquer poderoso soberano do reino do mal. Satã começou em um momento de estímulo sensorial que ficou terrivelmente fora de controle. Tomemos como exemplo o medo de voar, uma das fobias mais comuns. As pessoas que sofrem desse problema geralmente têm uma lembrança vívida de quando ele começou. Elas estavam voando quando, de repente, exatamente como o rangido da porta, um barulho do avião ou um solavanco repentino fez com que a percepção delas se tornasse supersensível. Sensações insignificantes, como a vibração da cabine e a oscilação do barulho do motor, foram repentinamente ameaçadoras.

Entre essas sensações e a reação de medo ocorreu um intervalo que durou uma fração de segundo. Apesar de diminuto, esse hiato possibilitou que uma interpretação ("O avião vai cair! Eu vou morrer!") se associasse ao que o corpo estava sentindo. Um instante depois, os sinais típicos de ansiedade, ou seja, mãos suadas, boca seca, pulso acelerado, tontura e náusea, somaram-se à persuasão da ameaça.

As pessoas que sofrem de fobia recordam seu primeiro momento de pânico incontrolável, sem ser capazes de dividi-lo em etapas. Por conseguinte, elas não percebem que sua reação é autoinduzida. O medo foi um subproduto dos seguintes componentes:

> *Situação:* algo fora do comum ou levemente estressante se introduz em uma situação normal.
> *Resposta corporal:* experimentamos uma reação física associada ao estresse.
> *Interpretação:* esses sinais físicos são rotulados de indicações de perigo e, inconscientemente, a mente conclui que o perigo tem de ser real (a mente inconsciente é muito concreta, motivo pelo qual os pesadelos parecem tão ameaçadores quanto os eventos reais).
> *Decisão:* a pessoa decide pensar: "Estou com medo."

Como esses componentes fundem-se muito rápido, a reação parece ser única, quando na verdade uma cadeia de minúsculos eventos está presente. Cada elo da cadeia envolve uma escolha. O motivo pelo qual não conseguimos deixar a sensação bruta passar sem que a interpretemos é que, por razões de sobrevivência, a mente humana foi construída de maneira a encontrar significados em todo lugar. É possível tratar as fobias fazendo com que a pessoa afetada por elas recue na cadeia formativa de eventos, o que permite que ela faça novas interpretações. Quando reduzimos a velocidade da reação, dando tempo à pessoa para que a examine, o nó do medo pode ser desfeito. Pouco a pouco, os barulhos associados ao voo voltam à sua posição neutra e não ameaçadora.

O intervalo transitório entre a sensação e a interpretação é o lugar de origem da sombra. Quando penetramos nesse intervalo e constatamos como tudo é intangível, os fantasmas começam a dispersar-se.

Como o terrorismo hoje em dia pesa tão intensamente na mente das pessoas, a questão do mal em massa não pode ser evitada. As duas perguntas mais preocupantes são as seguintes: "Como pessoas comuns podem ter concordado em participar desse mal?" e "Como pessoas inocentes puderam tornar-se vítimas de atrocidades?".

A Experiência da Prisão de Stanford e a nossa discussão da sombra praticamente conseguem responder a essas perguntas, mas não posso dar uma resposta que satisfaça a todos os interessados; sempre que o assunto do mal é trazido à baila, somos visitados pelas nossas próprias sombras. *O que eu poderia ter feito a respeito de Auschwitz?*, indaga uma voz dentro de nós, geralmente em tom culpado e acusador. Resposta alguma jamais reverterá o passado à situação anterior, mas é importante compreender que não deveríamos esperar que uma resposta fizesse isso.

A melhor maneira de abordar o mal em massa não é ficar o tempo todo recordando-o e, sim, renunciar a ele completamente, para que o passado purifique-se por nosso intermédio. Minha melhor resposta para "Como pessoas comuns podem ter concordado em participar desse mal?" está nas páginas que você acaba de ler. O mal nasceu no intervalo, que não é propriedade particular de alguém; ele encerra respostas coletivas e temas coletivos. Quando uma sociedade inteira aceita o tema dos "intrusos" que causam todos os problemas é porque o mal tem em todo mundo um pai e uma mãe.

No entanto, em todos os casos do mal em massa, milhares de pessoas não se identificaram com o impulso coletivo; elas resistiram, escaparam, esconderam-se e tentaram salvar os outros. É a escolha individual que determina se nos juntamos ao tema coletivo e concordamos em representá-lo.

A segunda pergunta, "Como pessoas inocentes puderam tornar-se vítimas de atrocidades?", é mais difícil de responder, porque a mente de quase todo mundo já está fechada. A pessoa que faz a pergunta não deseja uma nova resposta. O excesso de raiva justificada, o excesso de certeza de que Deus voltará as costas para o mundo, fez com que ninguém quisesse arriscar a vida para interromper o mal enorme que estava sendo feito aos outros. Você está certo destas coisas? Ter certeza é o oposto de estar receptivo. Quando me pergunto por que seis milhões de judeus pereceram ou por que multidões igualmente inocentes morreram em Ruanda, no Camboja e na Rússia stalinista, meu intuito é primeiro liberar minha sensação de angústia.

Enquanto eu estiver dominado pela angústia, pelo medo ou horror justificado, minha habilidade de escolher estará inativa. Eu deveria estar livre para escolher a purificação, a volta à inocência que torna-se possível pelo choque do que acontece quando a inocência não é alimentada. Você e eu somos responsáveis pela nossa participação nos elementos do mal, embora não traduzamos em ação esses elementos em escala maciça. O fato de acreditarmos neles mantém ativa nossa participação. Assim sendo, é nosso dever parar de acreditar na raiva "inofensiva", no ciúme e no julgamento dos outros.

Existe alguma razão mística pela qual uma pessoa inocente torna-se o alvo do mal? Claro que não. As pessoas que se referem ao carma das vítimas como se algum destino oculto estivesse atraindo uma torrente de destruição estão falando a partir de um ponto de vista de ignorância. Quando uma sociedade inteira envolve-se no mal em massa, o caos externo reflete o tumulto interior. A sombra irrompeu em uma escala maciça. Quando essa situação acontece, vítimas inocentes são capturadas na tempestade, não porque possuam um carma oculto, e sim porque a tempestade é tão esmagadora que engole todo mundo.

Não encaro a relação do bem com o mal como uma luta de absolutos; o mecanismo que venho descrevendo, no qual as energias da sombra acumulam um poder oculto, privando a pessoa da livre escolha, é por demais convincente para mim. Consigo ver em mim mesmo que as energias sombrias estão em ação, e ter consciência disso é o primeiro passo que preciso dar para iluminar a escuridão. A conscientização pode recriar qualquer impulso. Por conseguinte, não aceito a ideia de que existem pessoas más e, sim, apenas pessoas que não enfrentaram a sua sombra. Sempre há tempo para tomar essa atitude, e nossa alma está constantemente abrindo caminhos para que a luz possa entrar. Enquanto isso for verdade, o mal nunca será um elemento fundamental da natureza humana.

MODIFICANDO SUA REALIDADE PARA ACOMODAR O OITAVO SEGREDO

O oitavo segredo diz respeito à "energia negra" da mente, pegando emprestada uma frase da física. A sombra não é visível. Para encontrá-la, você precisa dedicar-se a uma jornada descendente. Pense nela como um retorno para resgatar partes da sua vida que foram abandonadas porque você sentiu muita vergonha ou culpa com relação a elas. A raiva que irrompe da sombra está ligada a eventos passados não resolvidos. Hoje, esses eventos há muito já desapareceram, mas seu resíduo emocional continua presente.

Não é possível acessar a vergonha, a culpa e o medo com o pensamento. A sombra é uma região de pensamentos e palavras. Mesmo quando você tem um lampejo de memória e relembra essas emoções, está usando uma parte do cérebro superior — o córtex que não consegue tocar a sombra. A jornada descendente só começa quando você encontra a entrada para o cérebro inferior, onde a experiência não é classificada de acordo com a razão, e sim com os sentimentos intensos.

Um drama contínuo ocorre no cérebro inferior (identificado com o sistema límbico, que processa as emoções, e o cérebro reptiliano, que reage em função da ameaça bruta e da sobrevivência). Nesse drama, muitas questões que seriam interpretadas de modo racional pelo cérebro superior, como ficar preso em um engarrafamento, levar a pior em um acordo de negócios, ser preterido no emprego, convidar alguém para sair e ouvir um não como resposta, desencadeiam reações irracionais. Sem que você perceba, os eventos do dia a dia estão fazendo seu cérebro inferior tirar as seguintes conclusões:

> Estou em perigo. Poderiam me matar.
> Preciso atacar.
> Estou muito magoado, nunca conseguirei me recuperar.
> Essas pessoas merecem morrer.
> Elas me deixam angustiado.
> Não mereço viver.
> Não vejo esperança alguma. Estou para sempre perdido nas trevas.
> Sou amaldiçoado.
> Ninguém me ama.

Para transmitir esses sentimentos no livro, precisei verbalizá-los, mas, na verdade, a maneira mais apropriada de observá-los é como energia, forças poderosas e impulsivas que possuem ímpeto próprio. Tenha certeza de que, por mais que você sinta que está livre dessas energias da sombra, elas estão vivas dentro de você. Se não estivessem, você se encontraria em um estado de total liberdade e alegria, além de completamente desprovido de limites. Você estaria na unidade, o estado de inocência recuperado quando a energia oculta da sombra é purificada.

Hoje você pode começar a aprender como conseguir penetrar na sombra. As energias da sombra se manifestam sempre que você:

> Não consegue falar sobre os seus sentimentos.
> Sente-se descontrolado.
> Sente um lampejo de pânico ou apreensão.
> Quer ter um sentimento forte, mas a sua mente fica vazia.
> Desmancha-se em lágrimas sem motivo aparente.
> Sente uma antipatia irracional por alguém.
> Discute com alguém, e isso transforma-se em uma guerra.
> Ataca uma pessoa sem ser provocado.

A sombra enreda-se nas situações do dia a dia de inúmeras outras maneiras, mas as que acabo de descrever são as mais usuais. O que elas têm em comum é o fato de que se cruza uma fronteira, ou seja, uma situação controlada adquire inesperadamente uma conotação de ansiedade ou causa medo ou apreensão não esperados. Da próxima vez em que isso acontecer, verifique se posteriormente você se sente culpado ou com vergonha de si mesmo; se for o caso, você terá entrado em contato com a sombra, mesmo que por curto tempo.

Uma explosão de sentimentos irracionais não equivale a liberá-los. Dar vazão a emoções não é sinônimo de purificação. Não confunda, portanto, uma explosão com catarse. Para purificar a energia da sombra, os seguintes passos se fazem necessários:

- O sentimento negativo manifesta-se (raiva, dor, ansiedade, hostilidade, ressentimento, autocomiseração, desesperança).
- Você pede para liberá-lo.
- Você experimenta o sentimento e o acompanha aonde ele quiser ir.
- O sentimento é eliminado através da respiração, do som ou de sensações corporais.
- Posteriormente, você tem uma sensação de alívio, aliada à compreensão do significado do sentimento.

O último passo é que conta a história: quando uma energia da sombra efetivamente parte, a resistência deixa de existir e você enxerga algo que não via antes. O entendimento e a liberação andam de mãos dadas. A jornada descendente reside em encontrar a sua sombra um grande número de vezes. Emoções intensas, como a vergonha e a culpa, entregam-se pouco a pouco e você certamente não iria querer mais do que isso. Seja paciente consigo mesmo e independentemente do pouco que você imagine ter liberado, diga para si mesmo: "Esta é a energia que estava disposta a ser liberada no momento."

Você não precisa esperar explosões completas da sombra. Reserve algum tempo para uma "meditação da sombra", na qual você se dá permissão para sentir qualquer sentimento que aconteça. A seguir, você pode iniciar o processo de pedir que ela libere alguma coisa.

Segundo Exercício: Escrevendo para Ativar as Energias da Sombra

Outro motivador que nos permite entrar em contato com as energias da sombra é a escrita automática: pegue uma folha de papel e comece a escrever a frase "Estou realmente sentindo _____ neste momento". Preencha a lacuna com qualquer sentimento que você tenha — de preferência um sentimento negativo que você tenha tido de guardar para si mesmo durante o dia — e continue a escrever. Não pare; escreva o mais rápido que puder, pondo no papel quaisquer palavras que gritem chamando a sua atenção.

Eis outras frases que você pode usar para começar o exercício:

"Na verdade, eu deveria ter dito _____."

"Não posso esperar para dizer a alguém que eu _____."

"Ninguém pode impedir-me de dizer a verdade a respeito de _____."

"Ninguém quer que eu diga isto, mas _____."

Por meio desses motivadores, você está se dando permissão para se expressar; o objetivo mais importante, porém, é entrar em contato com um sentimento proibido. É por esse motivo que as palavras não têm importância. Quando você tiver acesso ao sentimento, o verdadeiro trabalho de liberação poderá começar. Você precisa prosseguir e senti-lo completamente, pedir a liberação e seguir adiante, até obter um novo entendimento pessoal. Você pode precisar de um pouco de prática para ter uma liberação profunda, mas pouco a pouco os muros de resistências serão demolidos. A sombra está envolvida de modo sutil na vida do dia a dia. Ela nunca está excessivamente oculta, a ponto de você não conseguir trazê-la à tona.

Nono segredo

VOCÊ VIVE EM MÚLTIPLAS DIMENSÕES

Conheci na semana passada duas pessoas que poderiam iniciar uma briga espiritual, caso não fossem tão pacíficas. A primeira era uma mulher consciente. Por ter feito fortuna na indústria de vestuário, ela sabia que grande parte do que vestimos é fabricada em condições degradantes no Terceiro Mundo, onde crianças trabalham 16 horas por dia e recebem uma remuneração desprezível. Depois de presenciar pessoalmente essas condições, a mulher tornou-se uma dedicada ativista.

— Temos de eliminar o trabalho escravo — declarou ela apaixonadamente. — Não consigo entender por que todo mundo não está indignado com o que está acontecendo. — Ficou claro para mim que ela na verdade queria saber por que *Eu* não estava indignado. Seu olhar intenso e febril estava fixo em mim. Como você pode ser tão indiferente? — diziam seus olhos. Quando vivemos uma vida publicamente associada à espiritualidade, as pessoas querem saber por que você não abraça o tipo de espiritualidade delas. Nesse caso, a mulher consciente achava que a forma mais elevada de espiritualidade era o humanitarismo; na sua maneira de pensar, nenhuma pessoa é realmente espiritual se não ajudar os pobres e não combater a injustiça e a desigualdade.

Alguns dias depois, conheci o oposto dela em um homem que ganha a vida praticando a cura a distância. Ele nasceu na América do Sul e descobriu na infância, por meio de misteriosas experiências, que era capaz de enxergar o mundo sutil das auras e dos campos de energia. Durante longo tempo, esse dom em nada resultou; atuou na área de importação e exportação até depois dos quarenta anos. Um dia ele ficou doente e procurou um agente de cura que o curou utilizando apenas a energia psíquica, ou seja, sem encostar as mãos nele. A partir daquele momento, o homem passou a executar apaixonadamente o mesmo tipo de trabalho. E ele também quis saber por que eu não seguia a sua versão de espiritualidade.

— Mudanças estão prestes a acontecer no plano astral — disse ele em tom baixo e contido. — A ciência tem estado no poder no plano material, mas os meus guias espirituais me disseram que haverá uma reviravolta em 2012. A partir desse ano, a ciência declinará e será destruída pelos próprios excessos. O espírito então retornará ao planeta.

Em vez de adotar um humanitarismo apaixonado, esse homem defendia o distanciamento e a retirada do mundo material. Como a mulher a quem me referi no início do capítulo, ele não conseguia entender o motivo pelo qual eu não entendia a situação; era óbvio para ele que era inútil tentar mudar o mundo por meio da confrontação.

Por mais estranho que possa parecer, concordei com ambos. Eles representavam um segredo: cada um de nós vive em múltiplas dimensões. Podemos escolher o foco da nossa atenção e aonde quer que ele vá, uma nova realidade se abre para nós. Embora essas duas pessoas divergissem entre si, estavam tentando resolver o mesmo problema, ou seja, como ser espiritual apesar das exigências do materialismo. E as respostas que ambas encontraram foram igualmente viáveis, sem que nenhuma das duas fosse a resposta ideal. Quando menciono outras dimensões, estou me referindo a esferas de consciência. Essa última cria a realidade — já estamos falando sobre este tema há algum tempo —, mas *criar* na verdade significa "escolher". A realidade única já possui todas as dimensões possíveis; ninguém precisa fabricar novas, nem poderia, se quisesse. No entanto, por meio da nossa atenção, damos vida a essas dimensões:

nós as preenchemos, acrescentamos um novo significado e pintamos imagens exclusivas. Inicialmente, indicarei quais são essas esferas.

AS ESFERAS INVISÍVEIS

Como a consciência desenvolve-se a partir da origem

Existência pura: a esfera do Absoluto, da consciência pura antes de adquirir quaisquer qualidades. O estado antes de ser criado. Esta não é, na verdade, uma esfera separada, pois permeia todas as coisas.

Bem-aventurança condicionada: a esfera da consciência quando começa a tornar-se consciente do próprio potencial.

Amor: a força motivadora da criação.

Conhecimento: a esfera da inteligência interior.

Mito e arquétipos: os padrões coletivos da sociedade. Esta é a esfera dos deuses e das deusas, dos heróis e das heroínas, da energia masculina e da feminina.

Intuição: a esfera na qual a mente compreende a mecânica sutil da vida.

Imaginação: a esfera da invenção criativa.

Razão: a esfera da lógica, da ciência e da matemática.

Emoção: a esfera dos sentimentos.

Corpo físico: a esfera da sensação e dos cinco sentidos.

Qual dessas esferas é verdadeiramente espiritual? Elas estão todas interligadas, mas podemos notar com frequência que as pessoas se instalam em uma ou outra esfera e, depois de encontrar seu lugar especial, também descobrem nele o espírito.

A mulher consciente encontrou seu lugar nas emoções e no corpo físico, pois era o esforço físico da pobreza do dia a dia que tocava seu coração. Por outro lado, é claro, não podemos excluir o amor do conjunto de motivos dela; talvez ela também soubesse intuitivamente que esse tipo de trabalho humanitário era seu caminho pessoal de maior crescimento.

O homem que praticava a cura a distância encontrou seu lugar na esfera da intuição. É nela que atuam as energias sutis. O tipo de espiritualidade dele exigia a manipulação das forças invisíveis que sustentam o mundo físico. Não podemos excluir o amor do conjunto de motivos dele e a esfera do mito e dos arquétipos também deve ser considerada, visto que ele invocava anjos e guias espirituais para realizar seu trabalho.

Uma pessoa cética poderá argumentar que essas esferas simplesmente não existem. Esse é um argumento difícil de resolver porque se uma coisa não existe *para você*, ela pode também não existir. Este talvez seja o momento de examinar um simples exemplo.

Um carro que foi de encontro a um monte de neve é encontrado após uma tempestade de inverno. O motorista está inconsciente ao volante. As pessoas param para verificar o que está acontecendo e perguntam-se: "Como isto aconteceu?" Uma delas aponta para as marcas de pneu na neve e declara: "O motorista perdeu a direção, foi isso que aconteceu." Outro observador aponta para o volante, que está torcido para um dos lados: "O mecanismo da direção estava defeituoso, isso explica o que aconteceu." Um terceiro observador cheira o hálito do motorista. "Ele estava bêbado, foi isso que causou o acidente." Finalmente, um neurologista que está passando pelo local para e aproxima-se do homem com um aparelho portátil de imagens por ressonância magnética. A seguir, ele aponta para o resultado do escaneamento do cérebro do homem e declara: "O córtex motor dele apresenta anormalidades, o que foi a causa do acidente."

Cada resposta depende inteiramente do tipo de indícios utilizados. A mesma pergunta foi feita em diferentes níveis de realidade e, em cada um deles, apenas um tipo de resposta fazia sentido. O neurologista não é inimigo do mecânico de automóveis; ele pensa apenas que sua resposta é mais profunda e, por conseguinte, mais verdadeira.

Quando as pessoas argumentam que não existe prova científica de que o universo seja consciente, respondo imediatamente o seguinte: "Eu sou consciente, e não sou uma atividade do universo?" O cérebro, que opera por meio de impulsos eletromagnéticos, é uma atividade do universo da mesma forma que as tempestades eletromagnéticas na atmosfera ou em uma estrela distante também o são. Consequentemente, a ciência é uma forma de eletromagnetismo que passa o tempo estudando outra forma. Gosto do comentário que ouvi certa vez de um físico: "A ciência nunca deveria ser considerada inimiga da espiritualidade porque ela é, na verdade, a maior aliada dela. A ciência é Deus explicando Deus por meio do sistema nervoso humano. A espiritualidade não é a mesma coisa?"

Um filósofo poderia argumentar que a realidade só é verdadeiramente conhecida quando incluímos todas as camadas de interpretação. Nesse sentido, a teoria da realidade única expande o materialismo, em vez de combatê-lo. O motorista que foi de encontro ao monte de neve poderia ter muitos níveis de motivação: talvez ele estivesse deprimido e saiu deliberadamente da estrada (emoções). Talvez ele estivesse pensando em um poema que queria escrever e a sua atenção dispersou-se (imaginação). Talvez ele tenha visto com o olho da mente que um carro que vinha na direção oposta estava prestes a invadir a pista em que ele estava (intuição).

Para atingir um novo nível de explicação, você precisa transcender o nível em que se encontra, ir além dele. Se você for capaz de reconhecer que faz isso todos os dias, não existe nenhuma razão forte para usar o materialismo como um porrete para bater na cabeça da espiritualidade. O mundo material pode ser ou não o seu nível básico de experiência. Os outros níveis estão disponíveis desde que você transcenda, ou vá além do seu nível básico, como você está fazendo neste momento, enquanto seu cérebro transforma a química em pensamentos.

A verdadeira questão, portanto, é definir a esfera na qual você quer viver. Na minha opinião, a vida ideal é vivida em todos os níveis de consciência. Sua atenção não é limitada nem estreita; você se abre à totalidade do universo. Você tem a oportunidade de levar uma vida assim, mas por ter se concentrado apenas em um ou dois níveis, você fez com que os outros se atrofiassem. Eles foram expulsos da sua consciência, de modo que sua capacidade de transcender está muito reduzida. (No nível mais mundano, trata-se frequentemente de uma questão de encontrar tempo. Raramente deparo com cientistas que refletiram sobre a consciência, pois estão excessivamente envolvidos com o trabalho do laboratório. Como o restante de nós, eles estão sempre muito ocupados, e se o mundo pudesse possuir uma base profundamente diferente da que eles aprenderam na escola de medicina ou na física quântica, o cientista típico a examinará o mais breve possível.)

Cada dimensão da sua existência encerra um propósito próprio, oferecendo um nível de satisfação que não está disponível em nenhum outro lugar (esses são os "sabores da criação"). No caso de uma consciência totalmente expandida, todas as dimensões estão acessíveis.

QUANDO AS PORTAS ESTÃO ABERTAS

Vivendo em todas as dimensões da consciência

Existência pura: quando esta porta está aberta, você se conhece como o "Eu sou", o estado simples da existência eterna.

Bem-aventurança condicionada: quando esta porta está aberta, você sente-se animado e cheio de vida no meio de toda a atividade. A bem-aventurança está além do prazer e da dor.

Amor: é a esfera da bem-aventurança como experiência pessoal. Quando esta porta está aberta, você experimenta o amor em todos os aspectos da vida. O amor é sua motivação primordial em todos os relacionamentos, começando pelo que você tem consigo mesmo. Em um nível mais profundo, o amor o liga ao ritmo do universo.

Conhecimento: esta é a origem da mente. Quando esta porta está aberta, você consegue ter acesso à sabedoria e ao conhecimento sobre qualquer elemento da criação.

Mito e arquétipos: quando esta porta está aberta, você molda a sua vida como uma aventura. Você busca a mesma realização dos heróis e das heroínas que você admira. Você também representa a eterna dinâmica entre o masculino e o feminino.

Intuição: quando esta porta está aberta, você pode moldar na natureza humana as forças sutis da cura, da clarividência e do discernimento. A intuição também o orienta no seu caminho, mostrando-lhe como decidir o trajeto que você deve seguir à medida que a sua vida muda de rumo.

Imaginação: quando esta porta está aberta, as imagens da sua mente possuem poder criativo. Elas sopram a existência em possibilidades que nunca existiram antes. Neste nível, você também desenvolve a paixão por explorar o desconhecido.

Razão: quando esta porta está aberta, você pode compor sistemas e modelos para a realidade. O pensamento racional lida com infinitas possibilidades usando a lógica, que corta fatias da realidade para analisá-las separadamente do todo.

Emoção: quando esta porta está aberta, você é sensível às sensações físicas e as interpreta como prazer e dor, sentimentos que você deseja e os que você quer evitar. A esfera emocional é tão poderosa que se sobrepõe à lógica e à razão.

Corpo físico: quando esta porta está aberta, você considera-se um ser separado no mundo físico.

Como todos esses níveis aconteceram? Como um fato da existência: a existência pura os concebeu, projetou-os a partir de si mesma e a seguir penetrou-os. Esta é a placa de circuito cósmica e seu sistema nervoso está instalado nela. Ao prestar atenção a qualquer dimensão da vida, você envia a ela uma corrente de consciência. Se você não prestar atenção, o circuito fica fechado para essa dimensão. Embora estejamos usando palavras como *portas*, *circuitos* e *níveis*, elas são insuficientes para retratar a realidade, que vibra com cada impulso. Você está tendo um efeito em todas as dimensões, mesmo quando não dirige a atenção para explorar e compreender o que está presente lá.

Em sânscrito, uma pessoa que tenha explorado completamente uma dimensão é considerada como tendo alcançado *Vidya,* palavra cujo significado literal é "conhecimento", mas que implica muito mais coisas, ou seja, o domínio sobre um conjunto de leis naturais. Imagine que você está entrando em um seminário cujas ferramentas e habilidades você desconhece. No minuto em que você entra, você olha tudo de relance, mas é preciso um treinamento para que domine cada detalhe. No final, você emerge como uma pessoa modificada, com percepções completamente alteradas. Desse modo, um músico formado pela Juilliard School of Music ouve cada nota que é tocada no rádio através de um sistema nervoso diferente do que o de alguém que acaba de se diplomar em engenharia elétrica pelo M.I.T.[1] Ambos alcançaram *Vidya*, o tipo de conhecimento no qual você transforma-se e não aquele que você aprende passivamente.

Mesmo pessoas com visões amplamente diferentes de espiritualidade têm em comum a busca do *Vidya*. Elas querem ser transformadas pelo conhecimento que emana diretamente do manancial; o fato de o manancial de uma pessoa ser Deus, e o de outra, Brama, Alá, o Nirvana ou a Existência é uma diferença secundária. O que realmente divide as pessoas é manter fechadas as portas da percepção. Este estado é chamado de *Avidya*, ou falta de consciência.

AVIDYA

Separando-se da consciência

Existência pura: quando esta porta está fechada, existimos no estado de separação. Ocorre um medo latente da morte, uma perda de conexão e a ausência de qualquer presença divina.

Bem-aventurança condicionada: quando esta porta está fechada, a vida é triste. A felicidade nada mais é do que um estado passageiro. Não existe abertura alguma para experiências de clímax.

Amor: quando esta porta está fechada, a vida é insensível. Nós nos sentimos isolados em um mundo no qual as outras pessoas são figuras distantes e desinteressadas. Inexiste a sensação de certa mão amorosa na criação.

Conhecimento: quando esta porta está fechada, as leis da natureza são confusas. Só obtemos o conhecimento por meio de fatos e de uma experiência pessoal limitada, sem termos acesso a um significado mais profundo.

Mito e arquétipos: quando esta porta está fechada, não existem modelos superiores, heróis ou deuses, nem aventuras apaixonantes. Não enxergamos ne-

---

1 Massachusetts Institute of Technology. (N. da T.)

nhum significado mítico na nossa vida. As relações entre os homens e as mulheres não encerram uma dimensão mais profunda do que a que está na superfície.

Intuição: quando esta porta está fechada, a vida perde a sutileza. A pessoa fica desprovida de discernimento, não ocorrem lampejos de genialidade nem momentos "eureca!" de grande alegria. A teia sutil de conexão que mantém coeso o universo está completamente oculta.

Imaginação: quando esta porta está fechada, a mente fica desprovida de fantasias. Vemos tudo de forma literal; a arte e a metáfora contam muito pouco. Abordamos as decisões importantes com uma análise técnica e a esperança de um salto criativo repentino não existe.

Razão: quando esta porta está fechada, a vida não faz sentido. Somos governados por impulsos aleatórios. Não conseguimos seguir qualquer curso de ação até o final e tomamos as decisões de maneira irracional.

Emoção: quando esta porta está fechada, os sentimentos ficam paralisados. Existe pouco ou nenhum espaço para a compaixão e a empatia. Os eventos parecem desconexos, não fluem, e as outras pessoas não apresentam oportunidade alguma para que ocorra uma ligação.

Corpo físico: quando esta porta está fechada, a vida é totalmente mental. A pessoa sente que seu corpo está inerte, que é um peso morto que ela precisa arrastar. O corpo existe apenas como um sistema de apoio necessário à vida. Mover-se e agir no mundo é algo completamente sem graça.

Como você pode ver, não existe apenas um, mas sim muitos estados de *Avidya*. Tradicionalmente, na Índia a distinção não era tão sutil e as pessoas eram classificadas como ignorantes ou iluminadas. Acreditava-se que, a não ser que a pessoa vivesse na unidade, ela encontrava-se em total ignorância. (O equivalente aproximado no Ocidente seria que a pessoa está perdida ou redimida.) Assim sendo, o número de pessoas em *Vidya* era diminuto, ao passo que a quantidade de pessoas em *Avidya* era enorme.

Mas a tradição estava negligenciando a mecânica da consciência. Somos criaturas multidimensionais, de modo que podemos alcançar *Vidya* em uma área e não em outra. Picasso foi um artista magnífico (imaginação), porém um marido horrível (amor); Mozart, um divino criador de música (imaginação e amor), porém fisicamente fraco; Lincoln, um mestre do mito e dos arquétipos, mas emocionalmente devastado. Nossa vida contém esses mesmos desequilíbrios. Desde que estejamos trabalhando para avançar de *Avidya* para *Vidya*, estamos levando uma vida espiritual.

MODIFICANDO SUA REALIDADE PARA ACOMODAR O NONO SEGREDO

O motivo pelo qual Cristo, Buda, Sócrates ou qualquer outro mestre espiritual fala pessoalmente conosco é que a consciência limitada dá lugar a lampejos claros e repentinos de uma realidade mais além. A sua mente *quer* transcender. A atenção limitada é como uma luz individual que brilha apenas sobre um objeto. Ela exclui tudo que está fora do alcance dos seus raios; o equivalente mental desse estado é a rejeição. Mas e se você abdicasse de todo o processo da rejeição? Se fizesse isso, prestaria igualmente atenção a todas as coisas. A rejeição é um hábito. Sem ela, você pode participar da vida da maneira como ela aproxima-se de você.

Tome cada esfera de consciência e escreva o que você faz para impedir a sua entrada nela. Desse modo, você conscientiza-se do que está fazendo para limitar sua consciência e, ao se surpreender a tempo, cada um desses reflexos arraigados começa a mudar. Por exemplo:

Existência pura: não reduzo meu ritmo o suficiente para de fato me aquietar interiormente. Não reservo um período para meditar. Não tenho buscado recentemente a tranquilidade da natureza. A partir de agora me surpreenderei quando estiver rejeitando a paz interior e encontrarei tempo para ela.

Bem-aventurança condicionada: não me tenho sentido feliz apenas por estar vivo. Não estou procurando oportunidades para me maravilhar. Não me tenho cercado o suficiente de crianças. Não tenho contemplado o céu noturno. A partir de agora me surpreenderei quando estiver rejeitando um modo alegre de apreciar as coisas e encontrarei tempo para isso.

Amor: tenho aceitado meus entes queridos como uma coisa natural, e por esse motivo não tenho expressado muito o meu amor. Não me sinto à vontade quando recebo amor dos outros. Tenho colocado o amor em uma posição de baixa prioridade como algo que valorizo. A partir de agora me surpreenderei quando estiver rejeitando essas oportunidades de tornar o amor importante na minha vida e encontrarei tempo para ele.

Conhecimento: sou muito propenso a duvidar das coisas. Automaticamente adoto uma postura cética e só me contento com fatos que não podem ser contestados. Não creio que conheça pessoas sábias e dedico pouco tempo aos estudos filosóficos e à leitura de obras espirituais. A partir de agora me surpreenderei quando estiver rejeitando a sabedoria tradicional e encontrarei tempo para ela.

Mito e arquétipos: na verdade, não tenho mais heróis. Há muito tempo não consigo lembrar-me de ter encontrado um exemplo digno de nota em nada ou em ninguém. Sigo o meu próprio caminho, que é tão bom quanto o de qualquer outra pessoa. A partir de agora me surpreenderei quando estiver rejeitando a ideia de que uma inspiração mais elevada é necessária e encontrarei tempo para ela.

Intuição: uso a cabeça; não me envolvo com coisas piegas como a intuição. Procuro provas antes de acreditar em alguma coisa. Acho que todos os poderes extrassensoriais são pensamentos fantasiosos. Faço uma análise da situação e tomo minha decisão pelo mesmo critério. A partir de agora me surpreenderei quando estiver rejeitando os meus primeiros palpites e começarei a confiar neles.

Imaginação: arte não é comigo. Não frequento museus ou concertos. Meu passatempo é a televisão e a página de esportes do jornal. Na minha opinião, a maioria das pessoas criativas não tem os pés no chão. A partir de agora me surpreenderei quando estiver rejeitando minha imaginação e encontrarei maneiras de expressá-la.

Razão: tenho certeza do que sei e não abro mão disso. Não costumo dar ouvidos aos argumentos das outras pessoas: só me interessa provar que tenho razão. Geralmente tenho as mesmas reações às situações idênticas. Nem sempre realizo plenamente meus planos, mesmo quando são bons. A partir de agora me surpreenderei quando não estiver sendo razoável e vou considerar todos os pontos de vista.

Emoção: não costumo fazer cenas e detesto quando os outros fazem. Não me deixo impressionar por pessoas que se entregam às emoções. O controle e a retenção são o meu lema; ninguém me vê chorar. Não consigo lembrar-me de alguém durante a minha fase de crescimento que me tenha ensinado que emoções são positivas. A partir de agora me surpreenderei quando estiver rejeitando meus verdadeiros sentimentos e encontrarei uma forma segura de expressá-los.

Corpo físico: eu deveria cuidar de mim mesmo. Minha forma física está muito pior do que há cinco ou dez anos. Não estou satisfeito com o meu corpo e não gosto muito de atividades físicas. Já ouvi falar em terapias corporais, mas acho que elas são condescendentes e um pouco esquisitas. A partir de agora me surpreenderei quando estiver abandonando o lado físico da minha vida e arranjarei tempo para ele.

Por necessidade, minhas notas foram muito genéricas, mas você deve ser o mais específico possível. No item "Amor", escreva o nome de alguém para quem você não tem demonstrado o seu amor ou um incidente de que você se recorde e no qual não se sentiu à vontade por ter recebido amor. No item "Imaginação", anote o nome do museu da sua cidade que você não tem visitado ou a pessoa de temperamento artístico cuja companhia você tem evitado. Além disso, seja específico, se possível, a respeito de como você modificará esses hábitos de rejeição.

Segundo Exercício: O Perfil da Minha Consciência

Agora que você reparou onde estão as suas limitações, redija um perfil da sua consciência da forma que ela é hoje. Mantenha o perfil em um lugar seguro e consulte-o daqui a 60 dias para verificar o quanto você mudou. O perfil é avaliado de 1 a 10 em cada categoria. Passados os 60 dias, quando você voltar a lidar com ele, avalie-se sem consultar antes a pontuação original.

0 ponto	Não presto atenção a esta parte da minha vida.
1–3 pontos	Tive alguma experiência nesta área, mas não recentemente nem com frequência.
4–6 pontos	*Estou* familiarizado com esta área da minha vida e costumo experimentá-la com relativa frequência.

VOCÊ VIVE EM MÚLTIPLAS DIMENSÕES

7–9 pontos Esta é uma área importante da minha vida e costumo me concentrar bastante nela.

10 pontos É *nesta* área que realmente me sinto em casa. Eu a conheço bem e lhe dedico quase toda a minha atenção adicional.

(0–10 pontos)

_____ Existência Pura

_____ Bem-aventurança Condicionada

_____ Amor

_____ Conhecimento

_____ Mito e Arquétipos

_____ Intuição

_____ Imaginação

_____ Razão

_____ Emoção

_____ Corpo Físico

Décimo segredo

A MORTE TORNA A VIDA POSSÍVEL

Imagino que se a espiritualidade recorresse aos publicitários da Madison Avenue para obter algum conselho sobre vendas, ele seria: "Faça as pessoas terem medo da morte." Essa tática funciona há milhares de anos, simplesmente porque tudo o que conseguimos ver a respeito da morte é que quando morremos não estamos mais aqui, o que gera um medo profundo. Jamais houve época em que as pessoas não quisessem desesperadamente descobrir o que jaz "do outro lado da vida".

Mas e se não houver um outro lado? Talvez a morte seja apenas relativa e não uma mudança total. Afinal de contas, todos nós morremos todos os dias e o momento conhecido como morte é, na verdade, apenas uma extensão desse processo. São Paulo fez menção a morrer para a morte, querendo dizer possuir uma fé tão forte na vida futura e na salvação prometida por Cristo que a morte perdeu o poder de gerar medo. No entanto, morrer para a morte também é um processo natural que vem acontecendo nas células há bilhões de anos. A vida está intimamente entrelaçada com a morte, como você pode observar todas vezes em que a pele livra-se de uma célula. Esse processo de exfoliação é o mesmo da árvore que deixa cair as folhas (a palavra latina para "folha" é *folio*) e os biólogos tendem a pensar na morte como um recurso que a vida usa para regenerar-se.

No entanto, essa perspectiva é pouco confortante quando nos vemos diante da ideia de ser a folha que cai da árvore para abrir espaço para a vegetação da primavera seguinte. Em vez de discutir a morte de modo impessoal, eu gostaria de me concentrar na *sua* morte, o suposto fim do você que está vivo neste momento e deseja permanecer assim. A perspectiva pessoal da morte é a questão que ninguém gosta de enfrentar, mas se eu conseguir lhe mostrar a realidade da sua morte, toda essa aversão e medo poderão ser superados, depois do que você poderá prestar mais atenção tanto à vida quanto à morte.

É somente enfrentando a morte que você pode desenvolver uma verdadeira paixão por estar vivo. A paixão não é frenética; ela não é movida pelo medo. No entanto, neste momento, em um nível inconsciente, a maioria das pessoas acha que está arrancando a vida das garras da morte, desesperadas porque o tempo delas na Terra é extremamente breve. Não obstante, quando você se vê como parte da eternidade, esse terrível ato de apanhar as migalhas da mesa desaparece e, no seu lugar, você recebe a abundância da vida da qual tanto ouvimos falar, mas que tão poucas pessoas parecem possuir.

Eis uma simples pergunta: quando você for avô, não será mais um bebê, um adolescente ou um adulto jovem. Então, quando chegar a hora de ir para o céu, qual dessas pessoas aparecerá? A maioria das pessoas fica totalmente confusa quando lhe é feita essa pergunta. Não se trata de uma indagação frívola. A pessoa que você é hoje não é a mesma que você era aos dez anos de idade. Sem dúvida o seu corpo hoje é completamente diferente do daquela criança. Nenhuma molécula nas suas células é a mesma e a sua mente também não é. Você certamente não pensa como uma criança.

Em essência, a criança de dez anos que você foi está morta. A partir da perspectiva de uma criança de dez anos, a de dois anos que você foi também está morta. A razão pela qual a vida parece contínua é o fato de você ter lembranças e desejos que o amarram ao passado, mas esses também estão em constante transformação. Assim como o seu corpo vem e vai, o mesmo acontece à mente, com os pensamentos e emoções efêmeros que passam por ela. Quando você estiver consciente de ser você mesmo, sem estar apegado a uma certa idade, terá encontrado o misterioso observador interior que não fica indo e vindo.

Somente a consciência que testemunha qualifica-se como esse observador; ela permanece a mesma enquanto tudo o mais modifica-se. A testemunha ou observador da experiência é o eu a quem todas as experiências estão acontecendo. Seria inútil você agarrar-se a quem você é neste momento, no que tange ao corpo e à mente. (As pessoas ficam confusas com relação ao eu que levarão para o Céu porque imaginam um eu ideal indo para lá ou um eu que elas associaram à imaginação. No entanto, em algum nível, todos sabemos que não houve uma idade ideal.) A vida precisa ser estimulante. Ela precisa renovar-se. Se você fosse capaz de vencer a morte e permanecer exatamente como você é — ou como era na época que considera a melhor da sua vida —, você só conseguiria se mumificar.

Você está morrendo a cada momento para poder continuar a criar a si mesmo.

Já determinamos que você não está no mundo; o mundo está em você. Esse é o princípio fundamental da realidade única e também significa que você não está no seu corpo e, sim, ele em você. Uma pessoa não pode ser encontrada em lugar algum do cérebro. Seu cérebro não consome qualquer molécula de glicose para manter o seu sentimento do eu, apesar dos milhões de disparos sinápticos que sustentam todas as coisas que o eu está fazendo no mundo.

Assim sendo, quando afirmamos que a alma deixa o corpo da pessoa no momento da morte, seria mais correto dizer que o corpo deixa a alma. O corpo já está indo e vindo; agora ele parte e não volta mais. A alma não pode partir porque não tem para onde ir. Essa proposição radical precisa ser discutida um pouco porque, se você não vai a lugar algum quando morre, você já tem de estar lá. Esse é um dos paradoxos da física quântica e, para entendê-lo, é preciso saber de onde vêm as coisas.

Às vezes faço às pessoas uma pergunta simples, como: "O que você comeu ontem no jantar?" Quando elas respondem: "Salada de galinha" ou "Bife", eu então indago: "Onde estava essa lembrança antes de eu fazer a pergunta?" Como já vimos anteriormente, não existe qualquer imagem de uma salada de galinha ou de um bife estampada no seu cérebro, e tampouco o gosto ou o aroma da comida. Quando você recorda um evento, você o está tornando real. Os disparos sinápticos produzem a memória, repleta de elementos visuais, sabores e odores, se você desejá-los. Antes de você torná-la real, a memória não é local, ou seja, ela não tem uma localização; é parte de um campo de potencial, energia ou inteligência. Isto é, você possui o potencial para a memória, que é infinitamente mais vasto do que uma memória única, mas não é visível em lugar algum. Esse campo estende-se de modo invisível em todas as direções; as dimensões ocultas que estivemos discutindo podem ser explicadas como campos diferentes incrustados em um campo infinito, que é a própria existência.

Você é o campo.

Todos cometemos um erro quando nos identificamos com os eventos que vêm e vão no campo. Esses são momentos isolados, vislumbres individuais enquanto o campo momentaneamente efetiva-se. A realidade subjacente é potencial puro, também chamado de alma. Sei que isso é muito abstrato, e os sábios da antiga Índia eram da mesma opinião. Contemplando a criação, repleta de objetos dos sentidos, eles compuseram um novo termo, *Akasha*, que se ajustasse à alma. A palavra *Akasha* literalmente significa "espaço", mas o conceito mais amplo é o de espaço da alma, o campo de consciência. Quando você morre, não vai a lugar algum porque já se encontra na dimensão de *Akasha*, que está em toda parte. (A física quântica afirma que a mais diminuta partícula subatômica está em todos os lugares do espaço-tempo antes de tornar-se localizada como partícula. Sua existência não local é igualmente real, porém invisível.)

Imagine uma casa com quatro paredes e um telhado. Se a casa pegar fogo, as paredes e o telhado desmoronam. No entanto, o espaço interior não é afetado. Você pode contratar um arquiteto para projetar uma nova casa e, depois que a construir, o espaço interior continuará sem ser afetado. Essa divisão não passa de ilusão. Os sábios de antigamente diziam que nosso corpo é como essa casa. Ele é construído quando nascemos e desmorona quando morremos, mas o *Akasha*, ou espaço da alma, permanece imutável e ilimitado.

Segundo esses antigos sábios, a causa de todo sofrimento, de acordo com o primeiro *klesha*, é não saber quem somos. Se somos o campo ilimitado, a morte não é de modo algum o que temíamos.

O propósito da morte é imaginar você em uma nova forma com uma nova localização no espaço e no tempo.

Em outras palavras, você se imagina nesta determinada vida e, após a morte, mergulhará de novo no desconhecido para imaginar sua próxima forma. Não considero essa uma conclusão mística (em parte porque já tive discussões com físicos que defendem essa possibilidade, tendo em vista tudo o que sabem a respeito da não localidade da energia e das partículas), mas não tenho a intenção de convencê-lo a acreditar na reencarnação. Estamos apenas acompanhando a realidade única até o seu manancial oculto. Neste exato momento, você está produzindo novos pensamentos ao tornar real o seu potencial; parece-me apenas razoável que o mesmo processo tenha produzido quem você é agora.

Tenho um aparelho de televisão com controle remoto, e quando aperto um botão posso mudar da CNN para a MTV e para a TVE. Enquanto eu não ativo o controle remoto, esses programas não aparecem na tela; é como se eles simplesmente não existissem. Entretanto, sei que cada programa, completo e intacto, está no ar como vibrações eletromagnéticas que esperam para ser selecionadas. Analogamente, você existe no *Akasha* antes de seu corpo e sua mente captarem o sinal e expressarem este último no mundo tridimensional. Sua alma é como os múltiplos canais disponíveis na televisão e o seu carma (ou ações) escolhe o programa. Mesmo sem acreditar em qualquer dos dois, você pode apreciar a surpreendente transição de um potencial que passeia pelo espaço — como fazem os programas de televisão — para um evento completamente desenvolvido no mundo tridimensional.

Como será então quando você morrer? Talvez seja como mudar de canal. A imaginação continuará a agir como sempre, ou seja, fazendo novas imagens surgirem na tela. Algumas tradições acreditam que existe um complexo processo de reviver o carma quando a pessoa morre para que ela possa aprender no que consistiu esta vida e preparar-se para fazer um novo acordo da alma para a vida seguinte. Dizem que, no momento da morte, a vida passa diante de nós, não em alta velocidade, como é sentida pelas pessoas que estão se afogando, mas sim lentamente e com a plena compreensão de cada escolha que fizemos desde o momento que nascemos.

Se você está condicionado a pensar em função do Céu e do Inferno, sua experiência será ir para um ou para outro. (Lembre-se de que a concepção cristã desses lugares não é a mesma que a versão islâmica ou a dos milhares de *Lokas* do budismo tibetano, o que cria espaço para uma multiplicidade de mundos após a morte.) O mecanismo criativo da consciência produzirá a experiência desse outro lugar, ao passo que no caso de alguém que tenha levado a mesma vida em outro sistema de crenças, essas imagens poderão aparecer como um sonho jubiloso, um reviver de fantasias coletivas (como um conto de fadas) ou a projeção de temas da infância.

Mas se você for para outro mundo depois da morte, esse mundo estará em você tanto quanto este. Isso significa que o Céu e o Inferno não são reais? Olhe para uma árvore pela janela. Ela não possui qualquer realidade, exceto como um evento específico do espaço-tempo efetivando-se a partir do infinito potencial do campo. Por conseguinte, é razoável afirmar que o Céu e o Inferno são tão reais quanto essa árvore — e tão irreais quanto ela.

O rompimento absoluto entre a vida e a morte é uma ilusão.

O que incomoda as pessoas com relação a perder o corpo é que o evento dá a impressão de ser um terrível rompimento ou interrupção. Imagina-se essa interrupção como sinônimo de penetrar no vazio; trata-se da completa extinção pessoal. No entanto, essa perspectiva que desperta um medo enorme está limitada ao ego. Esse último possui anseios permanentes; ele quer se sentir hoje como uma extensão de ontem. Se não se pudesse agarrar a esse fio, a jornada do dia a dia daria a impressão de ser desconexa; pelo menos esse é o receio do ego. Mas você fica muito traumatizado quando uma nova imagem ou um novo desejo surge na sua mente? Você mergulha no campo de infinitas possibilidades para ter um novo pensamento, voltando com uma imagem específica entre os trilhões que poderiam existir. Nesse momento, você não é a pessoa que era um segundo antes. Assim sendo, você está agarrando-se a uma ilusão de continuidade. Desista dela agora e você estará de acordo com a máxima de São Paulo de morrer para a morte. Você perceberá que foi descontínuo o tempo todo, mudando sem cessar, constantemente mergulhando no oceano de possibilidades para produzir algo novo.

A morte pode ser encarada como uma total ilusão porque você já está morto. Quando você pensa em quem você é em função de mim e meu, está referindo-se ao seu passado, uma época que está morta e desapareceu. As memórias dela são relíquias de um tempo que já passou. Sua vida, na verdade, é desconhecida como deve ser, para que você conceba novos pensamentos, desejos e experiências. Quando você escolhe repetir o passado, está impedindo a vida de renovar-se.

Você se lembra da primeira vez em que tomou sorvete? Se não se lembra, observe uma criança bem pequena que se depara com uma casquinha de sorvete. A expressão no rosto da criança é de pura felicidade. Mas a segunda casquinha de sorvete, embora a criança possa suplicar para consegui-la, é levemente menos maravilhosa do que a primeira. Cada repetição é ligeiramente menos intensa porque, quando você volta à coisa que já conhece, ela não pode ser mais experimentada pela primeira vez. Hoje em dia, por mais que você possa gostar de sorvete, a experiência de saboreá-lo tornou-se um hábito. A sensação do sabor não se modificou, mas você mudou. O trato que você fez com o ego, de manter o eu, o mim e o meu seguindo os mesmos caminhos habituais, foi um mau acordo; você escolheu o oposto da vida, que é a morte.

Tecnicamente falando, até mesmo a árvore que você vê da sua janela é uma imagem do passado. No momento em que você olha para ela e a processa no cérebro, a árvore já seguiu adiante no nível quântico, fluindo com a estrutura vibrante do universo. Para estar totalmente vivo, você precisa introduzir-se na esfera não local onde nascem novas experiências. Se você abandonar a fantasia de estar no mundo, perceberá que sempre viveu a partir do lugar descontínuo e não local chamado alma. Ao morrer, você penetrará no mesmo desconhecido, e nesse momento terá uma boa chance de sentir que nunca esteve mais vivo.

Por que esperar? Você pode ficar tão vivo quanto quiser por meio do processo chamado entrega. Esse é o próximo passo na conquista da morte. Até agora neste capítulo, a linha divisória entre a vida e a morte tornou-se tão indistinta a ponto de quase desaparecer. A entrega é o ato de apagar completamente essa linha. Quando você se consegue ver como o ciclo total da morte dentro da vida e da vida dentro da morte, você entregou-se — a arma mais poderosa do místico contra o materialismo. No limiar da realidade única, o místico abandona toda necessidade de limites e mergulha diretamente na existência. O círculo se fecha e o místico se vivencia como a realidade única.

ENTREGAR-SE É...

> Ter atenção plena.
> Reconhecer a riqueza da vida.
> Abrir-se ao que está diante de você.
> Não fazer julgamentos.
> Ser desprovido de ego.
> Ser humilde.
> Ser receptivo a todas as possibilidades.
> Admitir o amor.

Quase todas as pessoas pensam na entrega como um ato difícil, até mesmo impossível. Ela implica a rendição diante de Deus, que poucos, salvo os mais santos, parecem conseguir. Como podemos saber se o ato de entrega aconteceu? A frase "Estou fazendo isso para Deus" é inspiradora, mas uma câmera de vídeo instalada no canto da sala não conseguiria detectar a diferença entre um ato praticado para Deus e o mesmo ato executado sem que Deus tenha passado pela cabeça da pessoa.

É muito mais fácil praticar a entrega sozinho e deixar que Deus apareça se quiser. Abra-se para um quadro de Rembrandt ou Monet, que são, afinal de contas, gloriosos elementos da criação. Preste bem atenção à obra que escolheu. Aprecie a profundidade da imagem, o cuidado da execução. Abra-se para o que está diante de você, em vez de se deixar dominar pela distração. Não decida de antemão que você precisa gostar do quadro porque lhe disseram que ele é magnífico. Não se obrigue a ter uma reação positiva porque ela o faria parecer inteligente ou sensível. Deixe que a pintura seja o foco da sua atenção, o que é a essência da humildade. Seja receptivo a qualquer reação que você possa ter. Se todas essas etapas da entrega estiverem presentes, um grande Rembrandt ou Monet despertará o amor porque o artista está simplesmente *no quadro*, na sua humanidade desnuda.

Na presença dessa humanidade, a entrega não é difícil. As pessoas em si são mais difíceis. No entanto, quando nos entregamos a uma outra pessoa, seguimos os mesmos passos que acabam de ser relacionados. Talvez na próxima vez em que jantar com sua família, você decida concentrar-se em uma das etapas da entrega, como ficar totalmente atento ou não fazer julgamentos.

Escolha a etapa que lhe pareça a mais fácil ou, melhor ainda, a que você sabe que tem preterido. Quase todos nós deixamos de lado a humildade quando nos relacionamos com nossa família. Que significa ser humilde com uma criança, por exemplo? Significa considerar a opinião dela como tendo o mesmo peso que a sua. No nível da consciência, ela possui, de fato, o mesmo peso; a sua vantagem em anos por ser o pai ou a mãe à mesa não desmerece esse fato. Todos tivemos de ser crianças, e o que pensávamos naquela época encerrava todo o peso e a importância da vida em qualquer idade, talvez mais ainda. O segredo da entrega é que você a pratica interiormente, sem tentar agradar a outra pessoa.

Por mais que isso nos perturbe, um dia todos nos vemos diante de uma pessoa muito idosa, frágil e que está prestes a morrer. As mesmas etapas da entrega são possíveis nessa situação. Se você segui-las, a beleza de uma pessoa prestes a morrer é tão evidente quanto a beleza de um Rembrandt. A morte inspira certa admiração que pode ser alcançada quando transcendemos a reação automática do medo. Senti recentemente essa admiração quando deparei com um fenômeno em biologia que ajuda a reforçar a noção de que a morte está completamente unida à vida. Acontece que nosso corpo já descobriu o segredo da entrega.

O fenômeno chama-se *apoptose*. Essa estranha palavra, que era completamente nova para mim, conduziu-me a uma jornada profundamente mística e, ao retornar, percebi que minha percepção de vida e morte se havia modificado.

Ao digitar a palavra *apoptose* em um mecanismo de busca na internet, obtive 357 mil respostas e a primeira definia a palavra a partir de uma perspectiva bíblica: "Cada célula tem o seu tempo de viver e o seu tempo de morrer."

A apoptose é a morte celular programada e, embora não nos demos conta do fato, cada um de nós vem morrendo todos os dias, como programado, para permanecer vivo. A célula reverte cuidadosamente o processo do nascimento: ela encolhe, destrói suas proteínas básicas e a seguir se põe a destruir seu próprio DNA. Bolhas surgem na superfície da membrana quando a célula abre os portais para o mundo exterior e expele todas as substâncias químicas vitais, e os glóbulos brancos do sangue finalmente a engolem, exatamente como devorariam um micróbio invasor. Quando o processo se completa, a célula se dissolve completamente sem deixar vestígios.

Quando lemos esse relato eloquente a respeito da célula que se sacrifica tão metodicamente, não podemos deixar de ficar comovidos. No entanto, a parte mística ainda está por vir. A apoptose não é uma forma de nos livrarmos de células velhas ou doentes, como você poderia supor. O processo nos fez nascer. Na condição de embriões no útero, cada um de nós passou por estágios primitivos de desenvolvimento quando tínhamos cauda de girino, guelras de peixe, membranas natatórias entre os dedos e, o mais incrível, um número excessivo de células cerebrais. A apoptose ocupou-se desses vestígios indesejáveis; no caso do cérebro, o bebê recém-nascido forma ligações neurais adequadas, removendo o excesso de tecido cerebral com o qual todos nascemos. (Os neurologistas ficaram surpresos ao descobrir que nosso cérebro contém o maior número de células ao nascer, número esse que é reduzido aos milhões para que a inteligência superior possa formar a sua delicada teia de conexões. Durante muito tempo acreditou-se que a destruição das células cerebrais era um processo patológico associado ao envelhecimento. Toda a questão talvez precise agora ser reconsiderada.)

No entanto, a apoptose não termina no útero. Nosso corpo continua a vicejar na morte. As células imunológicas que engolem e consomem as bactérias invasoras se voltariam contra os tecidos do corpo se elas não induzissem a morte umas às outras e depois não voltassem contra si mesmas com os mesmos venenos usados contra os invasores. Sempre que uma célula detecta que seu DNA está danificado ou defeituoso, ela sabe que o corpo sofrerá se o defeito for passado adiante. Por sorte, toda célula contém um gene de veneno conhecido como p53, que ela pode ativar para morrer.

Esses poucos fatos mal arranham a superfície. Há muito os anatomistas sabiam que as células da pele morrem em poucos dias; que as células da retina, os glóbulos vermelhos do sangue e as células do estômago também estão programadas com um tempo de vida breve e específico para que os seus tecidos possam ser rapidamente reabastecidos. Cada uma morre por uma razão única e exclusiva. As células da pele precisam ser eliminadas para que a pele permaneça flexível, ao passo que as do estômago morrem como parte da poderosa combustão química que digere a comida.

A morte não pode ser nossa inimiga, visto que dependemos dela desde o útero. Pense na seguinte ironia. Acontece que o corpo é capaz de tirar férias da morte produzindo células que decidem viver para sempre. Essas células não ativam o p53 quando detectam defeitos no seu DNA. E ao se recusar a ordenar a própria execução, essas células se dividem de modo implacável e hostil. O câncer, a mais temida das doenças, representa as férias do corpo, ao passo que a morte programada é o seu bilhete para a vida. Esse é o paradoxo da vida e da morte encarado de frente. A noção mística de morrer todos os dias revela-se o fato mais concreto do corpo.

Isso significa que somos impecavelmente sensíveis ao equilíbrio das forças positivas e negativas, e quando o equilíbrio é distorcido, a morte é a resposta natural. Nietzsche comentou certa vez que os seres humanos são as únicas criaturas que precisam ser encorajadas a permanecer vivas. Ele não poderia saber que o que afirmou é literalmente verdade. As células recebem sinais que lhes dizem para continuar vivas — substâncias químicas chamadas fatores de crescimento e interleucina-2. Se esses sinais positivos forem removidos, a célula perde a vontade de viver. Como o beijo da morte da Máfia, a célula também pode receber mensageiros que se unem aos seus receptores externos para indicar que a morte chegou; esses mensageiros químicos são conhecidos como "ativadores da morte".

Meses depois de escrever este parágrafo, encontrei um professor da Harvard Medical School que descobrira um fato impressionante. Existe uma substância que faz com que as células cancerosas ativem novos vasos sanguíneos para que possam obter alimento. Pesquisas médicas concentraram-se em descobrir como bloquear essa substância desconhecida para que os tumores possam ser privados de nutrientes e, desse modo, destruídos. O professor descobriu que a substância exatamente *oposta* causa a toxemia nas mulheres grávidas, que pode ser fatal. — Você percebe o que isto significa? — perguntou ele, profundamente assombrado. — O corpo consegue ativar substâncias químicas em um ato de equilíbrio entre a vida e a morte, mas a ciência não deu qualquer atenção a quem está produzindo o equilíbrio. Todo o segredo da saúde não repousa nessa parte de nós mesmos, e não nas substâncias químicas utilizadas? — O fato de que a consciência poderia ser o componente ausente, o fator X nos bastidores, foi para ele uma revelação.

Os místicos tomaram o lugar da ciência neste caso porque lemos em muitas tradições místicas que toda pessoa morre exatamente no momento certo e sabe de antemão quando ele chegará. Mas eu gostaria de examinar mais profundamente o conceito de morrer todos os dias. Morrer diariamente é uma escolha que todo mundo negligencia. Quero me ver como a mesma pessoa todos os dias, para preservar meu senso de identidade. Quero me ver habitando o mesmo corpo todos os dias porque me perturba pensar que meu corpo está constantemente me abandonando.

No entanto, isso precisa acontecer para que eu não me torne uma múmia viva. Seguindo a complexa programação da apoptose, recebo um novo corpo por meio do mecanismo da morte. Esse processo ocorre de maneira tão sutil que passa despercebido. Ninguém vê uma menina de dois anos entregando o corpo para obter um novo aos três anos. Diariamente o corpo dela é e *não é* o mesmo. Somente o constante processo de renovação — um presente de morte — permite que ela acompanhe cada estágio de desenvolvimento. A grande maravilha é que nós nos sentimos como a mesma pessoa no meio dessa interminável mudança de forma.

Ao contrário do que ocorre com a morte das células, posso observar o nascimento e a morte das minhas ideias. Para comportar a passagem do pensamento infantil para o pensamento adulto, a mente precisa morrer todos os dias. As ideias que eu alimento morrem e nunca reaparecem; minhas experiências mais intensas são consumidas pelas suas próprias paixões; minha resposta à pergunta "Quem sou eu?" modifica-se completamente dos dois para os três anos de idade, dos três para os quatro e assim por diante no decorrer da vida.

Compreendemos a morte quando abandonamos a ilusão de que a vida precisa ser contínua. Toda a natureza obedece a um único ritmo — o universo está morrendo à velocidade da luz, mas mesmo assim consegue, ao longo do caminho, criar este planeta e as formas de vida que o habitam. Nosso corpo está morrendo a diferentes velocidades ao mesmo tempo, começando com o fóton, ascendendo por meio da dissolução química, da morte celular, da regeneração dos tecidos e, finalmente, da morte de todo o organismo. Do que temos tanto medo?

Na minha opinião, a apoptose nos resgata do medo. A morte de uma célula individual não faz diferença alguma para o corpo. O que conta não é o ato e sim o plano, um projeto abrangente que produz o equilíbrio entre os sinais positivos e negativos aos quais todas as células reagem. O plano está além do tempo porque recua à construção do tempo. O plano está além do espaço porque está em todos os lugares do corpo e, no entanto, em lugar algum; toda célula quando morre leva o plano com ela, mas mesmo assim o plano sobrevive.

Na realidade única, não resolvemos uma discussão tomando partido; os dois lados de qualquer discussão são igualmente válidos. Portanto, não tenho qualquer problema em aceitar que o que acontece depois da morte é invisível aos nossos olhos e não pode ser provado como um evento material. Concordo sem questionar que normalmente não nos lembramos das nossas vidas passadas e que podemos viver muito bem sem esse conhecimento. Ainda assim, não entendo como alguém pode continuar a ser materialista depois de ver a apoptose em ação. O argumento da vida depois da morte só é forte se você desprezar tudo que foi descoberto a respeito das células, fótons, moléculas, pensamentos e todo o corpo. Cada nível da existência nasce e morre segundo uma programação própria, que varia de menos de um milionésimo de segundo ao provável renascimento de um novo universo daqui a bilhões de anos. A esperança que jaz depois da morte origina-se na promessa de renovação. Se você identificar-se apaixonadamente com a vida, em vez de com o desfile passageiro de formas e fenômenos, a morte assume seu lugar apropriado como agente de renovação. Tagore pergunta-se, em um dos seus poemas: "O que você dará / Quando a morte bater à sua porta?" A resposta dele revela a alegria despreocupada de alguém que subiu acima do medo que circunda a morte:

> A plenitude da minha vida —
> O doce vinho dos dias de outono e das noites de verão,
> Meu pequeno tesouro acumulado através dos anos
> E horas repletas de vida.
>
> Este será o meu presente
> Quando a morte bater à minha porta

MODIFICANDO SUA REALIDADE PARA ACOMODAR O DÉCIMO SEGREDO

O décimo segredo diz que a vida e a morte são naturalmente compatíveis. Você pode tornar esse segredo pessoal abandonando sua imagem que pertence ao passado, fazendo uma espécie de exfoliação da sua autoimagem. O exercício é muito simples. Sente-se de olhos fechados e veja-se como um bebê recém-nascido. Use a melhor imagem de bebê que conseguir recordar, ou, se você não se lembra de imagem alguma desse tipo, crie uma.

Certifique-se de que o bebê está desperto e alerta. Atraia a atenção dele e peça-lhe para olhar nos seus olhos. Depois de estabelecerem o contato, olhem nos olhos um do outro por um momento, até sentirem-se tranquilos e conectados. Convide agora o bebê a unir-se a você e, lentamente, observe a imagem desaparecer no centro do seu peito. Se desejar, você pode visualizar um campo de luz que absorve a imagem, ou apenas perceber um sentimento caloroso no coração.

Veja-se agora como um bebê que começa a dar os primeiros passos. Uma vez mais, estabeleça o contato e, assim que o fizer, peça a essa sua versão que se una a você. Proceda do mesmo modo com qualquer eu do passado que você deseje recordar; se você tiver lembranças particularmente vívidas de determinada idade, demore-se nela, mas no final sua intenção é ver cada imagem esmorecer e desaparecer.

Continue em direção à sua idade atual e prossiga, para se ver em estágios nos quais você é mais velho do que agora. Termine com duas imagens finais: uma de você como uma pessoa muito idosa, porém com boa saúde, e uma de você no seu leito de morte. Em ambos os casos, estabeleça o contato e, a seguir, deixe que a imagem incorpore-se a você.

Quando a imagem na qual você se vê morrendo desaparecer, sente-se quieto e sinta o que permanece. Ninguém é realmente capaz de imaginar a própria morte, porque, mesmo que você chegue a ponto — que pode ser por demais repulsivo para algumas pessoas — de se ver como um cadáver sendo baixado à sepultura e decompondo-se nos seus elementos, a testemunha permanecerá. Visualizar-se como cadáver é um exercício tântrico da antiga Índia e dirigi grupos que o praticaram. Quase todo mundo entende a essência da situação, que não é nada repulsiva. Quando você presencia o desaparecimento de cada um dos seus vestígios terrenos, compreende que jamais conseguirá extinguir-se. A presença da testemunha, que é a suprema sobrevivente, indica o caminho além da dança da vida e da morte.

Segundo Exercício: A Morte Consciente

Como toda experiência, morrer é uma coisa que criamos como algo que está nos acontecendo. Em muitas culturas orientais há uma prática chamada "morte consciente", na qual a pessoa participa ativamente da formação do processo da morte. Por meio da prece, de rituais, da meditação e da ajuda de pessoas vivas, a pessoa que está morrendo altera o equilíbrio de "Esta experiência está acontecendo a mim" para "Eu estou criando esta experiência".

Não existe no Ocidente a tradição da morte consciente. Na verdade, deixamos as pessoas agonizantes em hospitais impessoais onde a rotina é fria, assustadora e desumanizadora. Muitas coisas precisam mudar nessa área. O que você pode fazer nesse momento é levar a consciência ao processo da morte, livrando-o do excesso de medo e ansiedade.

Pense em uma pessoa idosa que lhe seja íntima, cuja morte esteja próxima. Veja-se no quarto com ela; você pode imaginar como é o aposento se não tiver um conhecimento efetivo do local onde a pessoa encontra-se. Coloque-se dentro da mente e do corpo da pessoa. Examine-se de forma detalhada, sinta a cama, observe a luz que entra pela janela, veja-se rodeado pelos rostos da família, dos médicos e dos enfermeiros, caso haja algum.

Comece agora a ajudar a pessoa na mudança de enfrentar passivamente a morte para criar ativamente a experiência. Ouça a sua voz falando em um tom normal; não é preciso ser solene. Conforte e tranquilize a pessoa, mas concentre-se basicamente em mudar a percepção da pessoa de "isto está me acontecendo" para "eu estou fazendo isto". Apresento a seguir alguns dos principais assuntos sobre os quais você pode falar (eu os coloquei na segunda pessoa, como se você estivesse abrindo-se com um amigo íntimo):

Acho que você teve uma vida linda. Falaremos sobre as melhores coisas de que você lembra.

Você pode sentir orgulho de ter sido uma boa pessoa. Você criou muito amor e respeito.

Aonde você gostaria de ir agora?

Diga-me o que você sente a respeito do que está acontecendo.

Que mudanças você faria, se pudesse?

Caso você sinta algum remorso, abra-se comigo. Eu o ajudarei a livrar-se dele.

Você não precisa mais sentir-se triste. Eu o ajudarei a livrar-se de qualquer tristeza que ainda possa sentir.

Você merece estar em paz. Você teve um ótimo desempenho na sua corrida, e agora que ela terminou, o ajudarei a ir para casa.

Sei que você não acreditará, mas tenho inveja de você. Você está prestes a ver o que está do outro lado da cortina.

Você deseja alguma coisa para sua jornada?

"

É claro que você pode levar os mesmos assuntos ao leito de morte de alguém que esteja realmente morrendo. No entanto, ter uma conversa imaginária é uma boa maneira de entrar em contato consigo mesmo. O processo não deve ser apressado. Cada tópico precisa se estender por pelo menos uma hora. Para estar realmente envolvido, você precisará sentir que está dando enorme atenção a si mesmo. O exercício deverá produzir sentimentos variados, visto que todos abrigamos medo e tristeza diante da perspectiva da morte. Se alguma pessoa na sua vida morreu antes que você pudesse despedir-se completamente dela, imagine-se conversando com ela a respeito dos assuntos que acabo de relacionar. A esfera onde a vida e a morte fundem-se está sempre presente conosco, e ao prestar atenção a ela você conecta-se a um precioso aspecto da consciência. Morrer plenamente consciente é completamente natural se você viveu totalmente consciente.

Décimo primeiro segredo

O UNIVERSO PENSA ATRAVÉS DE VOCÊ

Tive recentemente um pequeno encontro com o destino — um encontro tão pequeno que poderia ter passado completamente despercebido. Recebi a visita de um homem que dedicou a vida inteira à espiritualidade. Ele me falou a respeito das inúmeras visitas que fez à Índia e à devoção que sentia pelos costumes daquele país. Usava amuletos do tipo que se pode comprar nos templos e nos locais sagrados; conhecia muitos cânticos sagrados, ou *Bhajans*; foi abençoado por muitos homens santos nas suas viagens. Alguns lhe deram de presente alguns mantras. Um mantra pode ser curto como uma sílaba ou longo como uma frase, mas é basicamente um som. De que maneira um som pode ser um presente? Para alguém impregnado da tradição indiana, o presente não é o mantra em si, e sim o efeito que ele tem a intenção de proporcionar, como riqueza ou um bom casamento. Existem milhares de mantras e eles podem produzir milhares de resultados.

Quando perguntei ao homem de que maneira ele ganhava a vida, ele balançou a mão e respondeu: "Bem, praticando um pouco de cura, dedicando-me a algumas atividades psíquicas. Você sabe como é, leitura de pensamento. Não presto muita atenção a isso."

A atitude negligente dele me intrigou e perguntei se ele poderia me dar um exemplo. Ele deu de ombros e disse: "Pense em uma pessoa que conheça e escreva uma pergunta que gostaria de fazer a ela." A única pessoa na minha cabeça naquele dia era a minha mulher, que estava havia algum tempo visitando a família em Nova Déli. Lembrei a mim mesmo que eu deveria ligar para ela e perguntar quando planejava voltar; não havíamos fixado uma data porque alguns dos membros da família eram idosos e a estada da minha esposa dependia de como eles estivessem passando.

Escrevi no papel o que eu queria saber e olhei para meu visitante. Ele fechou os olhos e começou a entoar um longo mantra. Após um minuto, ele disse: "Terça-feira. Você está pensando na sua mulher e quer saber quando ela voltará para casa."

Ele acertou o que eu estava pensando e, depois que ele saiu do aposento e pude telefonar para minha mulher, constatei que ele acertou também a data da volta dela. Felicitei-o, mas ele balançou a mão com o mesmo gesto descuidado que dizia: "Não é nada. Eu mal presto atenção a isso." Uma hora mais tarde, quando fiquei sozinho, comecei a pensar a respeito desses eventos psíquicos, que já não são novidade, considerando-se como a mídia anuncia os fenômenos paranormais. Especificamente, refleti a respeito do livre-arbítrio e do determinismo. O homem disse que era capaz de ler a mente, mas a volta da minha mulher na terça-feira não estava na minha cabeça. Tratava-se de um fato que poderia ter caído em qualquer dia da semana; eu até imaginei que ela poderia permanecer indefinidamente em Nova Déli caso as circunstâncias determinassem sua permanência.

Sem dúvida a questão do livre-arbítrio versus o determinismo é enorme. Na realidade única, cada par de opostos é essencialmente uma ilusão. Já turvamos a divisão entre *o bem e o mal* e a vida e a morte. O livre-arbítrio se revelará o mesmo que o determinismo? Muitas coisas parecem depender da resposta:

LIVRE-ARBÍTRIO =
Independência
Autodeterminismo
Escolha
Controle dos eventos
O futuro é aberto

DETERMINISMO =
Dependência de uma vontade externa
Autodeterminado pelo destino
Nenhum controle sobre os eventos
As escolhas são feitas para nós
O futuro é fechado

Essas frases descrevem o entendimento comum do que está em jogo. Todos os itens na coluna do livre-arbítrio são atraentes. Todos queremos ser independentes; queremos tomar nossas próprias decisões; queremos acordar com a esperança de que o futuro é aberto e repleto de infinitas possibilidades. Por outro lado, nada parece interessante na coluna do determinismo. Se suas escolhas foram feitas para você, se o seu eu está preso a um plano escrito antes de você nascer, o futuro não pode estar aberto. Emocionalmente, pelo menos, a perspectiva do livre-arbítrio sempre ganhou a disputa.

E em certo nível ninguém precisou aprofundar-se mais. Se eu e você somos marionetes conduzidas por um apresentador invisível, quer o chamemos de Deus, destino ou carma, então as cordas que ele está puxando também são invisíveis. Não temos prova alguma de que não estamos escolhendo livremente, a não ser nos misteriosos momentos como aquele com o qual iniciei o capítulo, e os telepatas não vão mudar a maneira como fundamentalmente nos comportamos.

Não obstante, existe uma razão para nos aprofundarmos e ela baseia-se na palavra *Vasana*. Em sânscrito, um *Vasana* é uma causa inconsciente. É o software da psique, a força motriz que o induz a fazer uma coisa quando você acha que sua ação é espontânea. Sob esse aspecto, *Vasana* é muito perturbador. Imagine um robô cujas ações são impulsionadas por um software que ele tem dentro de si. A partir do ponto de vista do robô, a existência do programa não é importante enquanto tudo está indo bem. A ilusão de não ser um robô desmorona quando o software deixa de funcionar, porque, nesse caso, se o robô quer fazer uma coisa e não consegue, nós sabemos o motivo.

Vasana é um determinismo que dá a impressão de ser o livre-arbítrio. Lembro-me do meu amigo Jean, que conheço há quase 20 anos. Jean considera-se muito espiritual e, no início da década de 1990, chegou a ponto de largar o emprego em um jornal de Denver para ir morar em um *ashram* na região oeste de Massachusetts. No entanto, ele achou o ambiente sufocante. "São todos seguidores secretos do hinduísmo", queixou-se ele. "Não querem fazer nada a não ser rezar, recitar cânticos e meditar." Assim sendo, Jean decidiu levar a vida adiante. Apaixonou-se por algumas mulheres, mas nunca se casou. Ele não gosta da ideia de se estabelecer e tem a tendência de se mudar para um novo Estado mais ou menos a cada quatro anos. (Certa vez ele me disse que contou e descobriu que morou em 40 casas diferentes desde que nasceu.)

Um dia Jean me ligou para contar uma história. Ele tinha saído com uma mulher que se interessava há pouco tempo pelo sufismo e, enquanto iam de carro para casa, ela disse a Jean que, segundo seu mestre sufista, todas as pessoas possuíam uma característica prevalecente.

— Você está se referindo ao que é mais predominante nelas, como ser extrovertido ou introvertido? — perguntou ele.

— Não, não estou dizendo predominante — replicou ela. — Nossa característica prevalecente é oculta. Somos guiados por ela sem saber que estamos agindo de acordo com ela.

No minuto em que ouviu isso, Jean ficou agitado. — Olhei pela janela do carro e tive um estalo — disse ele. — Eu fico em cima do muro. Só me sinto à vontade quando posso ter os dois lados de uma situação sem me comprometer com nenhum dos dois. — De repente, muitas peças encaixaram-se. Jean conseguiu entender por que ele esteve em um *ashram*, mas não se sentiu parte do grupo. Percebeu por que apaixonava-se pelas mulheres, mas sempre enxergava os defeitos delas. Descobriu ainda muito mais coisas. Jean queixa-se da família, mas nunca deixa de passar o Natal com ela. Ele considera-se um especialista em todos os assuntos que estudou, que foram muitos, mas não ganha a vida dedicando-se a qualquer um deles. Ele é, na verdade, uma pessoa que não assume compromissos. E como sugeriu a moça com quem ele saiu, Jean não tinha a menor ideia de que seu *Vasana*, pois é disso que estamos falando, fazia com que ele entrasse em uma situação depois da outra sem cair do muro.

— Imagine só — declarou ele, obviamente surpreso. — Aquilo que eu mais sou é exatamente o que nunca percebi.

Se as tendências inconscientes continuassem a operar em surdina, elas não representariam um problema. O software genético de um pinguim ou de um gnu é agir sem nenhum conhecimento de que ele está se comportando como todos os outros pinguins ou gnus. No entanto, os seres humanos, únicos entre todas as criaturas vivas, querem fragmentar o *Vasana*. Não basta ser um peão que acha que é o rei. Ansiamos pela garantia da liberdade absoluta e o resultado dela — um futuro completamente aberto. Isso é razoável? É até mesmo possível?

No seu texto clássico, os *Sutras da Ioga*, o sábio Patanjali nos informa que existem três tipos de *Vasana*. Ele chama o tipo que promove um comportamento agradável de *Vasana* branco; o tipo que gera o comportamento desagradável, de *Vasana* negro; o tipo que combina os dois, de *Vasana* misto. Eu diria que Jean possui um *Vasana* misto — ele gostava de ficar em cima do muro, mas sentia falta da gratificação de sentir um amor duradouro por outra pessoa, de uma aspiração estimulante ou de uma visão compartilhada que o ligaria a uma comunidade. Ele exibia as qualidades positivas e negativas de uma pessoa que precisa manter abertas todas as opções. O objetivo do aspirante espiritual é esgotar o *Vasana* para poder alcançar a clareza. Na clareza você sabe que não é um fantoche; você libertou-se dos impulsos inconscientes que uma vez o enganaram e o fizeram pensar que estava agindo de um modo espontâneo.

O segredo aqui é que o estado de liberação não é o livre-arbítrio. Esse último é o oposto do determinismo e, na realidade única, os opostos precisam no final fundir-se e tornar-se um só. No caso da vida versus a morte, vemos que eles se fundiram porque ambos precisavam renovar o fluxo da experiência. O livre-arbítrio e o determinismo não se fundem dessa maneira. Eles só se fundem quando um debate cósmico é resolvido de uma vez por todas. Eis aqui o debate na sua forma mais simples.

Existem duas reivindicações à realidade suprema. Uma delas tem origem no mundo físico, onde os eventos possuem causas e efeitos definidos. A outra reivindicação é oriunda do Ser absoluto, que não possui causa alguma. Somente um reivindicante pode estar certo porque não existe algo como duas realidades supremas. Qual é ela, então?

Se o mundo físico é a realidade suprema, então sua única escolha é jogar o jogo de *Vasana*. Cada tendência tem uma causa em uma tendência anterior, e tão logo você a esgote, estará criando outra para substituí-la. Você não pode ser um produto terminado. Existe sempre algo esperando para ser corrigido, protegido, ajustado, polido, limpo ou pronto para se desintegrar. (As pessoas que não conseguem enfrentar esse fato tornam-se perfeccionistas, constantemente perseguindo a quimera de uma existência impecável. Embora não percebam, estão tentando derrotar a lei de *Vasana*, que determina que nenhuma causa pode desaparecer; ela só pode transformar-se em outra causa.) O mundo físico também é chamado de esfera do carma, que possui o seu lado cósmico. O *Karma*, como sabemos, significa "ação", e a pergunta a ser feita sobre a ação é a seguinte: Ela teve um início? Ela termina um dia? Toda pessoa que nasceu se viu lançada em um mundo de ação que já era plenamente operacional. Não existe qualquer indício de que uma primeira ação tenha dado início às coisas, assim como não há nenhuma forma de afirmar-se que uma última ação poderá interromper tudo. O universo é um dado fundamental e, apesar das teorias a respeito do Big Bang, a possibilidade de outros universos, ou mesmo de infinitos universos, significa que a cadeia de primeiros eventos poderia se estender eternamente.

Os antigos sábios não se importavam com telescópios porque viam, em um lampejo de discernimento, que a mente é governada pela causa e pelo efeito e, portanto, não tem o poder de olhar além do carma. O pensamento que estou tendo agora surgiu do pensamento que tive um segundo atrás. O pensamento que tive um segundo atrás nasceu de um pensamento que tive um segundo antes dele, e assim por diante. Com ou sem o Big Bang, minha mente é prisioneira do carma porque a única coisa que ela pode fazer é pensar.

Os sábios sustentavam que existe alternativa. Sua mente pode existir. Foi assim que o segundo reivindicante chegou ao tribunal. A realidade suprema poderia ser o próprio Ser. O Ser não age e, portanto, nunca é tocado pelo carma. Se o Ser for a realidade suprema, o jogo de *Vasana* está terminado. Em vez de nos preocuparmos com a causa e o efeito, que é a origem de todas as tendências, podemos dizer simplesmente que *não existe causa alguma e efeito algum*.

Afirmei que *Vasana* nos dava um motivo para mergulhar mais profundamente no livre-arbítrio. Agora podemos perceber por quê. A pessoa que se satisfaz em permanecer um fantoche não é diferente do rebelde que grita que precisa continuar livre a todo custo. Ambos estão sujeitos ao carma; a opinião deles não faz qualquer diferença para a questão. Mas se você conseguir identificar-se com um estado que não possui *Vasanas*, o livre-arbítrio e o determinismo podem fundir-se; eles tornam-se meras instruções no manual do software cármico. Em outras palavras, ambos são ferramentas a serem usadas pelo Ser em vez de objetivos em si mesmos. No final, o carma perde a disputa sobre ser a realidade suprema.

Como posso afirmar que a discussão está resolvida? Eu poderia dizer que ela foi esclarecida pela autoridade porque o registro espiritual contém incontáveis sábios e santos que atestam que o Ser é a base suprema da existência. Mas como não nos estamos apoiando aqui em qualquer autoridade, a prova precisa vir da experiência. Sinto que estou vivo, o que parece favorecer o argumento do carma, visto que estar vivo consiste em uma ação após outra. No entanto, não posso estar vivo se o universo como um todo não estiver. Essa conclusão pareceria absurda se não tivéssemos chegado a ela aos poucos. Mas atingimos o ponto em que compreendemos que o verdadeiro absurdo é estar vivo em um universo morto. Antes dos tempos modernos, ninguém achava que estava encalhado em uma partícula de pedra e água, podendo apenas contemplar um vazio negro. Considero essa imagem, que é a base da superstição da ciência, horripilante e falsa. Meu corpo e o universo são compostos das mesmas moléculas e, por mais que eu tente, não consigo acreditar que um átomo de hidrogênio está vivo dentro de mim, mas morre no instante em que deixa meu pulmão.

Meu corpo e o universo têm a mesma origem, obedecem aos mesmos ritmos, lampejam com as mesmas tempestades de atividade eletromagnética. Meu corpo não se pode dar ao luxo de discutir a respeito de quem criou o universo. Cada célula desapareceria no momento em que parasse de criar a si mesma. O universo deve estar então vivendo e respirando por meu intermédio. Eu sou uma expressão de tudo na existência.

Em qualquer momento considerado, a borbulhante atividade subatômica que mantém o universo em atividade está em constante mudança; cada partícula nasce e morre milhares de vezes por segundo. Nesse intervalo, eu também nasço e morro, deslocando-me da existência para a aniquilação bilhões de vezes por dia. O universo produziu esse ritmo incrivelmente rápido para poder fazer uma pausa no intervalo e decidir o que criar a seguir. O mesmo é verdade com relação a mim. Embora minha mente seja lenta demais para perceber a diferença, não sou a mesma pessoa depois de voltar dos meus bilhões de jornadas no vazio. Cada processo individual das minhas células foi repensado, reexaminado e reorganizado. A criação tem lugar em graus infinitesimais e o resultado global é a eterna gênese.

Em um universo vivo, não precisamos responder a perguntas sobre quem é o criador. Em diferentes épocas, as religiões identificaram um deus único, múltiplos deuses e deusas, uma força vital invisível, uma mente cósmica e, na religião atual da física, um jogo cego do acaso. Você pode escolher qualquer um deles, porque o mais crucial a respeito da gênese é você. Você consegue se ver como o ponto ao redor do qual tudo agora revolve?

Olhe à sua volta e tente visualizar sua situação como um todo. A partir do ponto de vista do eu limitado, você não pode ser o centro do cosmo. No entanto, isso acontece porque você está olhando para o carma. Sua atenção está voltada para detalhes da sua situação: um relacionamento atual, acontecimentos no trabalho, as finanças, e talvez debatendo-se em uma vaga preocupação com uma crise política ou as condições da Bolsa de Valores.

Independentemente do número desses componentes que você tente abranger, você não estará enxergando toda a situação. A partir da perspectiva da totalidade, o universo está pensando *a seu respeito*. Os pensamentos dele são invisíveis, mas eles acabam se manifestando como tendências — os *Vasanas* agora familiares — e às vezes sua atenção sente o projeto mais amplo em ação porque cada vida possui momentos decisivos, oportunidades, epifanias e reviravoltas inevitáveis.

Para você, um pensamento é uma imagem ou ideia que flutua pela sua mente. Para o universo — e estamos nos referindo aqui à inteligência universal que permeia a multidão de galáxias, buracos negros e poeira espacial —, um pensamento é um passo na evolução. É um ato criativo. Para viver verdadeiramente no centro da realidade única, é preciso que a evolução se torne para você um interesse primordial. Os eventos não críticos na sua vida já dirigem a si mesmos. Pense no seu corpo, que opera com dois tipos separados de sistema nervoso. O sistema nervoso involuntário é automático; ele regula as funções comuns do corpo sem a sua intervenção. Quando uma pessoa entra em coma, este sistema nervoso continua a operar de modo mais ou menos normal, mantendo em perfeita coordenação a pulsação, a pressão sanguínea, os hormônios, os eletrólitos e uma centena de outras funções.

O outro sistema nervoso é chamado de voluntário porque relaciona-se com a vontade ou escolha. O sistema nervoso voluntário executa nossos desejos. Esse é o seu único propósito e, sem ele, a vida correria exatamente como faz no caso de uma pessoa em coma, sem nenhum avanço, congelada em uma morte desperta.

O universo reflete a mesma divisão. Em um nível, as forças naturais não precisam da nossa ajuda para manter tudo ajustado para que a vida possa ser sustentada. A ecologia equilibra a si mesma. As plantas e os animais existem em harmonia sem saber o que estão fazendo. Poderíamos imaginar um mundo no qual nada se expande além da existência básica, no qual as criaturas limitam-se a comer, respirar e dormir. No entanto, esse mundo não existe. Até mesmo as amebas unicelulares nadam em uma direção particular, caçam para comer, avançam em direção à luz e buscam as temperaturas que preferem. O desejo está embutido no plano da vida.

Assim sendo, não é tão incrível procurar a segunda metade do sistema nervoso do universo, a metade que gira em torno do desejo. Quando seu cérebro realiza um desejo, o universo o está realizando ao mesmo tempo. Não existe qualquer diferença entre "Eu quero ter um filho" e "O universo quer ter um filho". O embrião que começa a crescer no útero se vale de bilhões de anos de inteligência, memória, criatividade e evolução. O indivíduo mana plenamente para o cosmo quando falamos sobre fetos no útero. Por que a fusão deveria parar aí? O fato de você experimentar seu desejo como indivíduo não impede o universo de agir por intermédio de você, assim como o fato de que você considera seus filhos como sendo seus não impede que eles também sejam filhos de um grande conjunto genético. O pai e a mãe desse conjunto não são outros senão o universo.

Neste momento, você está fluindo plenamente com o cosmo. Não existe qualquer diferença entre seu alento e a respiração da floresta tropical, entre sua corrente sanguínea e os rios do planeta, entre seus ossos e os penhascos brancos de Dover. Cada mudança no ecossistema afetou você no seu nível genético. O universo relembra a evolução dele deixando um registro escrito em DNA, o que significa que seus genes são o ponto central de tudo que está acontecendo no mundo. Eles são sua linha de comunicação com a natureza como um todo, e não apenas com sua mãe e seu pai. Ponha de lado o que você leu a respeito do DNA como uma cadeia de açúcares e aminoácidos amarrados em forma de uma hélice dupla. Esse modelo nos mostra a aparência do DNA, mas não diz quase nada a respeito do que está efetivamente acontecendo na dinâmica da vida, assim como o diagrama dos circuitos de uma televisão não nos conta nada a respeito do que está passando na tela. O que está sendo representado nesse momento através do seu DNA é a evolução do universo. O próximo desejo que você tiver será registrado na memória e o universo avançará ou não.

Temos a tendência de pensar na evolução como uma jornada em linha reta dos organismos primitivos aos superiores. Uma imagem mais adequada seria a de uma bolha expandindo-se para assimilar cada vez mais o potencial da vida.

- À medida que você tem acesso a *mais inteligência*, está evoluindo. Por outro lado, se você restringir sua mente ao que você já conhece ou é capaz de prever, sua evolução será retardada.
- À medida que você tem acesso a *mais criatividade*, você está evoluindo. Por outro lado, se tentar usar antigas soluções para resolver novos problemas, sua evolução será retardada.
- À medida que você tem acesso a *mais consciência,* você está evoluindo. Por outro lado, se continuar a usar apenas uma fração da sua consciência, sua evolução será retardada.

O universo tem um interesse pessoal nas escolhas que você decide fazer, visto que indícios esmagadores revelam que ele prefere a evolução à imobilidade. Em sânscrito, a força evolucionária é chamada *Dharma*, cujo radical significa "sustentar". Sem você, o Dharma estaria restrito a três dimensões. Embora você praticamente não passe tempo algum pensando no seu relacionamento com uma zebra, um coqueiro ou com algas azul-turquesa, cada um deles é seu íntimo no plano evolucionário. Os seres humanos ampliaram o plano evolucionário quando a vida alcançou fisicamente certo limite; afinal de contas, sob o aspecto físico, a Terra depende mais das algas azul-turquesa e do plâncton do que dos seres humanos. O universo queria possuir uma nova perspectiva e, para isso, teve de *criar criaturas* como ele.

Perguntei certa vez a um físico se todos na comunidade dele já aceitavam a noção de que a realidade é não local. Ele admitiu que já. — Não localidade não é a mesma coisa que onisciência? — indaguei. — Não existe qualquer distância no tempo nem no espaço. A comunicação é instantânea e todas as partículas estão interligadas.

— Pode ser — replicou ele, sem exatamente concordar, mas permitindo que eu prosseguisse.

— Por que, então, o universo se deu ao trabalho de tornar-se local? — perguntei. — Ele já conhecia tudo. Ele já inclui tudo e, no nível mais profundo, já contém todos os eventos que possivelmente poderiam acontecer.

— Não sei — retrucou o físico. — Talvez o universo só quisesse tirar umas férias.

A resposta não foi má. Por nosso intermédio, o universo se diverte. De que maneira? Entregando os controles a outra pessoa, para ver o que ela produz. A única coisa que o universo não é capaz de experimentar é afastar-se de si mesmo. Assim sendo, de certa maneira, nós somos as férias dele.

O problema dos dilemas como o livre-arbítrio e o determinismo é que eles não deixam tempo suficiente para a diversão. Este é um universo recreativo. Ele nos fornece comida, ar, água e muitos cenários que podem ser explorados. Tudo isso é oriundo do lado automático da inteligência cósmica. Ela continua sozinha, mas o lado que quer brincar está ligado à evolução e o Dharma é a maneira dela de nos dizer como o jogo funciona. Se você examinar com cuidado os momentos decisivos e críticos da sua vida, perceberá que estava prestando uma rigorosa atenção ao jogo evolucionário.

EXISTINDO NO DHARMA

- Você estava *pronto para avançar*. A experiência da sua antiga realidade estava gasta e pronta para a mudança.
- Você estava *pronto para prestar atenção*. Quando a oportunidade chegou, você a percebeu e deu o salto necessário.
- O *ambiente o apoiou*. Quando você avançou, os eventos se ajustaram para impedir que você retrocedesse.
- Você *se sentiu mais expandido e livre* no novo lugar.
- Você se viu de alguma forma como *uma nova pessoa*.

É esse conjunto de circunstâncias, internas e externas, que o Dharma fornece. Isso quer dizer que quando você sente-se pronto para avançar, a realidade muda para lhe mostrar como. E quando você não está pronto para avançar? Então existe o sistema de apoio de *Vasana*, que o faz avançar repetindo as tendências do passado arraigadas em você. Quando você se vê imobilizado e incapaz de fazer qualquer progresso, as seguintes circunstâncias em geral se aplicam:

1. *Você não está pronto para avançar.* A experiência de uma antiga realidade ainda o fascina. Você continua a desfrutar seu modo de vida habitual ou então, caso haja mais dor do que alegria, você está viciado na dor por alguma razão ainda não revelada.

2. *Você não está prestando atenção.* Sua mente está presa a distrações. Esse fato é especialmente verdadeiro se houve um excesso de estímulos externos. A não ser que você se sinta interiormente alerta, não será capaz de captar os sinais e as pistas enviados pela realidade única.

3. *O ambiente não o apoia.* Quando você tenta avançar, as circunstâncias o empurram para trás. Esse tipo de impedimento significa que você tem mais coisas para aprender ou que o momento não é adequado. Pode ser também que, em um nível profundo, você não se veja avançando; seu desejo consciente está em conflito com a dúvida e a incerteza mais profundas.

4. *Você sente-se ameaçado* pela expansão que teria de realizar, preferindo a segurança de uma autoimagem limitada. Muitas pessoas se agarram a um estado restrito por acreditarem que ele as protege. Na verdade, a maior proteção que você poderia pedir provém da evolução, que soluciona os problemas por meio da expansão e do movimento para a frente. Mas você precisa reconhecer completamente essa noção; se qualquer parte sua quiser permanecer em um estado restrito, esse desejo é em geral suficiente para bloquear o caminho à frente.

5. **Você continua a se ver como a velha pessoa** que se adaptou a uma antiga situação. Essa costuma ser uma escolha inconsciente. As pessoas se identificam com o seu passado e tentam usar antigas percepções para entender o que está acontecendo. Como a percepção é tudo, ver a si mesmo como excessivamente fraco, limitado, desprezível ou carente bloqueará qualquer passo à frente.

A total implicação é que o Dharma precisa da sua colaboração. A força sustentadora está tanto em você quanto "lá fora" no universo ou na esfera da alma.

A melhor maneira de alinhar-se ao Dharma é admitir que ele está escutando. Dê espaço ao universo para que ele lhe possa responder. Inicie um relacionamento com ele como faria com outra pessoa. Há dois anos sou um avô coruja e bobo, e estou impressionado com o fato de minha neta, Tara, não ter qualquer problema em conversar com as árvores, com as pedras, com o mar e com o céu. Ela aceita como uma coisa natural o fato de a subjetividade estar em toda parte. — Está vendo aqueles dragões? — pergunta ela, apontando para um espaço vazio no meio da sala, mostrando um dragão azul aqui e um vermelho ali. Pergunto a Tara se ela tem medo dos dragões, e ela responde que não, garantindo-me que eles sempre foram amistosos.

As crianças habitam mundos imaginários, não por amor à pura fantasia e sim para testar seus instintos criativos. Tara é uma criadora em treinamento, e se fosse privada do seu relacionamento com as árvores, pedras e dragões, ela seria desligada de um poder que precisa desenvolver-se. Na idade dela, a vida de Tara é um constante recreio e, no papel de avô, procuro mergulhá-la na maior quantidade possível de amor e prazer. Se eu puder ajudar, o *Vasana* dela será branco. Mas também sei que o maior desafio para ela será transcender cada tendência, boa ou má. Ela precisará se manter alerta para permanecer no Dharma e, no caso daqueles que cresceram e descobriram que a vida é um assunto sério com poucos intervalos para diversão, o Dharma está aguardando que recuperemos a sanidade.

MODIFICANDO SUA REALIDADE PARA ACOMODAR O DÉCIMO PRIMEIRO SEGREDO

O décimo primeiro segredo diz respeito a escapar da servidão dos grilhões da causa e do efeito. O universo está vivo e impregnado de subjetividade. A causa e o efeito nada mais são do que o mecanismo que ele usa para pôr em prática o que quer fazer. E o que ele quer fazer é viver e respirar por intermédio de você. Para descobrir essa verdade, você precisa se relacionar com o universo como se ele estivesse vivo. Caso contrário, como você poderá um dia saber que ele está? Comece hoje a adotar os seguintes hábitos:

    Converse com o universo.
    Preste atenção à resposta dele.
    Torne-se íntimo da Natureza.
    Veja a vida em tudo.
    Conduza-se como um filho do universo.

O primeiro passo, conversar com o universo, é o mais importante. Ele não implica que você saia por aí murmurando para as estrelas ou que deva dar início a uma conversa cósmica imaginária. O hábito de olhar para o mundo "lá fora" como estando desligado de você é arraigado; compartilhamos uma predisposição cultural que reserva a vida apenas para as plantas e os animais, e que coloca a inteligência exclusivamente no cérebro. Você começa a destruir essa ideia, reconhecendo qualquer indicação de que o mundo interno e o externo estão conectados. Ambos possuem a mesma origem; ambos são organizados pela mesma inteligência profunda, ambos reagem um ao outro.

Quando digo que você pode conversar com o universo, quero dizer que você é capaz de se ligar a ele. Se você se sentir deprimido por um dia cinzento e chuvoso, por exemplo, encare o acinzentado interior e exterior como sendo o mesmo fenômeno, com aspectos objetivos e subjetivos. Se você estiver voltando para casa do trabalho e deparar com um fulgurante pôr do sol, aceite que a Natureza quis chamar sua atenção e não que você e o pôr do sol se encontraram por acaso. Em um nível instintivo, sua existência entrelaça-se com o universo, não por acaso e sim intencionalmente.

Quando você perceber a vida que existe em toda parte, reconheça o que está vendo. No início, talvez pareça estranho fazer isto, mas você é um cocriador e tem o direito de apreciar os padrões de conexão que você criou. Conduzir-se como um filho do universo não é um jogo cósmico de faz de conta. No nível do campo, você existe em toda parte no espaço-tempo, um fato científico que estamos levando um pouco mais adiante dizendo que esse momento no espaço-tempo encerra um propósito especial no seu mundo. Ele é o *seu* mundo, e ao responder a ele dessa maneira você começará a perceber que ele também lhe responde:

> Em alguns dias tudo dá certo.
> Em alguns dias tudo dá errado.
> Em certos momentos você sente-se incorporado ao ritmo da
>   Natureza.
> Em certos momentos você tem a impressão de que desaparece no
>   céu ou no oceano.
> Às vezes você sabe que sempre esteve aqui.

Esses são exemplos genéricos, mas você pode ficar alerta a momentos que parecem destinados apenas a você. Por que certos momentos parecem excepcionalmente mágicos? Somente você saberá, mas isso não acontecerá se você não começar a entrar em sintonia com o sentimento. O paralelo mais próximo que consigo estabelecer com esse tipo de relacionamento privilegiado é o que ocorre entre pessoas que se amam, no qual os momentos ordinários estão repletos de uma presença ou singularidade que não seria sentida por uma pessoa de fora. Algo absolutamente irresistível chama sua atenção quando você está apaixonado; uma vez que você o experimenta, não o esquece facilmente. Você sente como se estivesse dentro da pessoa amada e ela dentro de você. Sua fusão com algo maior do que você é uma combinação de duas subjetividades. Ela tem sido chamada de relacionamento de "Eu e vós", ou da sensação de sermos uma onda no oceano infinito da Existência.

Não se deixe distrair por nomes e conceitos. Não existe uma forma definida para você relacionar-se com o universo. Relacione-se com ele do seu jeito. A maneira de uma criança pequena como a minha neta é falar com as árvores e dragões invisíveis. Esse é o relacionamento especial dela. Qual será o seu? Vibre com a expectativa de descobrir.

Décimo segundo segredo

O ÚNICO MOMENTO QUE EXISTE É O AGORA

Houve momentos em que toda a minha vida fez sentido. Eu soube exatamente quem eu era. As pessoas tinham uma razão para estar presentes na minha vida. Com clareza e sem nenhuma sombra de dúvida, eu sabia que a razão era o amor, de modo que naquele momento eu era capaz de rir diante da ideia absurda de que eu tinha inimigos ou de que eu era um estranho neste mundo.

A perfeição tem um modo misterioso de deslizar para dentro e para fora do tempo. Imagino que poucas pessoas deixaram de ter o tipo de momento que acabo de descrever, mas não conheci quem tenha conseguido agarrar-se a ele. Mas as pessoas querem desesperadamente tornar esse momento constante, e geralmente esse anseio motiva a vida espiritual delas. A tradição budista encerra uma abundância de exercícios dedicados à plena atenção, um estado de consciência no qual podemos ter consciência de momentos perfeitos. Esperemos que todos tornem-se perfeitos. Mas para ficar consciente, você precisa primeiro se apanhar sendo *inconsciente*, o que é difícil; afinal de contas, estar inconsciente pode ser definido como não saber que não estamos conscientes.

Tive muita dificuldade com este aspecto fugidio até que alguém me disse: "É como ser feliz. Quando estamos felizes, estamos simplesmente felizes. Não temos de pensar a respeito. Mas chega então um momento quando dizemos em voz alta: 'Estou realmente me sentindo feliz agora', e ele começa a desaparecer. Na verdade, podemos quebrar o encanto simplesmente pensando nas palavras: 'Estou feliz agora.'"

Esse exemplo me explicou o que significa estar atento. Captamos o momento presente sem palavras ou pensamentos. Poucas coisas são mais fáceis de descrever e mais difíceis de fazer. O ponto crucial da questão é o tempo. O tempo é tão escorregadio quanto o momento abençoado antes de você dizer "Estou feliz agora". Esse momento era realmente efêmero ou é eterno?

Quase todos aceitamos como fato consumado que o tempo voa, querendo dizer que ele passa rápido demais. Mas no estado consciente o tempo simplesmente não passa. Existe um único instante de tempo que se fica renovando repetidamente com infinita variedade. O segredo a respeito do tempo, portanto, é que ele só existe como geralmente pensamos nele. O passado, o presente e o futuro são apenas escaninhos mentais para as coisas que queremos manter perto ou longe de nós, e ao dizer que "o tempo voa", conspiramos para impedir que a realidade se aproxime demais. Será o tempo um mito que usamos para nossa conveniência?

Escrevem-se livros que exaltam as virtudes de viver no momento presente. Existem bons motivos para isso, porque o fardo da mente vem do passado. Por si só, a memória não tem peso e o tempo tampouco deveria ter. O que as pessoas chamam de "o agora" é na verdade o desaparecimento do tempo como um obstáculo psicológico. Quando o obstáculo é removido, você não é mais sobrecarregado pelo passado ou pelo futuro; você encontrou o estado consciente (e a felicidade também — do tipo que não precisa nem de palavras nem de pensamentos). Somos nós que tornamos o tempo um fardo psicológico; nós nos convencemos de que as experiências acumulam-se no decorrer do tempo.

" Sou mais velho do que você e sei o que estou dizendo.
Sou uma pessoa vivida.
Ouça a voz da experiência.
Preste atenção ao que os mais velhos dizem. "

Essas fórmulas transformam a experiência acumulada em uma virtude, não devido ao discernimento ou ao zelo, mas simplesmente pelo tempo transcorrido. No entanto, quase todas são expressões inúteis. Todos sabemos, em algum nível, que carregar certa mala pesada cheia de tempo é que faz as pessoas ficarem grisalhas.

Viver no momento presente significa abandonar a mala, deixar de carregá-la com você. Mas como fazer isso? Na realidade única, a única hora do relógio é o agora. O truque para abandonar o passado reside em descobrir como viver o agora como se fosse para sempre. Os fótons se movem segundo o tempo de Planck, que corresponde à velocidade da luz, enquanto as galáxias expandem-se ao longo de bilhões de anos. Desse modo, se o tempo é um rio, ele precisa ser muito profundo e largo para conter a menor partícula de tempo e a infinitude da atemporalidade.

Esse fato implica que o "agora" é mais complexo do que parece. Você está no agora quando está mais ativo e energizado ou quando está mais imóvel? Examine um rio. Na superfície, a corrente é rápida e agitada. Na profundidade intermediária, o fluxo tem sua velocidade reduzida, até que chegamos ao fundo, onde os sedimentos são apenas levemente revolvidos antes de tocarmos o leito de rocha firme, onde o movimento da água não exerce qualquer efeito. A mente é capaz de participar de cada nível do rio. Você pode correr com a corrente mais rápida, o que quase todas as pessoas tentam fazer na vida do dia a dia. A versão delas do agora é seja o que for que precise ser feito *neste exato momento*. Para elas, o momento presente encerra um drama permanente. Tempo é igual a ação, exatamente como acontece na superfície do rio.

Quando ficam exaustas com a corrida (ou sentem que estão perdendo o controle), as pessoas apressadas podem finalmente diminuir o ritmo, ficando surpresas ao constatar como é difícil parar de correr e começar a andar. Mas se você decidir: "Tudo bem, seguirei em frente", a vida apresenta novos problemas, como obsessões, o pensamento circular e a chamada depressão da pressa. Em certo sentido, todos são distúrbios do tempo.

Tagore tem uma frase maravilhosa para isso: "Somos pobres demais para estar atrasados." Em outras palavras, corremos pela vida como se não nos pudéssemos dar ao luxo de desperdiçar um único minuto. No mesmo poema,

Tagore oferece uma descrição perfeita do que encontramos depois que toda a pressa chega aonde quer chegar:

> *E quando a delirante corrida acabou*
> *Pude ver a linha de chegada*
> *Crepitando de medo que eu me atrasasse*
> *Apenas para descobrir no último minuto*
> *Que ainda há tempo.*

Tagore está refletindo sobre o que significa correr pela vida se não tivéssemos tempo disponível, apenas para descobrir no final que sempre tivemos a eternidade. Mas a nossa mente tem muita dificuldade em ajustar-se a um ritmo mais lento quando está condicionada a empregar mal o tempo. Uma pessoa obsessiva-compulsiva, por exemplo, fica tipicamente alarmada com o relógio. Ela mal tem tempo para limpar a casa duas vezes antes de a visita chegar, mal tem tempo para enfileirar 40 pares de sapatos no closet e ainda preparar o jantar. Onde foi que o tempo errou?

Sem conseguir localizar a origem da obsessão, os psicólogos descobriram que a baixa autoestima é acompanhada por palavras como *preguiçoso, desinteressante, tolo, perdedor, inútil* e *fracassado* que se repetem *várias centenas de vezes por hora*. Essa repetição acelerada é ao mesmo tempo um sintoma de sofrimento mental e uma tentativa inútil de encontrar uma cura. A mesma palavra fica repetindo-se porque a pessoa deseja desesperadamente que ela desapareça, mas não descobriu como.

O pensamento circular está relacionado à obsessão, porém mais etapas estão envolvidas. Em vez de ficar ruminando uma única ideia como "a casa não está suficientemente limpa" ou "preciso ser perfeita", a pessoa se vê aprisionada em uma lógica falsa. Um exemplo seria o da pessoa que se sente detestável. Por mais que os outros demonstrem amá-los, os pensadores circulares não se sentem capazes de ser amados porque na sua mente estão dizendo: "Quero receber amor, e esta pessoa está dizendo que me ama, mas não consigo senti-lo, o que deve significar que sou detestável, e a única maneira pela qual posso corrigir esta situação é obtendo amor." A lógica circular aflige aqueles que nunca alcançam bastante sucesso, nunca se sentem suficientemente seguros, nunca se sentem desejados o bastante. A premissa inicial que os impele a agir ("Sou um fracasso", "Estou em perigo", "Estou em dificuldades") não se modifica porque todo resultado externo, seja bom ou mau, reforça a ideia original. Esses exemplos nos conduzem ao "paradoxo do agora": quanto mais rápido você correr no mesmo lugar, mais distante está do momento presente.

A depressão da pressa nos oferece uma imagem muito clara do paradoxo porque as pessoas deprimidas sentem-se inertes, encurraladas em um momento paralisado, sem nenhum sentimento a não ser a desesperança. Para elas, o tempo está imóvel, mas sua mente se acelera com ideias e emoções fragmentadas. Esse turbilhão de atividade mental não se parece com o que deveria estar acontecendo na cabeça de alguém que não se consegue levantar da cama pela manhã. Mas, nesse caso, o turbilhão mental está desligado da ação. A pessoa deprimida pensa em inúmeras coisas, mas não age de acordo com qualquer delas.

Quando esses problemas não existem, a mente aprofunda-se e fica mais lenta. As pessoas que reservam períodos de tempo para ficar sozinhas estão buscando a calma do isolamento, onde há menos exigências externas. No seu estado natural, a mente para de reagir quando os estímulos externos desaparecem. É como escapar das ondas nos bancos de areia do rio e encontrar uma profundidade onde a corrente avança mais devagar. O momento presente torna-se uma espécie de remoinho circular indolente. Os pensamentos continuam a passar, mas não são insistentes a ponto de nos estimular.

Finalmente, existem as pessoas que preferem a quietude à atividade, e mergulham tão profundamente quanto desejam para descobrir onde a água para de correr, um ponto tão imóvel e profundo que elas não são tocadas em momento algum pelas ondas da superfície. Depois de encontrar esse centro estável, elas vivem intensamente o mundo interior e muito pouco o exterior.

De uma forma ou de outra, todos já experimentamos essas diferentes versões do momento presente, que variam de uma atividade exaustiva a uma calma estacionária. Mas o que dizer do agora que está diante de você, *este* agora? Na realidade única, esse agora não possui duração, ou seja, termos relativos como *rápido* e *lento, passado* e *futuro* não são pertinentes. O momento presente abrange o que é mais rápido do que o mais rápido e o que é mais lento do que o mais lento. Você só viverá na realidade única quando incluir o rio inteiro, e então viverá em um estado de consciência eternamente novo e imutável.

Mas como chegar lá?

Para responder a essa pergunta, temos de examinar os relacionamentos. Quando você se encontra com uma pessoa que conhece bem, digamos, seu melhor amigo, que acontece? Vocês talvez vão a um restaurante para colocar os assuntos em dia, e a conversa é repleta de elementos antigos e familiares, o que a torna reconfortante. Mas vocês também querem falar sobre coisas novas, caso contrário o relacionamento se tornaria estático e monótono. Vocês já se conhecem extremamente bem, o que faz parte das amizades íntimas, mas ao mesmo tempo não são totalmente previsíveis um para o outro, porque o futuro revelará novos eventos, alguns felizes e outros tristes. Daqui a dez anos vocês poderão estar mortos, divorciados ou terem deixado de se falar.

Esse cruzamento do novo com o antigo, do conhecido com o desconhecido é a essência de todos os relacionamentos, inclusive daqueles que você tem com o tempo, o universo e consigo mesmo. Em última análise, você está tendo um único relacionamento. Você e o universo evoluem simultaneamente, e a interseção dos dois é o tempo. Existe apenas um relacionamento porque só existe uma realidade. Há algum tempo não me refiro aos quatro caminhos da Ioga, mas cada um deles é, na verdade, uma qualidade de relacionamento:

- O caminho do conhecimento (Jnana Ioga) encerra uma qualidade de mistério. Você sente a inexplicabilidade da vida. Você experimenta o milagre dentro de cada experiência.

- O caminho da devoção (Bhakti Ioga) possui a qualidade do amor. Você experimenta a doçura dentro de cada experiência.

- O caminho da ação (Carma Ioga) contém a qualidade da ausência do eu. Você experimenta a concatenação de cada experiência.
- O caminho da meditação e do silêncio interior (Raja Ioga) encerra a qualidade da quietude. Você experimenta o ser dentro de cada experiência.

O tempo existe para que você possa experimentar essas qualidades o mais profundamente possível. No caminho da devoção, se você conseguir experimentar um vislumbre de amor, é possível vivenciar um pouco mais de amor. Quando você experimenta esse pequeno acréscimo, o grau seguinte de intensidade torna-se possível. Desse modo, o amor engendra o amor até você alcançar o ponto de saturação, quando você se funde totalmente com o amor divino. É a isso que os místicos se referem quando dizem que mergulham no oceano de amor para se afogar.

O tempo expande os graus de experiência até você chegar ao oceano. Escolha qualquer qualidade que você considere atraente e, se cultivá-la o suficiente, com empenho e paixão, você se fundirá com o absoluto, porque no fim do caminho toda qualidade desaparece, tragada pelo Ser. O tempo não é uma flecha, um relógio ou um rio; ele é, na verdade, uma flutuação das qualidades do Ser. Teoricamente, a natureza poderia ter sido organizada sem uma progressão de menos para mais. Poderíamos experimentar aleatoriamente o amor, o mistério ou a ausência do eu. No entanto, a realidade não foi planejada dessa maneira, pelo menos não quando experimentada através do sistema nervoso humano. Nossa experiência da vida é evolutiva. Os relacionamentos se desenvolvem a partir do primeiro indício de atração até a intimidade profunda. (O amor à primeira vista faz a mesma jornada, só que em questão de minutos, em vez de semanas ou meses.) Seu relacionamento com o universo segue o mesmo curso, quando você o permite. O propósito do tempo é ser o veículo da evolução, mas se você o emprega mal, ele se torna fonte de medo e ansiedade.

O USO INADEQUADO DO TEMPO

> Sentir ansiedade com relação ao futuro.
> Reviver o passado.
> Lamentar erros passados.
> Reviver o que aconteceu ontem.
> Antever o amanhã.
> Correr contra o relógio.
> Remoer pensamentos sobre a impermanência.
> Resistir à mudança.

Quando você emprega mal o tempo, o problema não se situa no nível do tempo em si. Nada aconteceu de errado com os relógios da casa de uma pessoa que perde cinco horas de sono preocupando-se com a possibilidade de morrer de câncer. O uso inadequado do tempo é apenas um sintoma da atenção voltada para o lugar errado. Você não pode ter um relacionamento com alguém a quem você não presta atenção, e quando você se relaciona com o universo, é preciso prestar atenção ao aqui e agora, caso contrário esse relacionamento não existe. Na verdade, o único universo que existe é aquele que você percebe no momento presente. Um mestre espiritual disse certa vez: "É necessária a totalidade da criação para produzir o momento presente."

Se você levar a sério o que acaba de ler, sua atenção se modificará. Nesse momento, cada situação na qual você se encontra é uma mistura de passado, presente e futuro. Imagine-se candidatando-se a um emprego. Quando você submete-se ao escrutínio de um desconhecido, você não está na verdade no momento presente. "Será que conseguirei o emprego?" "Como será que eu estou?" "Será que minhas referências foram realmente boas?" "Que será que esse cara está pensando?" Tudo indica que você não consegue deixar de cair na combinação do passado, presente e futuro. Mas o agora não pode ser uma mistura do velho com o novo. Ele precisa ser claro e aberto, caso contrário você não se desenvolve, o que é a razão da existência do tempo.

O momento presente é na verdade uma abertura, de modo que não tem duração — você está no agora quando o tempo deixa de existir. Talvez a melhor maneira de obter essa experiência seja compreender que a palavra *presente* está ligada à palavra *presença*. Quando o momento presente é preenchido por uma presença que tudo incorpora, que está completamente em paz e é totalmente satisfatória, você está no agora.

A presença não é uma experiência. Ela é sentida sempre que a consciência está suficientemente aberta. A situação em pauta não precisa encerrar muita responsabilidade. Paradoxalmente, uma pessoa pode estar sentindo uma dor intensa, mas descobre no meio do seu sofrimento que a mente, incapaz de suportar o tormento do corpo, decide abandonar o sofrimento. Esse fato é particularmente verdadeiro no que diz respeito à dor psicológica; soldados envolvidos com o terror do combate relatam um momento de libertação, quando o estresse intenso é substituído por uma onda de liberação arrebatadora.

O êxtase muda tudo. O corpo deixa de ser pesado e lento; a mente para de experimentar a música de fundo de medo e tristeza. A personalidade desaparece gradualmente, substituída pela doçura do néctar. Essa doçura pode perdurar longo tempo no coração — algumas pessoas dizem que é possível saboreá-la como mel na boca —, mas quando ela parte, você sabe, sem sombra de dúvida, que perdeu o agora. Você pode inserir no álbum de recortes da mente a imagem da perfeita bem-aventurança, e ela passa a ser como a primeira vez em que tomamos sorvete, um objetivo inalcançável que você continua a perseguir, sempre descobrindo que o êxtase permanece fora de alcance.

O segredo do êxtase é que você precisa jogá-lo fora quando o encontra. Somente afastando-se você é capaz de experimentar de novo o momento presente, o lugar onde vive a presença. A consciência está no agora quando conhece a si mesma. Se retirarmos as palavras doçura, bem-aventurança e néctar, a qualidade que está ausente da vida da maioria das pessoas, a principal coisa que as impede de estar presente é a sobriedade. Você precisa ser sóbrio antes de poder ser extático. Não se trata de um paradoxo. Aquilo que você persegue — você pode chamá-lo de presença, de êxtase ou de o agora — está completamente fora de alcance. Você não pode persegui-lo e capturá-lo, caçá-lo, comandá-lo ou convencê-lo a se aproximar de você. Seu encanto pessoal é inútil neste caso, bem como os seus pensamentos e intuições.

Você começa a ser sóbrio quando compreende, com toda a seriedade, que precisa jogar fora quase todas as estratégias que vem usando para conseguir o que deseja. Se essa afirmação lhe parece de alguma forma interessante, ponha em prática o seu objetivo sóbrio de abandonar essas estratégias inúteis da seguinte maneira:

SOBRIEDADE ESPIRITUAL

Tomando a decisão de estar no presente

> Surpreenda-se quando não estiver prestando atenção.
> Preste atenção ao que você realmente estiver dizendo.
> Observe como você reage.
> Afaste-se dos detalhes.
> Acompanhe o aumento e a diminuição da energia.
> Questione o seu ego.
> Mergulhe em um ambiente espiritual.

Essas instruções poderiam ter saído diretamente do manual de um caça-fantasmas ou de um caçador de unicórnios. O momento presente é mais ilusório do que ambos, mas se você desejar apaixonadamente alcançá-lo, a sobriedade é o programa que você precisa organizar.

Deixando de prestar atenção: o primeiro passo não é nem místico nem extraordinário. Quando você notar que não está prestando atenção, não estimule sua divagação. Volte para onde você está. Quase instantaneamente, descobrirá o motivo pelo qual o seu pensamento se dispersou. Você estava entediado, ansioso, inseguro, preocupado com outra coisa ou antevendo um evento. Não se esquive de qualquer desses sentimentos. Eles são hábitos arraigados de consciência, hábitos que você aprendeu a seguir automaticamente. Quando você se apanha desviando a atenção do que está bem à sua frente, começa a recuperar o agora.

Preste atenção ao que você está dizendo: ao voltar da sua distração, preste atenção às palavras que está dizendo ou às que estão na sua cabeça. Os relacionamentos são fomentados com palavras. Se você prestar atenção a si mesmo, saberá de que maneira se está relacionando com o universo nesse momento. Não fique desconcertado com o fato de haver alguém na sua frente. A pessoa com quem você estiver falando, inclusive você mesmo, representa a realidade. Se você estiver se queixando de um garçom preguiçoso, você está reclamando do universo. Se estiver se exibindo para alguém que deseja impressionar, está tentando impressionar o universo. Existe apenas um único relacionamento. Repare como ele está nesse momento.

Observe a sua reação: todo relacionamento é bidirecional, de modo que independentemente do que você estiver dizendo, o universo está respondendo. Observe sua reação. Você está na defensiva? Você está aceitando a situação e seguindo em frente? Você sente-se seguro ou inseguro? Repetindo, não se deixe distrair pela pessoa com a qual está se relacionando. Você está entrando em sintonia com a resposta do universo, fechando o círculo que abraça o observador e o que é observado.

Afaste-se dos detalhes: antes da sobriedade, você teve de descobrir uma forma de se adaptar à solidão proveniente da ausência da realidade. A realidade é totalidade. Ela é universal. Você mergulha e nada mais existe. Na ausência da totalidade, você ainda anseia por um abraço semelhante, de modo que tenta encontrá-lo em fragmentos, coisas diversas. Em outras palavras, você tentou se perder nos detalhes, como se o mero caos e o ruído pudessem saturá-lo a ponto de deixá-lo realizado. Agora você sabe que essa estratégia não funciona, portanto recue. Afaste-se dos detalhes. Esqueça a desordem. Cuide dela da maneira mais eficiente possível, mas não a leve a sério; não a torne importante para quem você é.

Acompanhe o aumento e a diminuição da energia: quando os detalhes estiverem fora do caminho, você ainda precisará seguir alguma coisa. A sua atenção quer ir para algum lugar; leve-a para o âmago da experiência, que é o ritmo da respiração do universo quando ele cria novas situações, um aumento e diminuição de energia. Repare que a tensão conduz à liberação, a agitação à fadiga, a euforia à paz. Assim como todo casamento encerra altos e baixos, seu relacionamento com o universo também sobe e desce. No início, você pode experimentar emocionalmente essas oscilações, mas procure não o fazer, pois o ritmo é muito mais profundo. Ele começa em silêncio quando uma nova experiência é concebida; passa por um período de gestação à medida que a experiência toma forma no silêncio; começa a avançar em direção ao nascimento antevendo de que maneira as coisas vão mudar; finalmente, ocorre a chegada de algo novo. Essa "coisa" pode ser uma pessoa na sua vida, um evento, um pensamento, uma intuição — qualquer coisa, na verdade. Comum a todos é o aumento e a diminuição da energia. Você precisa se conectar a todos os estágios porque um deles está bem diante de você.

Questione o seu ego: todo esse processo no qual você se observa e fica atento ao que está fazendo não está passando despercebido. Seu ego tem o jeito "certo" dele de fazer as coisas, e se você quebrar esse padrão, o ego tomará medidas para que você saiba que ele está insatisfeito. A mudança é assustadora, porém, mais do que isso, é ameaçadora para o ego. Esse medo é apenas uma tática destinada a colocá-lo de novo na linha. Você não pode lutar contra as reações do seu ego porque essa atitude só aprofundará o seu envolvimento com ele. Mas você pode questioná-lo, o que significa questionar a si mesmo a partir de uma distância tranquila. "Por que estou fazendo isso?" "Esse não é um efeito automático?" "Até onde fui no passado agindo dessa maneira?" "Já não provei para mim mesmo que isso não funciona?" Você precisa continuar a fazer repetidamente essas perguntas obstinadas, não com o objetivo de destruir o seu ego, mas, sim, de afrouxar o controle reflexivo dele sobre o seu ego.

Mergulhe em um ambiente espiritual: quando você enfrentar seriamente seu comportamento, perceberá que o ego vem isolando você o tempo todo. Ele quer que você pense que a vida é vivida na separação, porque, com essa convicção, ele pode racionalizar a ideia de agarrar o máximo que puder para "mim" e o "meu". Praticamente da mesma forma, o ego tenta capturar a espiritualidade como se ela fosse um novo bem muito valorizado. Para se opor a essa tendência, que só conduzirá a maior isolamento, mergulhe em outro mundo. Estou me referindo ao mundo onde as pessoas conscientemente buscam experiências de presença, onde existe a visão comum de transformar a dualidade em unidade. Você consegue encontrar esse ambiente nos grandes textos espirituais.

Na condição de alguém que encontrou uma esperança e consolo incalculáveis nesses textos, recomendo com insistência que você se volte para eles. No entanto, você também precisa fazer frente a um mundo vivo. Mergulhe em um contexto espiritual, compatível com a maneira como você define o *espírito*. Esteja também preparado para se desapontar ao chegar lá, porque é inevitável que você defronte-se com uma enorme frustração entre as pessoas que lutam com as imperfeições delas. A efervescência que você encontra é a sua.

Depois que você assume o compromisso de ser sóbrio, nada mais existe a fazer. A presença surgirá por conta própria, e quando ela o fizer, sua consciência não terá outra alternativa senão estar no agora. Um momento no agora causa uma transformação interna sentida em cada célula. Seu sistema nervoso está aprendendo um modo de processar a realidade que não é nem nova nem velha, conhecida ou desconhecida. Você ascende a um novo nível de existência no qual o presente importa apenas por ele mesmo, e é sem dúvida importante. Todas as outras experiências são relativas e podem ser rejeitadas, esquecidas, desacreditadas e postas de lado. A presença é o toque da própria realidade, que não pode ser rejeitada ou perdida. Cada encontro faz com que você se torne um pouco mais real.

Indícios desse fato surgem de muitas maneiras, sendo que a mais imediata está relacionada com o tempo. Quando o único tempo no relógio é o agora, sua experiência efetiva passa a ser a seguinte:

1. O passado e o futuro só existem na imaginação. Tudo o que você fez antes não possui qualquer realidade. Tudo o que você fará mais tarde não contém qualquer realidade. Apenas o que você está fazendo agora é real.
2. O corpo que você certa vez achou que era você não é mais quem você é. A mente que você um dia achou que era você não é mais

quem você é. Você se afasta deles com facilidade, sem esforço. Ambos são padrões temporários que o universo assumiu por um momento antes de seguir adiante.
3. O seu eu verdadeiro manifesta-se nesse instante como pensamentos, emoções e sensações que passam pela tela da consciência. Você os reconhece como o ponto de encontro entre a mudança e a intemporalidade.

Quando você se vê no momento presente, nada há a fazer. O rio do tempo tem permissão para correr. Você experimenta os remoinhos e as correntes, os bancos de areia e as profundezas, em um novo contexto. O momento presente é naturalmente inocente. O agora revela-se a única experiência que não vai a lugar algum. Como essa afirmação pode ser verdadeira se eu disse que o propósito do tempo é expandir as etapas da evolução? Esse é o mistério dos mistérios. Crescemos, mas, no entanto, a vida permanece eterna na sua essência. Imagine um universo que se expande através de dimensões infinitas a uma velocidade infinita, completamente livre para criar tudo ao mesmo tempo. Para acompanhá-lo, tudo o que precisamos fazer é permanecer absolutamente quietos.

MODIFICANDO SUA REALIDADE PARA ACOMODAR O DÉCIMO SEGUNDO SEGREDO

O décimo segundo segredo está relacionado à utilização do tempo. A melhor maneira de usar o tempo é ligar-se novamente ao seu ser. O emprego inadequado do tempo se caracteriza pelo oposto: afastar-se do seu ser. Existe sempre tempo suficiente para evoluir porque você e o universo estão se expandindo juntos. Como você pode provar isso para si mesmo? Uma das formas é por meio de uma prática sanscrítica chamada *Sankalpa*. Qualquer intenção ou pensamento ao qual você aplique sua vontade é um *Sankalpa*. O termo abrange toda a ideia dos meios: depois de fazer um pedido ou ter uma ideia que você deseja que se torne realidade, como você efetivamente obtém resultados? A resposta depende muito do seu relacionamento com o tempo (o radical *kalpa* significa "tempo").

- Se a intemporalidade fizer parte do seu ser, o desejo se tornará realidade de modo espontâneo, sem demora. Você tem o poder de lidar com o tempo como lidaria com qualquer outra parte do seu mundo.

- Se a intemporalidade tiver um relacionamento hesitante com o seu ser, alguns desejos se tornarão realidade de modo temporário e outros não. Haverá atrasos e uma sensação incômoda de que você talvez não vá conseguir o que quer. Sua habilidade de manipular o tempo é instável, mas está se desenvolvendo.

- Se a intemporalidade não se relacionar com o seu ser, você precisará de esforço e determinação para conseguir o que quer. Você não possui qualquer poder sobre o tempo. Em vez de manipulá-lo, você fica sujeito à marcha inexorável dele.

A partir dessas três amplas categorias, podemos projetar três diferentes sistemas de crença. Avalie qual deles se aplica melhor a você:

1. *Sou pressionado pelo tempo.* As horas do dia não são suficientes para eu fazer tudo o que quero. Outras pessoas exigem muito do meu tempo e é tudo o que eu posso fazer para manter todas as coisas em equilíbrio. Obtive as coisas que eu tenho da vida com muito trabalho e determinação. Até onde sei, esse é o caminho para o sucesso.

2. *Eu me considero uma pessoa de sorte.* Consegui fazer grande parte das coisas que sempre quis fazer. Embora minha vida seja movimentada, dou um jeito de conseguir tempo bastante para mim mesmo. De vez em quando as coisas simplesmente se ajeitam sozinhas. Bem no fundo, antevejo que meus desejos se tornarão realidade, mas me conformo quando isso não acontece.

3. *Acredito que o universo nos traz tudo de que precisamos.* Isso, sem dúvida, é verdade na minha vida. Fico impressionado ao descobrir que cada pensamento meu obtém uma resposta. Quando não

consigo o que quero, compreendo que algo dentro de mim está me bloqueando. Passo bem mais tempo trabalhando na minha percepção interior do que lutando contra forças externas.

Esses são apenas instantâneos de *Sankalpa*, mas a maioria das pessoas se enquadra em uma dessas categorias. Elas representam, novamente de maneira bem genérica, três estágios da evolução pessoal. É proveitoso saber que eles existem, pois muitas pessoas acharão difícil acreditar que existe qualquer outra realidade além da primeira, na qual o trabalho árduo e a determinação são a única solução para conseguirmos o que queremos.

Quando você tiver pelo menos um palpite de que os desejos podem tornar-se realidade sem muito esforço, pode decidir avançar em direção a um novo estágio de crescimento. Esse último é consumado pela consciência, mas você pode resolver hoje mudar seu relacionamento com o tempo:

Deixarei o tempo se expandir para mim.
Terei em mente que sempre existe tempo bastante.
Seguirei meu próprio ritmo.
Não farei mau uso do tempo com procrastinações e atrasos.
Não temerei o que o tempo trouxer.
Não terei remorso do que o tempo trouxe no passado.
Deixarei de correr contra o relógio.

Procure adotar hoje apenas uma dessas resoluções e observe como ela muda a sua realidade. O tempo não é exigente, embora todos nos comportemos como se o relógio governasse nossa existência (ou se ele não o faz, mesmo assim o observamos com muita atenção). O propósito do tempo é se expandir de acordo com as nossas necessidades e desejos. Ele só começará a fazer isso se você desistir da ideia oposta, ou seja, que o tempo está no comando.

Décimo terceiro segredo

VOCÊ SÓ É VERDADEIRAMENTE LIVRE QUANDO NÃO É UMA PESSOA

Há vários anos, em uma pequena localidade nas cercanias de Nova Déli, eu estava sentado em um aposento pequeno e abafado com um homem muito idoso e um jovem sacerdote. Este último estava sentado no chão, balançando-se para trás e para a frente enquanto recitava palavras traçadas a tinta sobre lascas de casca de árvore que pareciam antiquíssimas. Fiquei ouvindo, sem ter a menor ideia do que o sacerdote estava entoando. Ele vinha do extremo Sul e a linguagem dele, o tâmil, era-me desconhecida. Mas eu sabia que ele me estava contando a história da minha vida, passada e futura. Eu me perguntei como me permiti estar naquela situação e comecei a ficar sem graça.

Um velho amigo precisara se esforçar muito para me convencer a acompanhá-lo àquela pequena sala. — Não se trata apenas de Jyotish; é muito mais impressionante — disse ele, tentando me persuadir. A astrologia indiana é chamada de *Jyotish*, e recua a milhares de anos. Procurar o astrólogo da família é uma prática habitual em toda a Índia, onde as pessoas planejam casamentos, nascimentos e até transações comerciais rotineiras baseadas no mapa astral (Indira Gandhi foi um exemplo famoso de alguém que seguia o Jyotish), mas os tempos modernos provocaram um desaparecimento gradual da tradição. Eu evitava cronicamente qualquer contato com a *Jyotish*, por ser um filho da Índia moderna e ter ido trabalhar posteriormente como médico no Ocidente.

No entanto, o meu amigo levou a melhor, e devo admitir que estava curioso com relação ao que ia acontecer. O jovem sacerdote, envolto em uma saia, com o peito desnudo e o cabelo untado com óleo de coco — duas características de um sulista —, não elaborou minha carta natal. Todos os mapas de que precisava já tinham sido traçados centenas de anos antes. Em outras palavras, uma pessoa sentada debaixo de uma palmeira há muitas gerações tinha escrito a minha vida em uma lasca de casca de árvore, conhecida como *Nadi*.

Esses Nadis estão espalhados pela Índia, e deparar com um que diga respeito a você é um mero acaso. Meu amigo passou vários anos tentando localizar um para si mesmo; o sacerdote reuniu um feixe inteiro para mim, o que deixou meu amigo encantado. Ele insistiu para que eu fosse a uma consulta.

Agora o velho sentado do outro lado da mesa estava interpretando em híndi o que o sacerdote estava recitando em cânticos. Devido à sobreposição da hora do nascimento e à inconstância do calendário quando falamos de séculos, os Nadis podem se sobrepor, e as primeiras lascas não diziam respeito a mim. No entanto, lá pela terceira lasca, o jovem sacerdote de voz monótona começou a ler fatos que eram extraordinariamente precisos: minha data de nascimento, o nome dos meus pais, o meu nome e o da minha esposa, o número de filhos que tínhamos e o local onde vivemos, o dia e a hora da morte recente do meu pai, o nome exato dele e o da minha mãe.

A princípio, pareceu que havia uma falha: o Nadi informou errado o primeiro nome da minha mãe, chamando-a de Suchinta, quando na verdade o nome dela é Pushpa. O erro me incomodou, de modo que aproveitei uma brecha e telefonei para ela para falar sobre o assunto. Para minha surpresa, minha mãe me disse que de fato seu nome de nascimento era Suchinta, mas como ele rimava com a palavra "triste" em híndi, um tio sugeriu que ele fosse trocado quando ela completasse três anos de idade. Desliguei o telefone, perguntando-me qual seria o significado de toda aquela experiência, pois o jovem padre também leu que um parente influenciaria a mudança do nome da minha mãe. Ninguém na nossa família mencionou alguma vez esse incidente; isso demonstra que o jovem sacerdote não estava envolvido com algum tipo de leitura de pensamento.

Para acalmar os céticos, devo dizer que o jovem sacerdote passara quase a vida toda em um templo no Sul da Índia e não falava inglês nem híndi. Tampouco ele ou o velho sabia quem eu era. De qualquer modo, nessa escola de Jyotish, o astrólogo não pega a data de nascimento da pessoa e elabora um mapa pessoal, que a seguir interpreta: ele tira a impressão digital da pessoa e, com base nela, localiza os mapas correspondentes (sempre tendo em mente que os Nadis podem estar perdidos ou ter sido levados pelo vento). O astrólogo só lê o que outra pessoa escreveu, talvez mil anos antes. Eis outra peculiaridade do mistério: os Nadis não precisam abranger todas as pessoas que um dia viverão, e sim apenas aquelas que um dia irão bater à porta de um astrólogo para uma consulta.

Totalmente fascinado, ouvi durante uma hora mais informações arcanas sobre uma vida passada que vivi em um templo no Sul da Índia, como as minhas transgressões naquela vida geraram penosos problemas na atual e (após um momento de hesitação em que o astrólogo perguntou se eu realmente queria saber) o dia da minha morte. Para minha tranquilidade, a data cai em um futuro distante, embora ainda mais confortante tenha sido a promessa dos Nadis de que minha mulher e os meus filhos viveriam uma vida longa, repleta de amor e realizações.

Saí da casa do homem idoso e do jovem sacerdote e me vi debaixo do sol ofuscante de Nova Déli, quase tonto com as reflexões sobre como minha vida iria mudar com aquele novo conhecimento. O importante não foram os detalhes da consulta; já esqueci quase todos, e raramente penso no incidente, só o fazendo quando olho uma das lascas de casca de árvore polidas, hoje emoldurada e mantida em lugar de honra na nossa casa. O jovem sacerdote entregou-a a mim com um sorriso tímido antes de sairmos. O fato que exerceu em mim um profundo impacto foi o dia da minha morte. Assim que obtive essa informação, senti ao mesmo tempo uma profunda sensação de paz e uma nova sobriedade vem sutilmente modificando minhas prioridades a partir de então.

Refletindo agora sobre tudo o que aconteceu, gostaria de que a astrologia tivesse outro nome, como "cognição não local". Alguém que viveu séculos atrás me conhecia melhor do que conheço a mim mesmo. Ele me viu como um padrão do universo desenrolando-se, ligado a padrões anteriores de camadas superpostas. Senti que com aquele pedaço de casca de árvore sou uma prova direta de que não estou restrito ao corpo, à mente ou às experiências que chamo de "mim".

Se você vive no centro da realidade única, começa a presenciar padrões que vêm e vão. No início, esses padrões continuam a parecer pessoais. Você cria os padrões, o que gera um sentimento de apego. Mas os artistas são famosos por não colecionar as próprias obras; é o ato da criação em si que traz satisfação. Uma vez concluída, a pintura não contém mais vida; sua essência deixou de existir. O mesmo aplica-se aos padrões que criamos. A experiência perde a vitalidade quando sabemos que a criamos.

A ideia do desapego, que aflora em toda tradição espiritual do Oriente, perturba muitas pessoas, que a equiparam a uma atitude passiva e desinteressada. Mas o que existe, na verdade, é o mesmo desapego que qualquer criador sente quando o trabalho está terminado. Depois de ter criado a experiência e tê-la vivido, descobre-se que o desapego surge naturalmente. Não obstante, ele não acontece de repente. Durante algum tempo permanecemos fascinados pela interação da dualidade com os seus opostos constantemente rebeldes.

Entretanto, com o tempo, ficamos prontos para passar pela experiência chamada metanoia, oriunda do grego *metanoia*, que significa mudança fundamental do nosso jeito de ser. Como a palavra aflorou tantas vezes no Novo Testamento, ela adquiriu um significado mais espiritual. Significou mudar de ideia a respeito de levar uma vida pecaminosa, posteriormente assumiu a conotação de arrependimento e, finalmente, expandiu-se e passou a significar salvação eterna. No entanto, se transpusermos os muros da teologia, a metanoia se aproxima muito do que temos chamado de transformação. Você muda seu sentimento do eu de local para não local. Em vez de chamar qualquer experiência de "minha", você percebe que todos os padrões no universo são temporários. O universo está continuamente reorganizando sua matéria básica em novas formas e, durante algum tempo, você chamou uma dessas formas de "mim".

Creio que a metanoia é o segredo por trás da interpretação do Nadi. Há muito tempo, um vidente olhou dentro de si e captou uma ondulação de consciência que levava o nome de Deepak. Ele escreveu o nome ao lado de outros detalhes que seguiram em direção ao espaço-tempo. Isso implica um nível de consciência que eu deveria ser capaz de alcançar dentro de mim mesmo. Se eu pudesse me ver como uma ondulação no campo de luz (*Jyotish* é a palavra sanscrítica para "luz"), eu encontraria a liberdade que não pode ser alcançada se eu continuar a ser quem sou dentro dos meus limites estabelecidos. Se os nomes dos meus pais eram conhecidos antes de eu nascer e se a hora da morte do meu pai pôde ser calculada gerações antes de ele nascer, essas condições prévias excluem a mudança.

A verdadeira liberdade só ocorre na consciência não local.

Na minha opinião, a habilidade de mudar da consciência local para a não local é o significado da redenção ou salvação. Vamos para aquele lugar onde a alma vive sem ter de morrer primeiro. Em vez de discutir novamente a metafísica dessa situação, reduzirei a questão da não localidade a uma coisa que todo mundo está buscando: a felicidade. Tentar ser feliz é algo imensamente pessoal, de modo que entregamos o assunto ao ego, cujo único objetivo é "me" fazer feliz. Se no fim das contas descobrirmos que a felicidade está situada fora de "mim", na esfera da consciência não local, esse será um argumento convincente a favor da metanoia.

A felicidade é uma coisa complexa para os seres humanos. Temos dificuldade em experimentar a felicidade sem pensar nas coisas que poderiam destruí-la. Algumas são coisas do passado que ficaram presas a nós como ferimentos traumáticos; outras são projeções que fazemos no futuro sob a forma de preocupações e expectativas de calamidades.

Não é culpa de alguém o fato de a felicidade ser fugidia. A interação dos opostos é um drama cósmico e nossa mente foi condicionada a se encaixar nele. A felicidade, como todo mundo sabe, é boa demais para durar. Essa afirmação é verdadeira enquanto você definir a felicidade como "minha" felicidade; ao fazer isso, você já se amarrou a uma roda que precisa girar para o outro lado.

A metanoia, ou a consciência não local, resolve esse problema transcendendo-o porque não há outra maneira.

Os elementos que formam sua vida são conflitantes. Mesmo que você pudesse manipular cada elemento de maneira que ele conduzisse sistematicamente à felicidade, existe o problema sutil do sofrimento imaginado.

Os terapeutas passam anos separando as pessoas de tudo que elas imaginam que poderá dar errado na vida delas, coisas que não têm nenhuma relação com as circunstâncias efetivas.

Esse fato me lembra a experiência de um colega médico ocorrida anos atrás, quando eu estava estagiando. Ele tinha uma paciente ansiosa, que de meses em meses o procurava para fazer um checkup completo, apavorada com a possibilidade de ter câncer. Os raios X eram sempre negativos, mas a mulher continuava a voltar, sempre tão preocupada quanto na vez anterior. Finalmente, após muitos anos, a radiografia efetivamente confirmou que ela estava com um tumor maligno. Com um olhar triunfante, ela exclamou: "Está vendo, eu disse a você que estava com câncer!" O sofrimento imaginado é tão real quanto o de qualquer outro tipo, e às vezes eles fundem-se.

O fato de que uma pessoa se possa agarrar à infelicidade com a mesma intensidade com que outras se agarram à felicidade é desconcertante até que examinamos mais de perto a consciência local, imprensada no limite entre o ego e o universo. Trata-se de um local de extrema ansiedade. Por um lado, o ego opera como se estivesse no comando. Navegamos pelo mundo baseados na suposição tácita de que somos importantes e que é fundamental obter o que queremos. Mas o universo é vasto e as forças da natureza são impessoais. O sentimento de controle e presunção do ego são uma total ilusão ao considerarmos que os seres humanos nada mais são do que uma partícula na tela do universo. Não existe segurança para a pessoa que sente bem no fundo que está fingindo estar no centro da criação — a evidência física da nossa insignificância é por demais esmagadora.

Mas é realmente possível escapar? Na esfera dele, o ego diz que não. Sua personalidade é um padrão cármico que agarra ferozmente a si mesmo. No entanto, quando você se separa da consciência local, para de jogar o jogo do ego, o que quer dizer que se afasta do problema de "me" fazer feliz. O indivíduo não pode ser esmagado pelo universo se não houver indivíduo algum. Enquanto você vincular sua identidade a uma parte, mesmo que pequena, da sua personalidade do ego, tudo o mais aparece. É como entrar em um teatro e ouvir um ator dizer as palavras "Ser ou não ser". Instantaneamente você sabe quem é a personagem, a história e o trágico destino dela.

Os atores conseguem se livrar de um papel e vestir outro sem precisar fazer mais do que um rápido ajuste mental. Lembrar-se de ser Hamlet em vez de Macbeth não é feito aos poucos. Você simplesmente invoca a personagem correta. Além disso, quando você vai de uma personagem para outra, você vai parar em um lugar novo — na Escócia em vez de na Dinamarca, no acampamento de uma bruxa à beira da estrada em vez de em um castelo à beira do Mar do Norte.

Uma das maneiras de abandonar a consciência local é compreender que você já o fez. Quando você vai à casa dos seus pais no Dia de Ação de Graças, provavelmente vê-se assumindo automaticamente o papel da criança que você foi um dia. No trabalho, você desempenha um papel diferente daquele que representa quando sai de férias. A competência da nossa mente de armazenar papéis totalmente conflitantes é tão grande que até as crianças pequenas sabem trocar naturalmente de um para outro. Quando câmeras ocultas são instaladas para observar crianças de três anos brincando sem adultos por perto, os pais geralmente ficam chocados com a transformação que presenciam: a criança doce, obediente e conciliatória que conheciam em casa pode transformar-se em um valentão enraivecido. Alguns psicólogos infantis chegam a afirmar que a criação desempenha apenas uma parte secundária na formação do adulto que nos tornamos. Duas crianças criadas sob o mesmo teto, recebendo a mesma atenção dos pais, podem ser tão diferentes fora de casa a ponto de não serem reconhecidas como irmãos. Contudo, seria mais correto dizer que as crianças em crescimento aprendem simultaneamente muitos papéis e o papel aprendido em casa é apenas um entre muitos — e tampouco deveríamos esperar que fosse diferente.

Se você consegue perceber esse processo em você, a consciência não local está apenas a um passo de distância. Você só precisa compreender que todos os seus papéis existem ao mesmo tempo. Exatamente como um ator, você mantém sua *persona* em um lugar além do espaço e do tempo. Macbeth e Hamlet são simultaneamente encontrados dentro da memória do ator. A interpretação dos papéis no palco dura horas, mas o verdadeiro lar deles não é um local onde as horas passam. Na consciência, o papel inteiro existe em silêncio, mas é completo em cada detalhe.

Analogamente, você armazena os seus papéis sobrepostos em um lugar que é muito mais o seu lar do que o palco onde você representa os dramas. Se você tentar destrinçar esses papéis superpostos, descobrirá que nenhum deles é você. Você é aquele que aperta o botão mental para possibilitar que o papel adquira vida. Você escolhe situações no seu vasto repertório que representam o carma pessoal, e cada componente se encaixa perfeitamente no lugar, para propiciar a ilusão de ser um ego individual.

O verdadeiro você está separado de qualquer papel, cenário ou drama. Sob o aspecto espiritual, o desapego não é em si um objetivo — ele evolui e transforma-se em uma espécie de aptidão. Quando você possui essa aptidão, pode mudar para a consciência não local sempre que desejar. É isso que os *Sutras de Shiva* querem dizer com usar a memória sem permitir que ela use você. Você pratica o desapego ao afastar-se da sua *persona* memorizada e, depois, de qualquer carma associado a qualquer papel que não subsista. Se você tentar modificar seu carma pouco a pouco, talvez alcance resultados limitados, mas seu modelo aperfeiçoado não será mais livre do que o que não foi aprimorado.

Se a felicidade de fato encerra um segredo, esse só pode ser encontrado no manancial da felicidade, que possui as seguintes características:

O MANANCIAL DA FELICIDADE É...

Não local
Desprendido
Impessoal

Universal
Além da mudança
Composto de essência

Essa lista desmembra a metanoia nas suas partes componentes. A metanoia originalmente significava uma transformação fundamental no nosso jeito de ser, e creio que os mesmos elementos são pertinentes:

Não local: antes que você possa mudar seu jeito de ser, precisa se afastar de si mesmo para obter uma perspectiva mais ampla. O ego tenta reduzir todas as questões a "O que eu ganharei com isso?" Quando você reformula a questão para "O que nós ganharemos com isso?" ou "O que todos vão ganhar com isso?", sua essência passa imediatamente a sentir-se menos limitada e restringida.

Desprendido: se você tem interesse em um certo resultado, não se pode dar ao luxo de mudar seu jeito de ser. Os limites estão traçados; todo mundo escolheu de que lado quer estar. O ego enfatiza que ficar de olho no prêmio, ou seja, no resultado que ele deseja, é tudo o que importa. No entanto, ao se desapegar, você compreende que muitos resultados lhe poderiam ser vantajosos. Você se esforça para alcançar o resultado que acredita ser certo, mas permanece suficientemente desligado para mudar quando o seu coração lhe diz o que você deve fazer.

Impessoal: as situações parecem acontecer às pessoas, mas, na verdade, elas são provenientes de causas cármicas mais profundas. O universo se expande para si próprio, pondo em ação todas as causas que precisam ser incluídas. Não considere esse processo algo pessoal. O desenrolar da causa e do efeito é eterno. Você é parte desse subir e descer que nunca termina, e é somente cavalgando a onda que você garante que as ondas não o afogarão. O ego considera tudo pessoal, não deixando espaço para maior orientação ou propósito. Se você puder, compreenda que um plano cósmico se está expandindo e aprecie a tapeçaria incrivelmente urdida pelo que ela é, um projeto maravilhoso e sem paralelo.

Universal: certa vez, quando eu estava tentando arduamente compreender o conceito budista da morte do ego (conceito que na época me parecia muito frio e cruel), uma pessoa acalmou a minha mente ao dizer: "Não se trata de destruir quem você é, e sim de expandir o sentimento do 'Eu', afastando-o do seu pequeno ego e levando-o em direção ao ego cósmico." Esta é uma grande proposição, mas o que realmente gostei nessa teoria foi do fato de que nada é excluído. Começamos a ver cada situação como pertencente ao nosso mundo, e embora esse sentimento de inclusão possa começar pequeno — minha família, minha casa, meu bairro —, ele pode crescer naturalmente. O simples fato de o ego achar absurdo dizer meu mundo, minha galáxia, meu universo indica que existe uma transformação que está para acontecer e que ele não pode fazer sozinho. A ideia fundamental é ter sempre em mente que a consciência é universal, por mais confinado que o ego possa fazer você sentir-se em qualquer ocasião.

Além da mudança: a felicidade à qual você está acostumado vem e vai embora. Em vez de pensar nesse processo como um poço que seca, imagine a atmosfera. Ela sempre contém umidade e, às vezes, se descarrega sob a forma de chuva. Os dias em que não chove não fizeram a umidade ir embora; ela está sempre presente no ar, esperando para se precipitar quando as condições mudarem. Você pode adotar a mesma atitude com relação à felicidade, que está sempre presente na consciência, sem ter de se precipitar a cada momento; ela se revela quando as condições mudam. As pessoas diferem no que diz respeito aos parâmetros da emoção, e algumas sentem mais animação, otimismo e satisfação do que outras.

Essa variedade expressa a diversidade da criação. Você não pode esperar que o deserto e a floresta tropical se comportem da mesma forma. No entanto, essas alterações na constituição pessoal são superficiais. É possível encontrar a mesma felicidade imutável na consciência de todas as pessoas. Esteja certo de que isso é verdade e não use os altos e baixos da sua felicidade pessoal como um motivo para não viajar até o manancial.

Essência: a felicidade não é uma coisa única. Ela é apenas uma das muitas qualidades da essência. Certa vez, um discípulo queixou-se ao mestre de que todo o tempo que despendera no trabalho espiritual não o deixara feliz. "Sua função agora não é ser feliz", retrucou prontamente o mestre, "sua função é se tornar real". A essência é real e, quando você a capta, a felicidade se segue, porque todas as qualidades da essência também vêm. Ter como objetivo ser feliz é limitado; você terá a sorte de apenas satisfazer as exigências do seu ego relacionadas com uma vida feliz. Se em vez de fazer isso, você se dedicar a uma total mudança de percepção, a felicidade chegará como um presente espontaneamente conferido pela consciência.

MODIFICANDO SUA REALIDADE PARA ACOMODAR O DÉCIMO TERCEIRO SEGREDO

O décimo terceiro segredo diz respeito à liberdade pessoal. Você não pode ser verdadeiramente feliz se suas interações com o universo forem pessoais, porque uma pessoa é um pacote limitado. Se você permanecer dentro do pacote, o mesmo ocorrerá com a sua consciência. Comece hoje a agir como se a sua influência se expandisse em todas as direções. Uma das cenas mais comuns na Índia, ou em qualquer lugar do Oriente, costumava ser a de os monges vestidos com mantos amarelos-alaranjados meditando antes do nascer do sol. Muitas outras pessoas (entre elas, minha avó e minha mãe) se levantam a essa mesma hora e vão rezar no templo. O ponto central dessa prática é o fato de elas estarem encontrando o dia antes de ele começar.

Encontrar o dia antes de ele começar significa que você está presente quando ele nasce. Você se abre a uma possibilidade. Como ainda não existem eventos, o dia incipiente é aberto, revigorante e novo. Ele pode transformar-se em qualquer coisa. Os monges que meditam e as pessoas que rezam querem adicionar a influência da consciência delas a esse momento crítico, como se estivessem presentes no início da vida de um bebê.

Hoje você pode fazer a mesma coisa. Acorde na hora de costume — o ideal é que você faça o exercício na posição sentada assim que clarear, mas você pode executá-lo deitado na cama, antes de se levantar — e deixe que sua mente encare de modo positivo o dia que você tem pela frente. No início, você provavelmente notará o resíduo do hábito. Você se verá envolvido com a mesma rotina no trabalho, com os deveres do dia a dia relacionados à sua família e outras obrigações. Depois é provável que você experimente resíduos do dia anterior: o projeto que você não terminou, o prazo final de entrega do trabalho que se aproxima, uma divergência não resolvida. A seguir, você provavelmente experimentará a volta das preocupações, seja o que for que esteja pairando sobre sua cabeça no momento.

Deixe que tudo isso entre e saia à vontade da sua consciência. Tenha a intenção de querer que esse emaranhado de imagens e palavras se desfaça. De qualquer maneira, seu ego tomará conta de todas essas questões habituais. Continue a contemplar o dia que você tem diante de si, que não está cheio de imagens ou pensamentos, pois acaba de nascer. Sinta alguma coisa por ele; procure fazer com que ele se encontre com o seu ser.

Após alguns momentos, você notará que sua mente está menos inclinada a pular da cama. Você oscilará para dentro e para fora de uma consciência indistinta; isso significa que você mergulhou um pouco mais fundo e foi além da camada superficial da inquietação mental. (Mas cuidado para não pegar de novo no sono. Quando a sonolência surgir, retorne à sua intenção de encontrar o dia.)

Nesse ponto você descobrirá que, em vez de imagens, sua mente se acomoda em um ritmo de sentimentos. É mais difícil descrever esse estado do que imagens ou vozes. Ele é como um sentimento do modo em que as coisas vão se passar ou a sensação de estar pronto para qualquer coisa que aconteça. Não procure nada dramático. Não estou falando de premonições e presságios. Você está tendo uma simples experiência: o seu ser está encontrando o dia no nível da incubação, onde os eventos são sementes preparando-se para brotar. O seu único propósito é estar presente. Você não precisa mudar nada; não precisa se apegar a julgamentos ou opiniões sobre o que você acha que deveria ocorrer hoje. Quando você encontra o dia, adiciona a influência da sua consciência em silêncio.

E de que adianta isso? O efeito ocorre em um nível sutil. É como sentar-se à beira da cama de uma criança quando ela adormece. Sua presença é suficiente, sem palavras ou ações, para tranquilizar a criança. O dia precisa começar em um estado tranquilo, livre dos resíduos e do turbilhão da atividade do dia anterior. Mas você também está acrescentando um nível sutil de intenção ao encontrar o dia. Sua intenção é deixar a vida se desenrolar como ela quiser. Você se apresentou com a mente e o coração abertos.

Descrevi detalhadamente o exercício como uma forma de abrir o caminho que sua mente poderá tomar. Você não duplicará exatamente os estágios delineados, mas o exercício terá sido bem-sucedido se você tiver tocado, mesmo que brevemente, qualquer um dos seguintes estados de consciência:

- Você sente-se renovado. O dia será excepcional.
- Você sente-se em paz. O dia resolverá uma questão estressante.
- Você sente-se em harmonia. O dia será livre de conflito.
- Você sente-se criativo. O dia lhe mostrará algo que nunca foi visto.
- Você sente-se amoroso. O dia apaziguará diferenças e incluirá aqueles que sentem que são deixados de fora.
- Você sente-se inteiro. O dia fluirá impecavelmente.

Agora você já foi apresentado ao mundo de antes do amanhecer no qual santos e sábios vêm funcionando há milhares de anos. O que eles têm feito, e o que você está começando a fazer, é precipitar a realidade sobre a Terra. Você está abrindo um canal na sua consciência por meio do qual a renovação, a paz, a harmonia, a criatividade, o amor e a totalidade têm a possibilidade de estar aqui. Sem uma pessoa que encontre o dia, essas qualidades só existem dentro dos indivíduos — e às vezes nem existem. Como a chuva que cai de um céu limpo, sua influência faz com que uma possibilidade se manifeste.

Décimo quarto segredo

O SIGNIFICADO DA VIDA É TUDO

SERÁ QUE NOS APROXIMAMOS DA RESPOSTA à questão suprema: "Qual é o significado da vida?" Imagine por um momento que alguém apresentou uma resposta. Direta ou indiretamente, a maioria das respostas tradicionais já cruzou o caminho de todas as pessoas; o significado da vida geralmente se caracteriza por um propósito maior, como:

> Louvar a Deus.
> Louvar a criação de Deus.
> Amar e ser amado.
> Ser sincero consigo mesmo.

Como acontece com muitas outras perguntas espirituais, tenho dificuldade em imaginar de que maneira essas respostas poderiam ser testadas. Uma pessoa que tem um bom emprego, sustenta a família, paga os impostos e obedece às leis é um exemplo de alguém que louva a Deus ou é sincero consigo mesmo? Nos momentos de grandes crises, como, por exemplo, a guerra, o significado da vida muda? Talvez isso seja tudo o que uma pessoa pode fazer para permanecer viva e ser razoavelmente feliz durante uma crise.

Uma das maneiras de testar a resposta à pergunta "Qual é o significado da vida?" seria escrevê-la, colocá-la em um envelope selado e enviá-la para mil pessoas aleatoriamente escolhidas. Se a resposta estiver certa, alguém que abrisse o envelope leria o que está escrito e diria: "Você está certo. Esse é o significado da vida." Uma jovem noiva concordaria com a resposta no dia do seu casamento. Um velho paralítico concordaria com ela no seu leito de morte. Pessoas que brigam intensamente devido a divergências políticas e religiosas também concordariam, bem como aqueles que desfrutam uma união mental.

No entanto, esse teste poderia parecer impossível, visto que talvez não houvesse resposta alguma que satisfizesse todo mundo. Mas e se o pedaço de papel estiver em branco ou se disser "O significado da vida é tudo"? Na realidade única, essas não são respostas capciosas e, sim, respostas muito próximas uma da outra na interpretação da verdade. O pedaço de papel em branco indica que a vida é puro potencial até que alguém lhe confere uma forma. O significado do potencial puro é que a vida é infinitamente aberta. Analogamente, dizer que o significado da vida é tudo indica que a vida não deixa nada e ninguém de fora. "Tudo" é apenas uma outra maneira de abraçar o leque infinito de possibilidades.

A vida se recusa a ser definida. Qualquer significado que você queira que o universo reflita, ele fornece. Na Europa medieval, as pessoas queriam que o universo refletisse a intensa crença que elas dedicavam à Santíssima Trindade; naquele mesmo período da história, as pessoas na Índia queriam que o universo refletisse a dança cósmica de Shiva e da sua consorte, Shakti. Onde quer que o Islã dominasse, esperava-se que o universo refletisse a vontade de Alá. Neste momento, os agnósticos esperam que o universo reflita a confusão e a dúvida espiritual deles; por conseguinte, o cosmo parece ser uma explosão aleatória que começou com o Big Bang. Muitas pessoas religiosas aceitam essa realidade, exceto aos domingos, quando o universo debilmente reflete a possibilidade de um criador divino.

Se você tentar reduzir o universo a um único reflexo, estará ao mesmo tempo limitando a sua vida. A realidade é um espelho bidirecional que lhe mostra você mesmo e também o que está do outro lado. Este efeito mútuo é imperativo porque o universo não possui um conjunto único de fatos. Você, o observador, dá vida à sua versão da realidade. Darei um exemplo de como o espelho bidirecional funciona no campo da medicina.

O fato de o corpo humano poder ser curado de tantas maneiras é desconcertante. Se pegarmos praticamente qualquer doença, como o câncer, ela geralmente segue uma história típica. O câncer de mama, por exemplo, possui uma taxa de sobrevivência conhecida desde o momento que a primeira anomalia na mama é detectada. As mulheres que contraem a doença caem em algum lugar da curva normal da sobrevivência. Certo oncologista me disse anos atrás que o câncer é um jogo de números. Uma amplitude estatística nos dirá em que idade é mais provável a ocorrência da doença. A resposta dos tumores a formas diferentes de radiação e quimioterapia é constantemente documentada. De posse desses fatos, a medicina começa a encontrar uma cura definitiva, e se ela ainda não tiver sido encontrada, a ciência continuará a pesquisar até que isso ocorra.

No entanto, fora da norma estatística, coisas estranhas estão acontecendo. Conheci os seguintes pacientes:

- Uma jovem mulher me contou que a sua mãe, que morava em uma fazenda em um local afastado do estado de Vermont, desenvolveu um grande tumor na mama, mas chegou à conclusão de que era ocupada demais para se submeter a um tratamento. Ela sobreviveu mais de uma década sem receber cuidados médicos.
- Uma mulher que sentiu um caroço no seio decidiu fazer visualizações para eliminá-lo. Ela viu enormes quantidades de glóbulos brancos descendo como neve e envolvendo o caroço. Depois de fazer a visualização durante seis meses, o caroço desapareceu.

- Uma mulher com um volumoso tumor saiu do hospital um dia antes da cirurgia porque não queria encarar seu problema; sentia medo e pânico. Ela só voltou meses depois, quando se sentiu segura de que iria sobreviver. A operação foi bem-sucedida e ela de fato sobreviveu.

Todo médico já encontrou o lado oposto do espectro, ou seja, mulheres que morrem muito rápido depois de receber a notícia de que têm pequeno número de células malignas na mama. (Em alguns casos, as células são anômalas, o que significa que podem ser inócuas, mas em algumas mulheres essas anomalias logo transformam-se em tumores. Esse fenômeno foi rotulado há muito tempo de "morte a partir do diagnóstico".) Não estou fazendo recomendações a respeito de como abordar o câncer, mas apenas comentando que a doença frequentemente reflete as convicções que o paciente transmite a ela. Um estudo, hoje famoso, realizado por David Siegel, de Stanford, dividiu em dois um grupo de mulheres com câncer de mama em um estágio avançado. Um dos grupos recebeu os melhores cuidados médicos disponíveis, que naquela ocasião eram muito poucos. As pessoas do outro grupo se reuniam uma vez por semana e compartilhavam suas opiniões a respeito de ter a doença. Esse fato por si só produziu um resultado extraordinário. Dois anos depois, todas as mulheres que sobreviveram em longo prazo pertenciam ao segundo grupo e a sobrevivência global nesse grupo foi 50% maior do que a do grupo que não discutiu as opiniões. Em essência, as mulheres que encararam suas emoções foram capazes de mudar o reflexo no espelho.

O corpo humano opera com controles duplos. Se o curarmos a partir do exterior, por meio de métodos físicos, ele responderá. Se o curarmos a partir do interior, por meio de métodos subjetivos, ele também responderá. Como é possível que conversar sobre os sentimentos possa exercer o mesmo efeito que uma poderosa droga contra o câncer (ou até mais?). A resposta é que a consciência sempre segue esses dois caminhos. Ela expande-se objetivamente como o universo visível e subjetivamente como eventos dentro da mente. *Ambos são a mesma consciência.* A mesma inteligência vestiu duas máscaras, distinguindo entre o mundo "lá fora" e o mundo "aqui dentro". Desse modo, os fragmentos de sentimentos que surgem em um paciente de câncer se comunicam com o corpo de modo bem semelhante ao das moléculas de uma droga.

Esse fenômeno já deixou de ser extraordinário —— toda a medicina mente-corpo se baseia na descoberta de moléculas mensageiras que começam no cérebro: pensamentos, convicções, anseios, temores e desejos. O avanço revolucionário terá lugar quando a medicina parar de conferir todo o mérito às moléculas. Quando Mozart quis compor uma nova sinfonia, sua intenção convocou a função cerebral necessária. Seria absurdo dizer que o cérebro de Mozart quis primeiro escrever uma sinfonia e produziu moléculas mensageiras para informar esse fato ao compositor. A consciência sempre vem em primeiro lugar, e suas projeções, tanto objetivas quanto subjetivas, surgem depois.

Esse fato nos conduz a um novo princípio de importância crucial chamado "cossurgimento interdependente simultâneo". *Simultâneo* porque uma coisa não causa outra. *Interdependente* porque cada aspecto está coordenado com todos os outros. *Cossurgimento* porque cada parte separada vem da mesma fonte.

Quando Mozart quis compor uma sinfonia, tudo o que estava associado à criação dele aconteceu simultaneamente: a ideia, as notas, o som na cabeça, a necessária atividade cerebral, os sinais para as mãos enquanto ele escrevia a música: todos esses componentes foram organizados em uma única experiência, e surgiram juntos. Seria falso dizer que um causou outro.

Se um único elemento não se encaixasse devidamente, todo o projeto ruiria. Se Mozart ficasse deprimido, seu estado emocional bloquearia a música. Se ele ficasse fisicamente exausto, a fadiga bloquearia a música. Podemos pensar em centenas de maneiras pelas quais a desordem seria capaz de perturbar o quadro. Mozart poderia ter tido problemas conjugais, um derrame ou um ataque do coração, um repentino bloqueio artístico ou ter sido distraído pelo barulho de uma criança de um ano andando pela casa.

A criação é mantida afastada da anarquia pelo cossurgimento simultâneo.

O cosmo é compatível demais com a mente humana para que ignoremos isso. É como se o universo estivesse apresentando seu espetáculo estonteante de galáxias explodindo a partir do nada, apenas para nos provocar. Não faz sentido que um processo que abarca bilhões de anos-luz e expande-se a uma velocidade incrível para gerar trilhões de estrelas devesse atingir o clímax com o surgimento do DNA humano. Por que o universo precisou de que o contemplássemos maravilhados? Talvez porque a realidade só funcione dessa maneira: o drama cósmico em expansão existe simultaneamente com o cérebro humano, um instrumento ajustado com tanta precisão que é capaz de investigar qualquer nível da natureza. Somos a suprema plateia. Nada passa além de nós, por menor ou maior que seja.

Agora uma extraordinária resposta começa a despontar: *talvez nós mesmos estejamos apresentando todo o espetáculo*. O significado da vida é tudo porque exigimos nada menos do que o universo como nossa área de recreação.

A física quântica há muito admitiu que o observador é o fator decisivo de toda observação. Um elétron não possui uma posição fixa enquanto alguém não procurar por ele e, a seguir, ele emerge precisamente no lugar onde foi procurado. Até esse momento, ele só existe como uma onda que se propaga por todo o espaço. Essa onda poderia sucumbir em uma partícula em qualquer lugar. Cada átomo do universo encerra uma probabilidade minúscula de estar localizado o mais longe ou o mais perto possível.

O universo opera com um interruptor que tem apenas duas posições: ligada e desligada. A posição "ligada" é o mundo material com todos os seus eventos e objetos. A posição "desligada" é a possibilidade pura, o vestiário para onde as partículas vão quando ninguém está olhando. A posição "ligada" só pode ser controlada por meios externos. Quando você acende a luz, o universo físico se comporta em função de um conjunto de regras. Mas se você colocar o interruptor na posição "desligada", o universo pode ser modificado *sem levar em consideração o tempo e o espaço*. Nada é pesado e fixo na posição "desligada" porque não existem objetos. Nada está perto ou longe. Nada está aprisionado no passado, no presente ou no futuro. A posição "desligada" é puro potencial. Nela, seu corpo é um conjunto de possibilidades que esperam para acontecer e também estão presentes todas as possibilidades que já aconteceram e aquelas que poderiam acontecer. Na posição "desligada", tudo na criação se recolhe a um ponto e, milagrosamente, vivemos nesse ponto; ele é o nosso manancial.

No entanto, "ligado" e "desligado" não oferecem uma imagem precisa. Assim como existem muitos graus de realidade física, também existem muitos graus de realidade não física. Nosso corpo é um objeto sólido, um turbilhão de átomos, uma tempestade de partículas subatômicas e um fantasma de energia, tudo ao mesmo tempo. Esses estados são simultâneos, mas cada um opera de acordo com regras diferentes. Na física, esse confuso conjunto de regras é chamado de "hierarquia confusa". A palavra *hierarquia* indica que os níveis estão sobrepostos em certa ordem. Na hierarquia das coisas, os objetos sólidos ficam no lugar, mas na verdade somos uma nuvem de elétrons, uma onda de probabilidade e tudo que está no meio.

Essa é a posição "ligada". Na posição "desligada", continua a mesma confusão; ela, porém, é totalmente invisível. A esfera invisível está dividida de maneira estranha. Em um dos níveis, os eventos estão todos consolidados. Os inícios e os fins se encontram; nada acontece sem afetar tudo o mais. No entanto, em outro nível, certos eventos são mais importantes do que outros; alguns podem ser controlados, ao passo que outros ficam flutuando com um tipo muito fraco de causação. Por analogia, olhe dentro da sua mente. Alguns pensamentos exigem uma ação imediata, ao passo que outros são caprichos passageiros, alguns seguem uma lógica rígida, enquanto outros obedecem a associações muito flexíveis. Os eventos no universo são exatamente o mesmo saco emaranhado de eventos potenciais. Se tiver vontade, você pode mergulhar profundamente na posição "desligada" e começar a trazer à tona os eventos que você quiser. No entanto, você precisa estar preparado para enfrentar com decisão a hierarquia confusa, porque cada evento que você possa querer mudar está entrelaçado com todos os outros. Ainda assim, algumas condições permanecem iguais.

MERGULHANDO NO PURO POTENCIAL

Como navegar no campo de todas as coisas

1. Quanto mais profundamente você mergulhar, mais poder estará disponível para você mudar as coisas.
2. A realidade emana das regiões mais sutis para as mais densas.
3. A maneira mais fácil de mudar tudo é se dirigir primeiro ao nível mais sutil, que é a consciência.
4. O silêncio e a quietude são o início da criatividade. Quando um evento começa a vibrar, ele já começou a penetrar no mundo visível.
5. A criação avança em saltos quânticos.
6. O início de um evento é simultaneamente o seu final. Os dois surgem juntos na esfera da consciência silenciosa.
7. Os eventos desenvolvem-se no tempo, mas nascem fora do tempo.
8. A maneira mais fácil de criar está na direção evolucionária.
9. Como as possibilidades são infinitas, a evolução nunca termina.
10. O universo corresponde ao sistema nervoso que está olhando para ele.

Explorar essas condições é a maneira de criar o significado da sua vida. Resumirei esses dez pontos em um esboço e você deverá preenchê-lo: o comportamento do universo inteiro, desde o Big Bang, visa a adequar-se ao sistema nervoso humano. Se pudéssemos experimentar o cosmo de alguma outra maneira, ele seria diferente. O universo é desprovido de luz para o peixe cego que vive nas cavernas submarinas, que evoluiu de maneira a excluir tudo que é visual.

O universo é destituído de som para a ameba, de paladar para a árvore e de cheiro para a lesma. Cada criatura escolhe a própria amplitude de manifestação, de acordo com a amplitude do seu potencial.

O universo é obrigado a respeitar seus limites. Assim como nenhuma genuína visão de beleza é capaz de afetar o peixe cego que vive nas cavernas submarinas e nenhuma fragrância, por mais doce que seja, consegue estimular uma lesma, nenhum aspecto da vida que esteja fora dos seus limites tem um significado para você. Você é como uma pessoa que vive da caça e da comida que consegue encontrar vasculhando a floresta em busca de alimentos. Se uma planta não for comestível, você simplesmente não lhe dá atenção, de modo que uma floresta repleta de uma flora exótica seria vazia para você. A força da evolução é infinita, mas só pode atuar com o que o observador leva até ela. A mente fechada para o amor, por exemplo, contempla um mundo desprovido de amor e é imune a qualquer indício desse sentimento, ao passo que a mente aberta olha para o mesmo mundo e encontra infinitas expressões de amor.

Se nossos limites contassem toda a história, a evolução não conseguiria rompê-los. É aqui que entra o salto quântico. Todo observador cria uma versão da realidade associada a determinados significados e energias. Enquanto esses significados parecerem válidos, as energias mantêm a representação coesa, mas quando o observador quer ver algo novo, o significado se recolhe, energias se combinam de uma nova maneira e o mundo dá um salto quântico. O salto ocorre no plano visível quando o interruptor está "ligado", mas foi preparado na esfera invisível quando o interruptor está "desligado".

Eis um exemplo: nossa capacidade de ler passou a existir quando o homem pré-histórico desenvolveu um córtex cerebral, mas ninguém no mundo pré-histórico precisava ler. Se a evolução é tão aleatória quanto afirmam muitos geneticistas, a capacidade de ler deveria ter desaparecido há um milhão de anos, visto que era nula a utilidade dela para a sobrevivência naquela época.

Mas essa característica sobreviveu para a criatura que estava emergindo. A consciência sabe o que está por vir e insere em cada partícula da criação o potencial para *qualquer* futuro, não apenas para o que se está desenvolvendo. A natureza não precisa prever o que acontecerá em todos os níveis. Ela apenas abre caminhos de crescimento, e então uma determinada criatura — nesse caso, nós — dá o salto quando o momento parece certo. Desde que o potencial esteja vivo, o futuro pode evoluir por escolha.

De vez em quando, uma pessoa perspicaz detecta uma falha no que estou dizendo. "Você está se contradizendo. Por um lado, você afirma que a causa e o efeito prosseguem eternamente. Agora, está dizendo que o final já está presente no início. O que realmente acontece, afinal?" Bem, na verdade, ambos. Essa não é uma resposta muito satisfatória, e certamente faz com que os críticos espertos não concordem. Mas o universo está *usando* a causa e o efeito para chegar a algum lugar. Quando ele quer dar um salto quântico, a causa e o efeito são moldados para o propósito. (Na verdade, você constata o que estou dizendo a cada segundo. Quando você vê a cor vermelha no seu olho mental, as células do seu cérebro estão emitindo sinais de maneira precisa. No entanto, você não ordenou que elas fizessem isso; elas se ajustaram automaticamente ao seu pensamento.)

Na hierarquia confusa, uma ameba, uma lesma, uma galáxia, um buraco negro e um quark[1] são expressões igualmente válidas de vida. As pessoas da Pré-História estavam tão imersas na sua realidade quanto estamos na nossa, estavam igualmente fascinadas por ela e tinham o mesmo privilégio de observar a realidade se expandir. A evolução concede a cada criatura exatamente o mundo que se encaixa na sua capacidade de percepção. Mas existe algo acima de tudo o mais que precisa evoluir: a lacuna. Se você ainda não está pronto para aceitar a ideia de que o significado da vida é tudo, encontre seu significado preenchendo a lacuna. Traga o mundo de volta da beira do desastre; afaste o mundo de uma rota de colisão com o caos. O Dharma, a força preservadora da Natureza, apoia qualquer pensamento, sentimento ou ação que preencha a lacuna porque o universo está configurado para fundir o observador com a coisa observada.

---

[1] Um dos três tipos de hipotéticas partículas fundamentais que se propõem a ser as entidades das quais se compõem todas as demais partículas que interagem com elas. (N. da T.)

Como você é autoconsciente, seu destino é a unidade. Isso foi inserido no seu cérebro tão seguramente quanto a capacidade de ler foi introduzida no homem de Cro-Magnon. À medida que a lacuna for se fechando, as pessoas modernas começarão a fundir-se com formas de vida inferiores e superiores. Todas as gerações da humanidade, desde o primeiro hominídeo ao que vier depois de nós, serão vistas como uma só. E o que virá depois? Imagino que vamos tirar o quadro da parede, separando-nos de qualquer imagem fixa. Viver a partir do nível da existência pura, sem necessidade de ser limitado por qualquer evento no mundo físico, é o fim dessa jornada e o início de uma nunca antes presenciada. Essa será a chegada da unidade e a tacada final da liberdade.

MODIFICANDO SUA REALIDADE PARA ACOMODAR O DÉCIMO QUARTO SEGREDO

O décimo quarto segredo envolve o entendimento total. Entendimento não é o mesmo que pensamento. O entendimento é uma habilidade desenvolvida na consciência. É o que você criou a partir do seu potencial. O bebê dá os primeiros passos ao desenvolver a habilidade de andar, por exemplo. Essa habilidade representa um salto quântico na consciência do bebê, que se estende por todos os cantos da existência: os padrões cerebrais se modificam; novas sensações surgem no corpo; movimentos descoordenados tornam-se coordenados; os olhos aprendem a olhar o mundo a partir de uma perspectiva ereta que se move para a frente; novos objetos no ambiente passam a estar ao alcance dele; e a partir do limiar do primeiro passo, o bebê penetra num mundo de possibilidades inexploradas que talvez culminem em escalar o Monte Everest ou participar de uma maratona. Não estamos, portanto, falando de uma única habilidade, e sim de um verdadeiro salto quântico que não deixa nenhuma parte do bebê realmente intocada.

A diferença entre uma criança que começa a andar e um maratonista é que o nível de entendimento se aprofundou não apenas em um único aspecto, e sim em toda a pessoa. Sempre que você executa uma ação, está na verdade expressando um nível de entendimento. Em uma corrida, dois corredores podem ser comparados em áreas como a da disciplina mental, resistência, coordenação, administração do tempo, equilíbrio entre obrigações e relacionamentos, e assim por diante. Quando percebemos como a consciência é de fato abrangente, começamos a compreender que nada é deixado de fora.

O entendimento modifica toda a imagem da realidade.

Ser capaz de afetar toda a sua realidade de uma só vez é a essência do "cossurgimento interdependente simultâneo". Não existe limite para a distância que a sua influência pode alcançar, mas para descobrir isso você precisa se envolver na vida com paixão. Quando você faz qualquer coisa com paixão, expressa todos os seus aspectos. A paixão libera toda a energia que você possui. Nesse momento, você está se arriscando, pois se lançar tudo o que tem em uma busca, seus defeitos e fraquezas também serão expostos. A paixão traz tudo à tona.

Este fato inevitável desencoraja muitas pessoas que desprezam tanto as suas partes negativas, ou são tão intimidadas por elas, que restringem sua paixão, por acreditar que a vida ficará mais segura. Talvez ela fique, mas ao mesmo tempo elas estão limitando enormemente o seu entendimento do que a vida pode trazer. De modo geral, você pode expressar três níveis de comprometimento ao se envolver em uma situação:

1. Somente até o ponto de encontrar o primeiro verdadeiro obstáculo.
2. O suficiente para superar alguns obstáculos.
3. Decidindo-se a superar todos os obstáculos.

Usando esse modelo, pense em alguma coisa que você deseja apaixonadamente fazer bem: pintar, escalar montanhas, escrever, criar uma criança ou destacar-se na sua profissão. Avalie com sinceridade em que ponto você está nessa atividade.

Nível 1: "Não estou satisfeito com o que realizei. As coisas não correram como eu queria. Outras pessoas se deram bem melhor do que eu. Perdi o entusiasmo e o estímulo. Continuo a fazer o que preciso, mas basicamente estou deslizando na superfície. Sinto que, de modo geral, fracassei."

Nível 2: "Estou relativamente satisfeito com o que realizei. Nem sempre estou na minha melhor forma, mas acompanho o ritmo da turma. Sou considerado uma pessoa que sabe o que faz. Superei muitas coisas para chegar onde estou. No geral, sinto que sou bem-sucedido."

Nível 3: "Consegui dominar o que me propus a fazer. As pessoas me consideram um exemplo e um profissional experiente. Conheço os mínimos detalhes de tudo, o que me deixa profundamente satisfeito. Praticamente não preciso mais pensar a respeito do que faço. Vou seguindo minha intuição. Essa área da minha vida é uma importante paixão."

Cada nível de comprometimento reflete o entendimento que você está disposto a alcançar. Se você não conhecesse a natureza humana, poderia supor que uma única atividade, como pintar, escalar montanhas ou escrever, pudesse ser tratada separadamente, mas a pessoa é totalmente afetada porque toda ela está se expressando. (É por esse motivo que se diz que conseguimos conhecer a nós mesmos nas montanhas ou diante de uma tela de pintor em branco.) Mesmo que você escolha uma habilidade muito limitada, como correr em uma maratona ou cozinhar, todo o seu sentimento do eu muda quando você consegue um sucesso apaixonado, ao contrário do que acontece quando você fracassa ou recua.

A disposição de entrar em contato com cada parte de você abre a porta para o total entendimento. Você arrisca toda a sua identidade e não apenas uma parte isolada. Isso pode parecer assustador, mas, na verdade, é a maneira mais natural de abordar qualquer situação. Quando você mantém à parte um aspecto seu, obstrui a exposição dele à vida; reprime a energia dele e o impede de entender o que ele precisa saber. Imagine um bebê que queira andar, mas tenha as seguintes restrições:

1. Não quero causar má impressão.
2. Não quero cair.
3. Não quero que ninguém me veja cair.
4. Não quero viver com o peso do fracasso.
5. Não quero gastar toda a minha energia.
6. Não quero sentir dor.
7. Quero vencer as dificuldades o mais rápido possível.

No caso do bebê, essas restrições são absurdas. Se qualquer uma delas fosse pertinente, o bebê nunca aprenderia a andar, ou aprenderia de modo instável. A oportunidade de dominar o ato de andar nunca aconteceria. No entanto, quando adultos, recorremos o tempo todo a essas restrições, o que faz com que neguemos a nós mesmos o domínio do que queremos. Ninguém pode negar o fato de que todos os aspectos negativos de uma situação se expressam no momento em que ela surge, ao lado dos positivos. Não há como escapar das decisões internas que tomamos.

Tudo o que você decidiu a respeito de si mesmo está em jogo neste momento.

Felizmente, essas decisões individuais podem ser reexaminadas e modificadas. Como todos os aspectos negativos estão bem à sua frente, você não precisa sair procurando por eles. O que as pessoas experimentam como obstáculos na vida são reflexos da decisão de excluir o entendimento. Se você excluir um excesso de entendimento, você se torna uma vítima, exposto a forças que o confundem e oprimem. Essas forças não constituem um destino cego nem fatalidade; elas são buracos na sua consciência, os lugares onde você não foi capaz de olhar.

Procure examinar hoje uma das decisões que o impediram de se envolver completamente com a vida, que podem estar incluídas na lista anterior.

Não quero causar má impressão: esta decisão envolve a autoimagem. "Causar boa impressão" significa preservar uma imagem, mas essas são apenas representações congeladas. Elas fornecem uma impressão extremamente superficial de quem você é. A maioria das pessoas tem enorme dificuldade em ultrapassar a autoimagem. Elas criam certa aparência, determinada maneira de agir, certo nível de estilo, gosto, estilo de vida e status que se reúnem para formar a pessoa que elas acham que são. A autoimagem delas é aplicada a cada situação, com um único resultado possível: elas parecem boas ou más. Muito tempo atrás, essas pessoas decidiram que jamais causariam má impressão se pudessem evitá-lo.

Você só pode se opor a essa decisão pela disposição de esquecer sua aparência. Estou certo de que você já assistiu a filmes em câmera lenta de corredores olímpicos cruzando a linha de chegada, encharcados de suor, o rosto distorcido pelo esforço, despendendo cada último grama de si mesmos. Na paixão de ganhar, eles não se importam a mínima com a aparência. O que acabo de descrever fornece uma pista para a sua situação. Se você estiver realmente concentrado no processo que tem diante de si, não levará em conta a sua aparência.

Envolva-se hoje completamente com as seguintes ideias até entender de que maneira elas dizem respeito a você:

- Para vencer não é preciso ter boa aparência. As duas coisas não têm nada a ver uma com a outra.
- Entusiasmar-se com alguma coisa causa uma boa aparência interior, que é o que realmente importa.
- Ter uma boa aparência a partir do interior não é uma imagem, é um sentimento de satisfação.
- Você não se sentirá satisfeito enquanto tiver na mente uma imagem.

Não quero cair: essa decisão gira em torno do fracasso, que por sua vez diz respeito à crítica e ao julgamento. No campo da pintura, toda obra-prima é precedida de um croqui ou esboço. Às vezes, esse croqui corresponde a alguns rabiscos rudimentares, já em outras requer vários anos e dezenas de tentativas. O pintor falhou quando fez um croqui? Não, porque os estágios de desenvolvimento são necessários para dominar uma habilidade. Se você interpretar suas primeiras tentativas como fracassos, estará em conflito com um processo natural.

As pessoas que têm medo de cair foram em geral ridicularizadas ou humilhadas no passado. Essa é uma das áreas em que os pais transmitem opiniões negativas que exercem um efeito terrível; o fracasso é algo que herdamos de alguém que nos desencorajou. O medo se associa ao fracasso, conectando-nos ao sentimento do eu. "Fracassar significa não ter valor." A segunda pior restrição mental, que vem logo depois de causar má impressão, é o medo de fracassar e nos sentirmos uma pessoa sem valor.

Enfrente-se hoje com sinceridade e encare que proporção desse medo você guarda dentro de si. O grau em que você se avalia é a medida em que se precisa curar. Quase todas as pessoas dizem que odeiam falhar, mas por trás da palavra ódio pode haver um grande leque de emoções, desde a desintegração devastadora do eu a uma contrariedade por não fazer o melhor possível. Você pode avaliar em que ponto da escala está. Faça sua avaliação:

- Fico inconsolável quando fracasso. Não consigo livrar-me do sentimento durante dias, e quando revejo meus maiores fracassos, volto a viver a intensa humilhação pela qual passei.
- Sinto-me tão mal quando fracasso que geralmente me afasto. Tenho muita dificuldade em me equilibrar de novo, mas com o tempo acabarei conseguindo. É uma questão de orgulho e dignidade.
- Aceito com calma o fracasso porque é mais importante concretizar o que eu quero fazer. Aprendo com os meus fracassos. Cada contratempo encerra algo positivo. Quando conseguimos aprender com os erros que cometemos, não teremos falhado.
- Não penso em função de ganhar e perder. Permaneço equilibrado e observo como me comporto em cada situação. Cada reação me mostra um novo aspecto de mim mesmo. Quero compreender tudo e, a partir dessa perspectiva, cada experiência é como virar uma nova página no livro da evolução.

Depois de avaliar onde você se encontra, desenvolva um programa de mudança adequado a esse estágio.

Em primeiro lugar, as pessoas nesse nível são muito sensíveis a reveses e os levam de tal modo para o lado pessoal que estão sempre reabrindo antigas feridas. Se esse é o seu caso, volte aos conceitos básicos. Descubra algo bem simples para fazer, como preparar um omelete ou correr em volta do quarteirão. Reserve algum tempo para essa atividade e, enquanto se dedicar a ela, sinta como é ter sucesso. Seja um bom pai ou uma boa mãe e teça elogios a si mesmo. Se as coisas saírem um pouco erradas, diga a si mesmo que está tudo bem. Você precisa reformular a maneira como sente-se a respeito de definir um objetivo e alcançá-lo.

Dentro de você há uma voz perturbadora que você logo nota e à qual confere enorme importância. Desenvolva lentamente uma ligação com a voz do estímulo. Ela também está dentro de você, mas foi sufocada pela voz da crítica. Aumente pouco a pouco os desafios que você é capaz de enfrentar. Em vez de fazer um omelete para você, prepare um para outra pessoa. Sinta como é ser elogiado. Absorva o fato de que você merece esse elogio. Não se compare com pessoa alguma; você está onde está e em nenhum outro lugar. Continue a reforçar seu sucesso.

Pelo menos uma vez por dia faça algo que pareça um sucesso aos seus olhos e que seja elogiado por você ou por outra pessoa. Certifique-se de que os elogios externos são sinceros. Vai demorar, mas você notará depois de algum tempo que a voz do estímulo dentro de você está começando a crescer. Você aprenderá a contar com ela e compreenderá que ela se aplica exatamente a você.

Em segundo lugar, as pessoas nesse nível sentem-se tão mal com relação a fracassar que fogem de novos desafios, mas o seu mal-estar não é intenso o suficiente para que elas se sintam arrasadas. Se esse é o seu caso, você precisa de mais motivação, porque está prestes a querer vencer, mas reluta em correr o risco de fracassar. Você poderia se inclinar para um lado ou para outro. Para aumentar sua motivação, você pode entrar para uma equipe ou procurar um instrutor. O espírito de equipe o ajudará a neutralizar as vozes negativas dentro de você. O instrutor o manterá centrado e fugir não será uma opção. Escolha um nível de atividade que não exija demais da sua autoconfiança. É mais importante interiorizar os elementos do sucesso do que vencer um grande desafio. Uma equipe não precisa estar relacionada com o esporte; procure qualquer grupo que tenha espírito de equipe. Pode ser uma banda de jazz, um grupo de voluntários ou um partido político. O respaldo externo o ajudará a resolver as dificuldades internas. Você compreenderá que essas dificuldades não são montanhas; elas podem ser reduzidas a pequenos picos de realização.

Terceiro, as pessoas nesse nível são mais estimuladas pelo sucesso do que desencorajadas pelo fracasso. Elas possuem um bom suprimento de motivação positiva. Se esse for o seu caso, você poderá ter sucesso durante algum tempo, mas acabará descobrindo que as recompensas externas já não são satisfatórias.

Você precisa definir um objetivo totalmente interno para si mesmo, a fim de crescer. Entre as metas internas mais valiosas estão aprender a ser mais amigável, aprender a servir aos outros sem esperar nada em troca e descobrir as profundezas da espiritualidade. Vise a se compreender melhor sem qualquer realização externa. Com o tempo, a distinção entre sucesso e fracasso começará a suavizar-se. Você passará a ver que tudo o que fez até hoje estava relacionado com você revelar-se para si mesmo. A maior satisfação na vida acontece quando essa revelação é a única coisa de que você precisa.

Quarto, as pessoas nesse nível venceram o fracasso. Elas desfrutam as voltas que acontecem na vida e ficam satisfeitas com todos os tipos de experiência. Se esse é o seu caso, tenha como objetivo aprofundar a sua competência. Os obstáculos remanescentes são sutis e pertencem ao nível do ego. Você ainda acredita que um eu isolado está tendo essas experiências. Volte-se para o desapego e a expansão além desse eu limitado. Os mais profundos textos espirituais e o envolvimento pessoal com um dos quatro caminhos lhe proporcionarão grande satisfação.

Não quero que ninguém me veja fracassar: essa decisão gira em torno da vergonha, que é o medo interiorizado da opinião dos outros. A desaprovação deles torna-se a sua vergonha. O clichê que diz que os orientais não suportam ser humilhados diz respeito à vergonha, que pode ser uma poderosa força social. A resposta à vergonha não é assumir um comportamento descarado. Muitas pessoas tentam essa solução na adolescência, na esperança de que a intensa inibição que sentem possa ser superada por atos externos de bravata, como roubar carros para se divertir ou vestir-se com roupas extravagantes. Se você sente-se facilmente envergonhado, tomou uma decisão interior que precisa ser modificada.

Em primeiro lugar, compreenda que o que os outros pensam a seu respeito frequentemente depende do fato de as suas ações serem boas ou más aos olhos *deles*. A opinião social é inevitável e somos todos afetados por ela. Não obstante, as outras pessoas tentarão humilhá-lo por meio de palavras, do tom de voz e do comportamento. Analise imparcialmente sua situação e observe como funciona esse processo. Leia um tabloide ou assista a um programa de fofocas sobre celebridades. Conscientize-se do fluxo permanente de insinuações e críticas. Sinta-se reconfortado com o fato de que outras pessoas são tratadas dessa maneira. Você não tem de modificar esse tratamento; deve apenas conscientizar-se de como ele funciona.

Em segundo lugar, pare de humilhar os outros. Esse comportamento é um disfarce para você. Você acha que se fizer fofoca, difamar os outros, tentar parecer superior ou atacar de alguma outra maneira conseguirá se proteger da sua própria vulnerabilidade. Na verdade, você está apenas mergulhando na cultura da vergonha. Pare de agir assim; você não pode mais se dar ao luxo de se comportar dessa forma.

Terceiro, descubra maneiras de conseguir elogios que lhe façam sentir-se uma boa pessoa, o que é diferente de ser elogiado pelas suas realizações. Sem dúvida você é capaz de fazer muitas coisas que levarão os outros a dizer que você fez um bom trabalho. Mas o que está lhe faltando são elogios que corrijam seu sentimento de vergonha. Isto só pode acontecer quando as emoções estão em jogo. Você precisa sentir o calor da gratidão de outra pessoa; precisa ver nos olhos dela que ela o admira. Eu sugeriria ajudar pessoas pobres, idosas ou doentes. Dedique algum tempo a um programa voluntário destinado a ajudar os necessitados da maneira como você define o termo. Enquanto você não voltar a se relacionar baseado no amor, desprovido de qualquer indício de crítica pessoal, não será capaz de se separar dos sentimentos de vergonha.

Não quero viver com o peso do fracasso: essa decisão gira em torno da culpa, que é o conhecimento interior da transgressão. Nessa condição, ela atua como um lembrete saudável da sua consciência. Mas quando a culpa se associa à coisa errada, pode ser destrutiva e perniciosa. As pessoas que se sentem culpadas sofrem muito com a incapacidade de distinguir os pensamentos das ações. Elas são oprimidas por coisas puramente mentais em vez de ações efetivamente praticadas. Às vezes essa situação é chamada de "pecar no coração". Independentemente do nome que você lhe atribuir, a culpa faz com que você se sinta um fracassado devido ao seu horrível passado.

As pessoas que sentem culpa não querem enfrentar novos desafios com medo de que, se falharem, talvez se sintam ainda mais culpadas, o que aumentaria o peso do passado. Para elas, isso parece razoável, mas, na verdade, a culpa em si é extremamente irracional. Você pode desmembrar a culpa em seus componentes irracionais, exatamente como pode fazer com a vergonha:

- A culpa não avalia com precisão o bom e o mau. Ela pode fazê-lo sofrer por razões triviais.
- A culpa é um manto que tenta cobrir tudo. Ela faz você sentir-se culpado com relação a pessoas e coisas que não exercem qualquer influência sobre a sua culpa, a não ser o fato de estar nas proximidades.
- A culpa faz você sentir-se excessivamente responsável. Você acredita que fez com que acontecessem coisas más que, na verdade, nada têm a ver com você.
- A culpa é tendenciosa. Ela considera que você está errado o tempo todo, sem lhe dar nenhuma folga.

Quando você entender essas quatro coisas, poderá começar a aplicá-las a você. Não tente obrigar a culpa a ir embora. Tenha a sua reação de culpa, deixe que ela seja o que é, mas, a seguir, se pergunte: "Fiz algo realmente nocivo?", "Eu condenaria alguém que fizesse a mesma coisa?", "Fiz o melhor que pude nas circunstâncias?" Essas perguntas o ajudam a obter um sentimento mais objetivo do que é bom e do que é mau. Se você ficar na dúvida, peça a opinião de uma pessoa que não se sinta culpada e não condene os outros.

"Quem eu efetivamente magoei?" Seja específico; não deixe que a culpa seja um manto. Você talvez descubra que nunca magoou qualquer pessoa. Se você ainda achar que o fez, procure a pessoa e pergunte-lhe como sente-se. Discuta as suas ações. Tente chegar ao ponto em que pode pedir perdão. Quando o receber, aceite-o como sendo genuíno. Escreva o perdão como uma nota mental. Sempre que sua voz de culpa o acusar novamente, erga o pedaço de papel que prova que você foi perdoado, dizendo: "Está vendo? Por mais que você tente fazer com que eu me sinta culpado, a pessoa que eu efetivamente magoei não está mais se importando."

"Sou de fato responsável neste caso? Que papel realmente desempenhei? Minhas ações foram uma pequena ou uma grande parte da situação?" Você só pode ser responsável pelos atos que praticou ou deixou de praticar. Seja específico. Detalhe essas ações para si mesmo; não as exagere nem se deixe seduzir pela ideia irracional de que pelo simples fato de estar ali você é totalmente responsável. Muitas situações familiares nos envolvem em um sentimento generalizado de culpa compartilhada, mas se você for específico e limitar sua responsabilidade ao que efetivamente disse e fez, e não ao que outras pessoas ao seu redor disseram e fizeram, você pode difundir a experiência de culpa na qual sente-se responsável por tudo o que aconteceu.

"Que coisas boas eu fiz para reparar as más? Quando terei feito o bastante para deixar de me sentir culpado? Estou pronto para me perdoar?" Todas as más ações têm limites, depois dos quais você é perdoado e aliviado da culpa. Mas, como vimos, a voz interior da culpa é tendenciosa — você é culpado no instante em que entra no tribunal e permanecerá assim para sempre. Escolha qualquer ato culposo e escreva o dia no qual você será perdoado. Faça tudo que puder para reparar sua má ação, e quando chegar o dia da libertação, tome posse do seu perdão e esqueça o que houve. Nenhum ato odioso merece a condenação eterna; não faça o jogo do preconceito que espera torná-lo responsável, ano após ano, até mesmo pelos seus pecados mais justificáveis.

Não quero despender toda a minha energia: essa decisão gira em torno da convicção de que a energia, assim como o dinheiro na sua conta bancária, é limitada. Algumas pessoas que não querem gastar muita energia evitam novos desafios devido à preguiça, mas isso em geral é um disfarce para questões mais profundas. Sem dúvida é verdade que a energia é limitada, mas se você já se dedicou apaixonadamente a uma coisa, terá descoberto que quanto mais energia você lhe dedica, mais você tem. A paixão repõe a si mesma. O mais estranho é que o que esgota a energia é o ato de retê-la.

Quanto mais você conserva sua energia, mais estreitos tornam-se os canais através dos quais ela pode fluir. As pessoas que têm medo de amar, por exemplo, acabam sufocando a expressão do amor. Elas sentem o coração apertado em vez de expandido; as palavras carinhosas aderem à sua garganta; elas acham embaraçoso fazer até mesmo pequenos gestos de amor. O aperto gera o medo da expansão, e assim a cobra fica picando a própria cauda: quanto menos energia você gasta, menos tem para gastar. Eis algumas medidas que podem fazer os canais de energia se expandirem:

- Aprenda a dar. Quando você sentir grande vontade de acumular, volte-se para uma pessoa necessitada e ofereça parte do que você possui em abundância. Não precisa ser dinheiro ou bens materiais. Você pode oferecer seu tempo, sua atenção, que na verdade serão muito mais úteis para abrir seus canais de energia do que dar dinheiro.

- Seja generoso; isto é, você deve ser mais generoso nos elogios e no reconhecimento do que com dinheiro. A maioria das pessoas anseia por elogios e recebe muito menos do que merece. Seja o primeiro a reparar quando alguém tiver um bom desempenho. Reconheça de todo o coração o que a pessoa fez, e não apenas com frases feitas. Seja detalhado nos elogios, demonstrando à outra pessoa que você realmente prestou atenção ao que ela realizou. Olhe nos olhos dela e permaneça assim enquanto a elogiar.

- Siga sua paixão. Alguma área na sua vida faz com que você queira gastar nela toda a sua energia. No entanto, no caso da maioria das pessoas, uma inibição intrínseca as impede de avançar demais, de modo que elas não despendem energia nem mesmo nessas áreas. Esteja disposto a ir até o limite e depois ainda um pouco mais além. Se você gosta de alpinismo, escolha um morro e escale-o. Se gosta de escrever, comece e acabe um livro. A ideia não é se pressionar, e sim provar a quantidade de energia realmente presente. A energia transporta a consciência, possibilitando que ela apareça no mundo. Ao dedicar mais energia a qualquer empreendimento, você aumenta a recompensa do entendimento que virá até você.

Não quero sentir dor: essa decisão gira em torno de várias questões, todas relacionadas à dor psicológica e não à dor física. A primeira questão é o sofrimento do passado. As pessoas que sofreram sem conseguir encontrar a cura têm grande aversão diante de qualquer nova possibilidade de sentir dor. Outra questão é a fraqueza. Se uma pessoa foi derrotada pela dor no passado, a perspectiva de sentir mais dor gera o medo de ela ficar ainda mais fraca. Finalmente, existe a questão da vulnerabilidade. A dor nos faz sentir expostos e mais inclinados a sentir dor do que se permanecêssemos invulneráveis. Todas essas questões são profundas e é raro encontrar alguém que lhes seja imune. Como sempre, essa situação encerra graus de sensibilidade.

A dor é neutra no projeto cósmico. No mundo material, a dor nos motiva de modo negativo, enquanto o prazer nos motiva de forma positiva. Aprender a ser livre significa que as suas ações não dependem de nenhum dos dois modos. Nenhum desafio é maior do que esse, considerando-se que todos somos profundamente apegados ao ciclo de prazer e dor. Somente alcançando o estágio da testemunha é que você pode observar como sente-se pouco à vontade quando é impulsionado pelo prazer ou pela dor.

Quero resolver as coisas o mais rápido possível: essa decisão tem a ver com impaciência. Quando sua mente está inquieta e desorganizada, sua única alternativa é ficar impaciente. Você carece da amplitude de atenção necessária para agir com calma e ser paciente. As pessoas que se refreiam porque não conseguem prestar atenção suficiente também são privadas de novos desafios. A percepção delas é obrigada a permanecer em um nível muito superficial. Ironicamente, o tempo não é essencial para uma resposta ponderada. Não se trata do tempo que você leva prestando atenção, e sim de quão profundamente isso importa.

No filme *Amadeus,* Salieri, um exímio compositor, era atormentado pelo gênio do seu rival, Mozart, que não era uma pessoa melhor do que Salieri. No filme, Mozart foi transformado em um hedonista vaidoso e infantil. Ele não passava mais tempo compondo do que Salieri; não era mais favorecido por protetores; não frequentou a escola de música por mais tempo. Salieri culpava Deus por essa enorme desigualdade de talento e, inconscientemente, quase todos nós fazemos o mesmo quando nos vemos diante de alguém cuja capacidade em muito excede a nossa.

A impaciência baseia-se na frustração. Nós nos recusamos a prestar atenção porque os resultados não estão chegando rápido o bastante ou com recompensas suficientes. A mente prefere se afastar desse possível manancial de desconforto. Se você descobrir que fica impaciente com facilidade, provavelmente culpa circunstâncias externas. O trânsito está muito lento; a fila do supermercado não anda; quando você pede a alguém para fazer alguma coisa, a pessoa sempre "faz cera".

Projetar a impaciência no mundo exterior é uma defesa, uma forma de rechaçar o medo da inadequação. Nos casos mais extremos do distúrbio do déficit de atenção, particularmente nas crianças pequenas, esse medo está subjacente à intenção superficial. As pessoas impacientes não têm coragem de se aprofundar muito. Mesmo sem um rival com o gênio dominante de Mozart, todos nos sentimos intimidados por um misterioso concorrente interior — alguém que, por definição, é melhor do que nós. Esse fantasma nos expulsa da nossa consciência.

A impaciência acaba quando você se consegue voltar para dentro de si mesmo com confiança suficiente para permitir que a consciência se expanda. Não é possível forçar a confiança. Você será adequado aos seus olhos quando experimentar níveis cada vez mais profundos de entendimento. Se você é impaciente, precisa enfrentar a realidade de que não é o melhor em tudo, nem precisa ser. Detenha-se quando sentir-se ofuscado por talento, riqueza, status ou realizações maiores. A única pessoa real dentro de você é você mesmo. Essa pessoa é uma semente cujo crescimento é ilimitado. A maneira de fazer uma semente desenvolver-se é alimentando-a e, nesse caso, é prestando atenção que você fornece o alimento. Esteja disposto a se enfrentar, independentemente das deficiências que você julgue ter. Somente um encontro direto consigo mesmo proporciona o alimento da atenção, e quanto mais alimento você oferecer, maior será seu crescimento.

Décimo quinto segredo

TUDO É ESSÊNCIA PURA

Finalmente, cada camada da cebola foi descascada. Estamos diante do indescritível, do segredo que reside na essência da vida. No entanto, as palavras quase alcançaram o limite delas.

Que temos quando nos deparamos com o indescritível? Só podemos tentar descrevê-lo com palavras inadequadas. A mente não pode ajudar a si mesma. Acostumada a colocar tudo em um pensamento, ela não consegue compreender *algo* que esteja além do pensamento.

Cada um de nós traça um mundo de linhas, formas e cores empregando tinta invisível. Nosso instrumento nada mais é do que uma partícula de consciência, como a ponta de um lápis que se desloca numa folha de papel em branco. No entanto, tudo emana desse ponto individual. Poderia alguma coisa ser mais misteriosa e, ao mesmo tempo, mais milagrosa? Um ponto infinitamente menor do que uma ponta de lápis traça a forma do universo.

Esse ponto é feito de essência, do modelo mais puro do Ser. A essência é o mistério supremo porque consegue fazer três coisas ao mesmo tempo:

  Ela concebe tudo que existe.
  Ela transforma em realidade o que imaginou.
  Ela penetra nessa realidade e a mantém viva.

Neste exato momento, você também está executando três atividades. Antes que qualquer coisa lhe aconteça, ela é concebida na imaginação, ou seja, no estado em que nascem fragmentos de imagens e desejos. Essas imagens então se expandem, transformando-se em objetos e eventos manifestos. A maneira mais simples de descrever esse ato de criação em três partes é dizer que você imagina uma imagem, a seguir a pinta e, finalmente, nela penetra.

Tudo que é preciso para encontrar a essência da vida é sair da imagem e ver a si mesmo. Você não verá uma pessoa, nem mesmo uma alma, apenas uma partícula de consciência — o ponto que está produzindo as imagens mais encantadoras, espantosas, mundanas, sagradas, impressionantes, ordinárias e maravilhosas. Mas mesmo ao usar estas palavras, caí na tentação de tentar descrever o indescritível. Jogarei fora todas as imagens e dizer as coisas mais simples e verdadeiras: eu existo, eu sou consciente, eu crio. Essas são as três qualidades da essência que permeiam o universo.

Tendo desnudado cada aspecto irreal do seu ser, apenas a essência permanece. Quando você compreende que essa essência é o verdadeiro você, a porta dourada abre-se. A essência é preciosa porque ela é a substância a partir da qual a alma é criada. Se você conseguisse ficar agarrado à essência enquanto volta à imagem que criou, você viveria todos os momentos a partir do nível da alma.

Mas surge uma enorme dificuldade que mantém fechada a porta dourada: não existe nada que *não seja* essência. Quando você reduz a realidade única à essência dela, todas as qualidades desaparecem. Agora uma árvore, um cavalo, uma nuvem e um ser humano são a mesma coisa. As dimensões físicas também desaparecem. O tempo decorrido entre dois eventos quaisquer passa a ser nulo; o espaço entre dois objetos quaisquer é nulo.

O claro e o escuro não mais existem. A total plenitude e o vazio absoluto são a mesma coisa.

TUDO É ESSÊNCIA PURA

Em outras palavras, no momento em que você acha que descobriu o segredo de tudo, percebe que suas mãos estão vazias. Esse é um resultado particularmente perturbador para aqueles que percorrem o caminho espiritual para encontrar Deus. A não ser que definamos Deus como essência, Ele também desaparecerá. Mas na Índia existe forte tradição que coloca a essência bem acima de um deus pessoal. Um dos maiores mestres espirituais modernos, Nisargadatta Maharaj, não fez concessões nesse ponto. Declarou que ele mesmo — e todas as outras pessoas — são essência pura. Como resultado, enfrentou forte oposição litigiosa.

Eis um diálogo típico com um visitante cético do Maharaj:

P: Deus criou a Terra para você?
R: Deus é meu devoto e fez tudo isso para mim.
P: Não existe Deus algum além de você?
R: Como pode haver? "Eu sou" é a raiz, Deus é a árvore. Quem devo adorar, e por que motivo?
P: Você é o devoto ou o objeto da devoção?
R: Nenhum dos dois. Eu sou a própria devoção.

É possível sentir a frustração desconcertada na voz do inquiridor, e quem pode culpá-lo? O caminho em direção à unidade é tão diferente daquele que é ensinado na religião organizada que confunde a mente. Maharaj costumava pregar regularmente que não fomos criados para Deus e, sim, que Deus foi Criado para nós. Com essas palavras, ele queria dizer que a essência, por ser invisível, tinha de criar uma projeção onipotente para ser adorada. A essência em si não possui qualidades, não há nada a que nos possamos agarrar.

A essência é evanescente porque não podemos senti-la ou pensar nela. Como estar vivo consiste em sentir e pensar, de que maneira a essência pode ser útil? No nível mais superficial, a essência não é proveitosa porque as diferenças ainda prendem nossa atenção. Digamos que você prefira ser feliz em vez de infeliz, rico em vez de pobre, bom em vez de mau. Nenhuma dessas distinções é importante para sua essência. Ela só trabalha com três coisas: ela existe, ela cria, ela é consciente.

Uma vida sem diferenças soa completamente insuportável; no entanto, existe um documento que fala sobre a essência de forma prosaica, dando a entender que alguém descobriu um modo de viver a partir desse nível. O documento, conhecido como *Ioga Vashistha*, tem muitas coisas estranhas a oferecer. Sabemos que *Ioga* significa "unidade" e *Vashistha* é o nome do autor; por conseguinte, em sânscrito o nome significa "A versão da unidade de Vashistha". Ninguém apresentou provas de que uma pessoa com esse nome efetivamente viveu entre nós — o texto tem séculos de existência —, mas a versão da unidade de Vashistha se destaca como uma obra única. Acredito que ela represente o maior avanço que o sistema nervoso humano já empreendeu para tomar consciência da existência em si.

Algumas observações típicas de Vashistha logo oferecem a qualidade do ponto de vista dele sobre a vida:

> Na consciência infinita, os universos vêm e vão como partículas de poeira em um raio de sol que brilha através de um buraco no telhado.
> A morte está sempre espreitando nossa vida.
> Todos os objetos são experimentados no sujeito e em nenhum outro lugar.
> Mundos inteiros surgem e desaparecem como ondulações no oceano.

O ensinamento de Vashistha tem a fama de ser um dos textos mais difíceis e abstratos no cânon espiritual, não sendo, portanto, para iniciantes. Eu o interpreto com muito mais simplicidade como sendo a voz da essência. Até mesmo a partir de um punhado de palavras, alguns temas genéricos emergem com clareza. Vashistha considera o universo impermanente e efêmero. Ele observa que a morte está inevitavelmente ligada à vida e utiliza a consciência subjetiva como o verdadeiro indicador do que é real, em comparação com o qual o mundo material é como um sopro de ar.

À medida que continuamos a leitura, esses temas são elaborados centenas de vezes com tal convicção que o leitor fica fascinado. As frases soam arcanas, às vezes inconcebíveis, mas essa é exatamente a intenção — é a vida comprimida em ideias densas como diamantes:

> A mente só vê aquilo em que pensa.
> O que as pessoas chamam de destino ou vontade divina nada mais é do que a ação do passado agindo sobre si mesma.
> Assim como o movimento é inerente ao ar, a manifestação é inerente à consciência.

Quando meditamos sobre as palavras dele, é fácil entrar em uma espécie de transe no qual o mundo visível é soprado para longe como uma pena. O efeito não se destina a ser inspirador ou edificante. Vashistha não oferece absolutamente qualquer consolo. Tudo o que importa para ele é a essência, de modo que ele é o mestre supremo no tema de encontrar a realidade. Essa também é a meta deste livro e, por conseguinte, tentei extrair os elementos essenciais das recomendações de Vashistha sobre como viver, se estivermos completamente decididos a despertar da irrealidade. Ele descreve quatro condições que precisam estar presentes se quisermos encontrar a realidade:

> Satisfação.
> Indagação.
> Autoconsciência.
> Força.

Quatro palavras comuns, um tanto inócuas. O que ele quis dizer com elas, esse sábio que conhecia a essência talvez melhor do que qualquer pessoa que já tenha vivido?

Satisfação: essa é a qualidade do repouso mental. A pessoa satisfeita vive desprovida de dúvida ou medo. A dúvida é um lembrete constante de que não existe resposta para o mistério da vida ou que todas as respostas não serão confiáveis. O medo é um lembrete permanente de que podemos ser magoados. Enquanto sua mente nutrir uma dessas convicções, repousar tranquilamente em si mesmo é impossível. A satisfação, portanto, precisa ser conquistada no nível em que a dúvida e o medo foram derrotados.

Indagação: para encontrar a realidade, você precisa questionar repetidamente o irreal até que ele desapareça. Esse processo é um tipo de escamação. Você olha para uma coisa que parece confiável e fidedigna, e se ela trai sua confiança, você diz "Não, não é o que estou procurando" e a joga fora. A coisa seguinte que solicita sua confiança também é examinada, e se ela se revela não confiável, você também se livra dela. Você dá seguimento à indagação, camada por camada, até alcançar algo que seja completamente fidedigno, e essa coisa precisa ser real.

Autoconsciência: essa qualidade lhe diz onde realizar a sua indagação, ou seja, em si mesmo e não do lado de fora, no mundo material. Voltar para dentro de si mesmo não acontece de uma só tacada. Cada desafio sempre encerra duas soluções: uma interna e uma externa. É somente superando todas as razões que o levariam a olhar para fora que lhe resta apenas o motivo pelo qual você deve olhar para dentro.

Força: como você está olhando para dentro, ninguém do lado de fora pode ajudá-lo. Esse fato implica uma espécie de isolamento e solidão que somente os fortes conseguem aceitar. A força não é um dado básico; não se trata de os fortes nascerem diferentes dos fracos. A força interior se desenvolve com a experiência. Os primeiros estágios de olhar para dentro lhe fornecem uma indicação de que você pode encontrar a realidade, e com esse fragmento de força adicional você segue adiante. Sua determinação e certeza aumentam. Você experimenta o que encontra até se sentir seguro. Passo a passo você descobre que a forma se desenvolve a partir da experiência. A própria jornada o torna forte.

Vashistha não tem quase mais nada a dizer a respeito das questões cotidianas. Ninguém precisa começar a viver de certa maneira ou parar de viver de determinada maneira para encontrar a realidade. O ponto de vista de Vashistha é de total aceitação: ele está satisfeito em deixar a vida dele se desenrolar. "Porque é somente enquanto a pessoa envolve qualquer objeto com a realidade", diz ele, "que a sujeição perdura; quando essa noção desaparece, a sujeição parte com ela". Em outras palavras, a irrealidade precisa se dissipar sozinha. Enquanto isso não acontece, você pode ser rico ou pobre, estar alegre ou triste, repleto de certeza ou atormentado pela dúvida, conforme o seu carma determinar.

Vashistha sente infinita tolerância porque "o irreal não tem existência e o real nunca deixará de existir". Ele sente-se infinitamente sereno porque "a consciência é onipresente, pura, tranquila e onipotente". No entanto, não considero Vashistha excepcional só por causa desses pensamentos profundos. O dom especial dele reside nas estocadas de verdade que são tão pungentes quanto o sal na ponta da língua: "O universo é um longo sonho. O sentimento do ego, ao lado da fantasia de que existem outras pessoas, é tão irreal quanto tudo que vemos nos sonhos."

Quando vejo Vashistha no meu olho mental, visualizo um piquenique onde todos adormeceram à sombra da ampla copa de uma velha faia, exaustos pelo excesso de comida, prazer e diversão. Somente uma pessoa está sentada, desperta e alerta, esperando que os outros acordem do cochilo. *Todas as outras pessoas estão dormindo.* Não há como escapar dessa estocada de verdade. Vashistha sabe que está sozinho, mas não é pessimista. Sua vigília solitária não insensibilizou o seu amor pelas outras pessoas. A essência é amor. Não o amor das emoções passageiras ou o amor que se apega a uma única pessoa, mas o simples amor de estar aqui. Em comparação, o tipo emocional de amor é restrito, incerto, repleto de medo e motivado por sonhos que nunca se realizam completamente.

Vashistha sabia que encontrara o segredo da felicidade universal na essência pura. Esse segredo possui três partes: a liberdade com relação a toda limitação, o conhecimento completo da criação e a imortalidade. Vashistha encontrou as três. O fato de essa condição ser possível prova a existência do amor, pois não poderíamos desejar outra coisa além disso. Enquanto não chega o momento em que essas três coisas são alcançadas, qualquer outro despertar é falso; todo o universo existe no estado de sonho, a busca de uma ilusão cósmica.

Essa ilusão lhe foi agora plenamente apresentada. Ela consiste da separação, da fragmentação e da perda da totalidade. É preciso haver um "Não!" final que se recuse a participar da ilusão, e Vashistha o pronunciou em alto e bom som. No aspecto pessoal, ele é o mestre que procuro quando imagino estar com problemas. Ao ler as palavras dele, consigo sentir que ascendo ao nível dele, não de forma plena e permanente, mas com suficiente legitimidade para que eu me sinta tranquilizado. Existem momentos nos quais tenho vontade de que a CNN pare de noticiar crises intermináveis e comece a transmitir as frases abaixo para que seja possível lembrar às pessoas o que é real:

> Qualquer coisa que esteja na mente é como uma cidade nas nuvens.
> O nascimento deste mundo nada mais é do que pensamentos que se manifestaram.
> A partir da consciência infinita, criamos uns aos outros na imaginação.
> Enquanto existir "você" e um "eu", não haverá libertação. Meus caros, somos todos a consciência cósmica assumindo forma individual.

Talvez seja praticamente impossível levar esses nobres sentimentos para a luta de foice da vida do dia a dia, mas a coisa básica que Vashistha quer que façamos é viver a partir da essência — e isso é viável. O mestre que mencionei anteriormente, Nisargadatta Maharaj, viveu uma vida assim. Quando rapaz, foi criado em uma fazenda para andar atrás de um par de bois que puxavam um arado. Mas a espiritualidade o intrigava e ele procurou um guru que lhe deu um conselho: "Você é o 'Eu sou' que ainda não nasceu e é eterno. Lembre-se disso, e se sua mente se afastar dessa verdade, traga-a de volta." O jovem Maharaj foi embora e nunca mais precisou visitar gurus, encontrando sua essência com aquele simples ensinamento.

O mais exaltado estado de consciência se caracteriza pela compreensão de como na verdade é corriqueiro viver uma vida cósmica. Nós o fazemos o tempo todo. Só temos de prestar atenção a como Vashistha olha em volta tão prosaicamente e enxerga o infinito em todas as direções. É o ensinamento dele que você deve ter ao lado da cama quando quiser fazer outra coisa que não adormecer:

> Para a pessoa que sofre, a noite é um éon. Para quem festeja, a noite passa em um momento. No sonho, um momento não é diferente de um éon. Mas para o sábio, cuja consciência venceu todas as limitações, não existe dia nem noite. Quando nos afastamos da noção do "Eu" e do "mundo", encontramos a libertação.

MODIFICANDO SUA REALIDADE PARA ACOMODAR O DÉCIMO QUINTO SEGREDO

A décima quinta lição trata da unidade. Quando rapaz, fui motivado a chegar o mais longe possível, mas com o tempo comecei a compreender que a unidade não é uma realização que possamos definir como uma meta pessoal, como fazemos quando decidimos vencer um jogo, encontrar a esposa perfeita ou chegar ao topo de uma profissão. A unidade é mais como a música. Bach poderia visitar uma turma de jardim de infância e inspirar nas crianças a esperança de que todas pudessem ser como ele. Na verdade, poucas crianças chegarão a igualar o gênio de Bach para a música. Elas, porém, não precisam fazer isso. A música é uma gloriosa busca por si só, e nela não nos comparamos com pessoa alguma. Cada momento de criação musical proporciona um encanto, e não apenas um passo na montanha em direção ao pico mais alto. A espiritualidade pode produzir alegria a cada momento — ou pelo menos todos os dias — se a perseguirmos tendo em mente as quatro coisas que Vashistha ensinou. Vamos revê-las agora, dessa feita examinando como podem ser aplicadas à nossa vida:

Satisfação: procure diariamente um momento de satisfação. Você tem o direito de fazer isso porque, no projeto cósmico, você está seguro e protegido. Não fique satisfeito com a sua sorte na vida e, sim, pelo fato de estar aqui, no fluxo da vida. As glórias da criação estão nas suas células; você é feito da mesma substância dos anjos, das estrelas e do próprio Deus.

Indagação: não deixe que um dia sequer se passe sem você perguntar quem você é. Entender é uma habilidade, e como toda habilidade, ela precisa ser persuadida a existir. Entender quem você é significa voltar repetidamente à pergunta: Quem sou eu? A cada retorno você possibilita que um novo componente penetre na sua consciência. Cada dia está repleto do potencial para expandir sua consciência, e embora cada nova forma possa parecer minúscula, no todo a acumulação será grande. Você pode levar mil dias para saber quem é; basta um dia para parar de perguntar. Não deixe que hoje seja esse dia.

Autoconsciência: nunca se esqueça de que você não está no mundo; o mundo está em você. Qualquer coisa que você precise saber a respeito da existência não surgirá em lugar algum fora de você. Quando qualquer coisa lhe acontecer, leve a experiência para dentro. A criação está configurada para oferecer-lhe pistas e indicações constantes a respeito do seu papel como cocriador. Esteja consciente delas; absorva-as. Sua alma metaboliza a experiência tão seguramente quanto seu corpo metaboliza os alimentos.

Força: ninguém jamais poderá afirmar que seguir o caminho espiritual é a coisa mais fácil do mundo — ou a mais difícil. O nascimento do novo está intimamente ligado à morte do velho. A alegria segue nas pegadas da tristeza, como tem de ser se o nascimento e a morte estão combinados. Não espere hoje nem um nem outro. Use sua força para enfrentar o que se estiver aproximando. Seja o mais dedicado e apaixonado possível pela espiritualidade. A força é a base da paixão e você foi criado para sobreviver e vicejar, independentemente de como a vida desenrole-se. Acredite firmemente nesse conhecimento.

Epílogo

O SEGUNDO NASCIMENTO

CHEGA UM PONTO EM QUE A VIDA não tem mais segredos para revelar. Você vive como se existisse uma única realidade, e em retribuição ela o recompensa generosamente. O medo nascido da dualidade se foi, sendo substituído por uma inabalável satisfação. A consciência tornou-se plenamente consciente de si mesma. Quando alcançamos este estágio de liberdade, a vida recomeça, motivo pelo qual a iluminação é justificadamente chamada de segundo nascimento.

Apesar de ter sido criado na Índia, jamais conheci uma pessoa iluminada. Minha família era profundamente religiosa, particularmente do lado da minha mãe. Mas quando nasci, o país inteiro estava dominado pelo tumulto de um nascimento político, pois os ingleses levantaram acampamento da noite para o dia, deixando-nos sofrer sozinhos as dores do nascimento. Foi uma época terrível: a desordem e mortes em massa grassavam descontroladas, enquanto a intolerância religiosa provocava a violência no Norte da Índia.

Quando Mahatma Gandhi foi assassinado, em 30 de janeiro de 1948, por um fanático religioso, o assassino reivindicou outra vítima. Um fio. O costume tradicional da casta brâmane incluía um fio duplo usado sobre o ombro. O sistema de castas encerrava muitos males, mas na minha cabeça o fio duplo simbolizava uma verdade profunda, ou seja, que a iluminação era possível. Até os tempos modernos, todo mundo na Índia sabia que o fio duplo era a promessa de um segundo nascimento. Isso correspondia a um legado que recuava a uma época antes do início da memória. Hoje, a iluminação não é mais o objetivo da vida, nem mesmo na Índia. O máximo que qualquer mestre pode fazer é reabrir a porta; ele pode responder a três perguntas de maneira antiquíssima:

- *Quem sou eu?* Você é a totalidade do universo agindo através de um sistema nervoso humano.
- *De onde vim?* Você veio de um manancial que nunca nasceu e nunca morrerá.
- *Por que estou aqui?* Para criar o mundo a cada momento.

Obter esse conhecimento para si mesmo é como ser empurrado de novo pelo canal vaginal. Você pode emitir um grito de surpresa e talvez de choque e dor — ao ver-se em um mundo desconhecido. Quando você aceita esse segundo nascimento, continua a ter pensamentos e sentimentos, só que eles são agora impulsos suaves contra um fundo de consciência silenciosa, leves ondulações que sobem e descem sem perturbar o oceano da existência.

Não consigo deixar de sentir que a iluminação nunca foi um prêmio que a Índia, ou cultura alguma, pudesse possuir. O segundo nascimento surge quando olhamos para a vida como ela já é, vendo-a a partir do ponto interior em repouso. Na medida em que qualquer pessoa faz isso, ela é iluminada. O universo vai para o ponto em repouso, a fim de criar o tempo e o espaço. Você vai lá para buscar uma palavra, a memória de um rosto ou o perfume de uma rosa. Neste exato momento, o mundo está florescendo na sua infinita variedade antes de silenciar-se, assombrado com o milagre que acaba de realizar.

Índice

A

acomodação mental, 45
actina, proteína, 24
Akasha, 164
alma, 167
anorexia nervosa, 68
apoptose, 169–178
ashram, 182
astrologia indiana, 213
atividade cerebral, 21
autoaperfeiçoamento, 13–18
autoimagem, 75, 93
Avidya, 154

B

Bhagavad Gita, 111
Bhajans, 179
Bhakti Ioga, 42
Brama, 22, 154

C

caminho
    da Ioga
        Bhakti Ioga, 202
        Carma Ioga, 203
        Jnana Ioga, 202
        Raja Ioga, 203
    espiritual, 48, 253
campo quântico, 36
cânticos sagrados, 179
Carma Ioga, 42
centelha
    criativa, 103
    divina, 22
cérebro reptiliano, 138
ciência versus religião, 103–107
conhecimento
    Avidya, 154
    Vidya, 153
conjunto de crenças, 20
consciência
    infinita, 254
    interior, 104
    livre, 88
    local, 217
    não local, 217
    pura, 36
    sem escolhas, 88
    silenciosa, 101, 234
    subjetiva, 254
    superior, 81
controladoras, pessoas, 85
corpo físico, 6
córtex, 20
    visual, 21

cossurgimento interdependente simultâneo, 231, 238
crença, sistemas de, 211–212
crescimento espiritual, 49

D

decisão interior, 244
determinismo versus livre-arbítrio, 180
Dharma, 43–46, 189
dimensão
    dimensão oculta, 41, 164
distúrbio autoimune, 26
dívida emocional, 58
dor versus sofrimento, 65
drama cósmico, 232

E

ego, 24
energia
    confinadas, 130
    da sombra, 131, 146
    mental, 65
    negra, 143
    oculta, 144
entendimento, 237
epifania, 39
equilíbrio químico, 20
esfera
    de consciência, 148
    espiritual, 49
    invisíveis, 149
espiritualidade, 65, 123
estado
    de meditação, 36
    de negação, 86

Eu sou, verdadeira identidade, 44
eventos aleatórios, 117
evolução pessoal, 212
existência pura, 149

F

felicidade, 217, 222
física quântica, 232
fonte
    da consciência, 48
    negativas, 78
força
    externas, 212
    positiva e negativa, 171
    universal, 43
frustração, 250

G

gene pool, 112
ghat, 12
guia espiritual, 150

H

hábito da raiva, 83
herança genética, 10
hormônio
    ecdisona, 23
    juvenil, 23

I

imagem corporal distorcida, 68
impaciência, 250

impulsos
　inconscientes, 183
　malignos, 137
　ordinários, 138
　reprimidos, 132
instinto da mente, 65
Ioga Vashistha, documento, 254

J

Jnana Ioga, 42
Jung, 130
Jyotish, 213

K

Karma, 184
kleshas, 73

L

lei
　da natureza, 35
　divina, 101
liberdade pessoal, 223
livre-arbítrio versus determinismo, 180
Lokas, 166

M

Mahatma Gandhi, 124
mal, definições do, 126–128
manipuladoras, pessoas, 84
　manipulação passiva, 85
mapa pessoal, 215
máquina quântica, 34
materialismo espiritual, 49

meditação da respiração, 45
　energia sutil, 46
mente fragmentada, 120–122
mestres espirituais, 253
metanoia, experiência, 216
　elementos da, 221–223
　interpretação do Nadi, 217
milagre, 51
miosina, proteína, 24
morte consciente, 175
mundo tridimensional, 165
mutações darwinianas, 106

N

Nadi, 214
　e a metanoia, 217
necessidade do apego, 76
negatividade, 78
Nirvana, 154
Nisargadatta Maharaj, 253

O

obstáculo psicológico, 198
ondulações invisíveis, 36
origem da lei natural, 34

P

partícula da criação, 22
Patanjali, 183
pensamento
　fantasiosos, 157
　obsessivo, 66

percepção
　consciente, 6–7, 110
　consciente invisível, 39
　consciente simples, 76
　de vida, 169
　interior, 119, 212
　negativa, 66
plano da consciência, 50
Prana, 46
presença universal, 39
princípio
　de Ahimsa, 124
　universais, 118
progresso espiritual, 51
projeto cósmico, 43, 249
propriedades espitiruais, 110
psicologia budista, 82

R

Rabindranath Tagore, 59
raiva
　controlada, 137
　justificada, 137
Raja Ioga, 42
realidade, 39
　física, 101
　subjacente, 164
　única, 33
relacionamento nocivo, 78
religião versus ciência, 103–107
ritmo cósmico, 23

S

sabedoria cósmica, 7
samskara, 82
　roda do samskara, 88
Sankalpa, prática sanscrítica, 210–212
　instantâneos de, 212
Santíssima Trindade, 228
sentimento
　irracionais, 145–146
　negativo, 145–146
　primitivos, 138–146
Shakti, 228
Shiva, 228
siddhas, 36
sistema
　de crenças, 39, 79
　imunológico, 6
sobriedade espiritual, 206
sofrimento
　como forma de enquadrar-se, 71
　empático, 77
　passos que conduzem ao, 66
　prazer como resposta para o, 67
　realidade dominante, 71
　versus dor, 65
Sören Kierkegaard, 87
superstrings, teoria, 108
Sutras
　da Ioga, 183
　de Shiva, 41

T

Tao, 22
tempo, propósito do, 203, 212
terapia corporal, 158
testemunha silenciosa, 55–56
tradição budista, 197

U

universo multidimensional, 108

V

Vasana, 181, 185
   tipos de, 183
verdade suprema, 123
vida espiritual, 22, 197
Vidya, 153
vínculos terrestres, 12

SOBRE O AUTOR

Para Chopra, a vida deve ser percebida como uma experiência completa. No entanto, as pessoas estão sempre lutando com problemas tanto físicos como mentais e, por isso, não se dão conta da causa principal de toda a dor: o elo entre o corpo e a alma foi rompido. Deepak, então, consciente disso, escreveu este livro na esperança de te ajudar a restaurar este elo, te mostrando como desvendar os segredos do seu corpo e, te levando assim, ao atingimento pleno de sua espiritualidade.

Você verá que, para o autor, a espiritualidade é a principal solução, e não se trata apenas de apegar-se a dogmas religiosos ou à noção convencional de Deus; em vez disso, Chopra nos ensina que é possível transformar obstáculos em oportunidades.

www.deepakchopra.com

Projetos corporativos e edições personalizadas
dentro da sua estratégia de negócio. Já pensou nisso?

Coordenação de Eventos
Viviane Paiva
viviane@altabooks.com.br

Assistente Comercial
Fillipe Amorim
vendas.corporativas@altabooks.com.br

A Alta Books tem criado experiências incríveis no meio corporativo. Com a crescente implementação da educação corporativa nas empresas, o livro entra como uma importante fonte de conhecimento. Com atendimento personalizado, conseguimos identificar as principais necessidades, e criar uma seleção de livros que podem ser utilizados de diversas maneiras, como por exemplo, para fortalecer relacionamento com suas equipes/ seus clientes. Você já utilizou o livro para alguma ação estratégica na sua empresa?

Entre em contato com nosso time para entender melhor as possibilidades de personalização e incentivo ao desenvolvimento pessoal e profissional.

PUBLIQUE SEU LIVRO

Publique seu livro com a Alta Books.
Para mais informações envie um e-mail para: autoria@altabooks.com.br

CONHEÇA OUTROS LIVROS DA **ALTA LIFE**

Todas as imagens são meramente ilustrativas.

 /altabooks   /alta-books   /altabooks   /altabooks

Projetos corporativos e edições personalizadas
dentro da sua estratégia de negócio. Já pensou nisso?

Coordenação de Eventos
Viviane Paiva
viviane@altabooks.com.br

Assistente Comercial
Fillipe Amorim
vendas.corporativas@altabooks.com.br

A Alta Books tem criado experiências incríveis no meio corporativo. Com a crescente implementação da educação corporativa nas empresas, o livro entra como uma importante fonte de conhecimento. Com atendimento personalizado, conseguimos identificar as principais necessidades, e criar uma seleção de livros que podem ser utilizados de diversas maneiras, como por exemplo, para fortalecer relacionamento com suas equipes/ seus clientes. Você já utilizou o livro para alguma ação estratégica na sua empresa?

Entre em contato com nosso time para entender melhor as possibilidades de personalização e incentivo ao desenvolvimento pessoal e profissional.

PUBLIQUE SEU LIVRO

Publique seu livro com a Alta Books. Para mais informações envie um e-mail para: autoria@altabooks.com.br

CONHEÇA OUTROS LIVROS DA **ALTA BOOKS**

Todas as imagens são meramente ilustrativas.

 /altabooks /alta-books /altabooks /altabooks